Kohlhammer Taschenbücher

Band 1094

Bürger im Staat

Herausgegeben von der
Landeszentrale für politische Bildung
Baden-Württemberg

Die Golfregion in der Weltpolitik

Mit Beiträgen von

Gudrun Krämer
Eugen Wirth
Peter Pawelka
Werner Ende
Jörg Beutel
Thomas Bierschenk
Helmut Hubel
Claudia Schmid
Abraham Ashkenasi
Karl-Heinz Meier-Braun

Redaktion: Peter Pawelka
Isabella Pfaff
Hans-Georg Wehling

Verlag W. Kohlhammer
Stuttgart Berlin Köln

Die Deutsche Bibliothek – CIP-Einheitsaufnahme

Die Golfregion in der Weltpolitik
Hrsg. von der Landeszentrale für Politische Bildung
Baden-Württemberg
Mit Beitr. von Gudrun Krämer . . . Red.: Peter Pawelka . . . –
Stuttgart; Berlin; Köln; Kohlhammer, 1991
(Kohlhammer Taschenbücher; Bd. 1094: Bürger im Staat)
ISBN 3-17-011606-1
NE: Krämer, Gudrun; Landeszentrale für Politische Bildung
(Stuttgart); GT

Suttgart Berlin Köln
Verlagsort: Stuttgart
Umschlagfoto: dpa
Gesamtherstellung:
W. Kohlhammer Druckerei GmbH + Co. Stuttgart
Printed in Germany

Inhaltsverzeichnis

Peter Pawelka, Isabella Pfaff, Hans-Georg Wehling
Vorwort 7

Gudrun Krämer
Die Golfkrise
und das arabische Staatensystem 9

Eugen Wirth
Irak und seine Nachbarn 21

Peter Pawelka
Von der Metropole zur Peripherie 38

Werner Ende
Auf der Suche
nach der „idealen Gesellschaft" 64

Jörg Beutel
Die zentrale Rolle der Golfregion
für die Versorgung mit Erdöl 73

Thomas Bierschenk
Die Golfstaaten: politische Stabilität
trotz ökonomischem Wandel 95

Peter Pawelka
Der Irak als „Rentierstaat“ 109

Helmut Hubel
Der Golfkrieg als internationaler Konflikt 144

Claudia Schmid
Golfkrise und Nah-Ost-Konflikt 157

Abraham Ashkenasi
Was wird aus Israel? 172

Helmut Hubel
Waffen gegen Öl 180

Karl-Heinz Meier-Braun
Die Verlierer des Golfkrieges 189

Die Autoren 201

Vorwort

Der zweite Golfkrieg ist zu Ende, doch nach wie vor steht die Golfregion im Brennpunkt der Weltpolitik. Im August letzten Jahres hatte der Irak unter seinem Diktatur Saddam Hussein das kleine Nachbarland Kuwait besetzt und dem eigenen Staat einverleibt. Die UNO als die Vertreterin der internationalen Staatengemeinschaft konnte dem nicht tatenlos zusehen, die westlichen Industriestaaten mit ihre Ölinteressen und die rivalisierenden Nachbarn in der Region auch nicht. Grenzen dürfen nur friedlich verändert werden, wie gerecht oder ungerecht sie auch immer gezogen sein mögen: das ist friedensstiftendes Gebot der internationalen Staatengemeinschaft, dessen Verletzung man nicht dulden kann, ohne in der Folge eine Fülle unkalkulierberer kriegerischer Auseinandersetzungen zu riskieren. Der Sicherheitsrat der UNO, der laut Satzung die „Hauptverantwortung für die Wahrung des Weltfriedens und der internationalen Sicherheit“ trägt und als einziges Organ die UN-Mitgliedstaaten bindende Beschlüsse fassen kann, mußte dementsprechend die Aggression des Irak verurteilen und dessen Rückzug aus Kuwait verlangen: bedingungslos, sonst würde Aggression sich ja lohnen. Auf Drängen der USA stellte der Sicherheitsrat dem Irak eine Frist, den 15. Januar 1991. Um der Rückzugsforderung Nachdruck zu verleihen, wurde unter Führung der USA eine internationale Streitmacht in die Golfregion verlegt, in der auch arabische Staaten mit Truppenkontigenten vertreten sind. Unabhängig davon, ob wirklich alle diplomatischen Mittel ausgeschöpft worden waren, den Aggressor zum Rückzug zu bewegen: Ohne die Androhung auch von Gewaltanwendung zur Durchsetzung ihrer Beschlüsse würden die Vereinten Nationen sich zur Bedeutungslosigkeit verdammen. Was dann kam, ist bekannt: der Golfkrieg mit allem Leid und aller Zerstörung in seinem Gefolge, einschließlich schwerer Umweltschäden. Tragisch auch, daß zum erstenmal, seit die UNO durch das Ende des Ost-West-Konflikts voll funktionsfähig geworden ist, ein Krieg das Ergebnis war.

Doch nicht die Kuwait-Krise und der Golfkrieg sollen hier im Mittelpunkt stehen. Die Ereignisse in Mittel-Ost bilden nur den Anlaß, sich intensiver mit dieser Region zu beschäftigen: mit den naturräumlichen Gegebenheiten und der Bedeutungszunahme dieses Raumes Mitte der siebziger Jahre; mit der historischen Entwicklung, wobei besonders interessiert, warum die arabische Welt hinter der des Westens zurückgeblieben ist, der technisch-industrielle Fortschritt aus eigener Innovationstätigkeit ausblieb; mit der uns so fremden

Welt des Islam, der Staat und Politik, vor allem aber auch die Mentalität der Menschen, tief geprägt hat.
Sodann soll es uns um die Staatenwelt der Golfregion gehen, die durch den Besitz ihrer reichhaltigen Ölquellen international so aufgewertet worden ist: um ihre inneren Gegebenheiten, aber auch um ihr Verhältnis zueinander, das nicht zuletzt von Rivalitäten und Kampf um die Vorherrschaft im gesamten arabischen Raum geprägt ist. Das Öl spielt auch dabei eine zentrale Rolle, nach innen wie nach außen. Denn Öl bedeutet Geld und Macht. Geld, mit dem man das eigene Regime im Innern stabilisieren kann, das den jeweiligen Herrschern erlaubt, großzügig Wohltaten zu verteilen, so daß politische Mitspracheansprüche wirksam zurückgedrängt werden können (wenn man keine oder fast keine Steuern zu zahlen braucht, verliert auch der Grundsatz: No taxation without representation! seine Kraft). Eine „Rentier-Mentalität" bildet sich heraus. In Panik können die Machthaber geraten, wenn durch überzogenen außenpolitischen Ehrgeiz die Ressourcen erschöpft sind und die Schulden einem über den Kopf wachsen. Die Versuchung liegt dann nahe, den Nachbarn zu überfallen und sich dessen Einnahmequellen zu bemächtigen (siehe Irak-Kuwait).
Propagandistisch geschickt hat Saddam Hussein, um die arabischen Massen auch gegen ihren eigenen Regierungen hinter sich zu bringen, den Golf-Konflikt mit dem Nah-Ost-Konflickt zu verknüpfen gesucht. Deshalb hat er Israel mit seinen Raketen angegriffen, obwohl er selbst kurz zuvor noch gute Beziehungen zu Israel zu unterhalten schien. Doch auch wenn keine unmittelbaren Zusammenhänge zwischen Golf-Konflikt und Nah-Ost-Konflikt bestehen, mittelbar hängen zweifelsfrei alle Probleme dieses Raumes miteinander zusammen. Will man in dieser Region eine dauerhafte Friedensordnung schaffen, gehören alle ihre Probleme angepackt. Und eine solche dauerhafte Friedensordnung ist für diese Problemregion dringend vonnöten, nachdem innerhalb von nur zehn Jahren hier schon der zweite Krieg tobte: nach dem acht Jahre dauernden Krieg zwischen dem Iran und dem Irak ein Krieg um Kuwait. Eine dauerhafte Friedensordnung ist den betroffenen Menschen dringend zu wünschen; aber auch im Interesse einer sicheren Energieversorgung der Industrieländer – auch unseres eigenen Landes – ist eine solche Friedensordnung nötiger denn je.

Stuttgart/Tübingen,
den 28. Februar 1991

Peter Pawelka, Isabella Pfaff,
Hans-Georg Wehling

Gudrun Krämer

Die Golfkrise und das arabische Staatensystem

Auf dem Wege zu einer neuen arabischen Ordnung?

Das Ende des Ost-West-Konflikts hat weitreichende Folgen

Das Ende des *Ost-West-Konflikts,* zumindest in Form der globalen *Systemkonkurrenz,* hat auch für die Politik des *Nahen* und *Mittleren Ostens* weitreichende Folgen, bedeutet es im wesentlichen doch den Ausfall der *Sowjetunion* als Gegenspieler der *Vereinigten Staaten,* die damit bis auf weiteres als alleinige Supermacht in der Region auftreten werden. Aber nicht nur für die praktische Politik, sondern auch für deren Analyse eröffnen die geänderten globalen Rahmenbedingungen neue Perspektiven: Sie bieten dem Betrachter die Chance, den Blick, einigermaßen unverstellt von der Brille des Ost-West-Gegensatzes, auf die regionalen Gegebenheiten zu richten, auf die Motive, Interessen und leitenden Ideen der regionalen Akteure selbst, *ohne* diese primär als *Klienten, Stellvertreter* oder *Vasallen* der *Supermächte* und der von ihnen repräsentierten Systeme zu verstehen. Schon in den späten 80er Jahren war aus wissenschaftlicher Warte eine Tendenz zur wachsenden *Autonomie* von *Dritte-Welt-Konflikten* konstatiert worden, die dazu zwingt, sowohl bei der Konfliktanalyse wie bei der Konfliktregelung zunächst einmal die *regional-* und *kulturspezifische* Dynamik der Prozesse zu beachten, ohne dabei natürlich deren Einbindung in das internationale System außer acht zu lassen[1]).

Die stärker regionalbezogene Optik birgt allerdings auch ihre Gefahren. Sie treten im aktuellen *Golfkonflikt* deutlich zutage. Gerade im Fall des Nahen und Mittleren Ostens besteht eine ausgeprägte Tendenz, zum wichtigsten, wenn nicht überhaupt einzigen Begründungsfaktor der äußerst komplizierten Zusammenhänge die *Mentalität, Religion* und *Kultur* der Araber bzw. Muslime zu erheben. Die arabische *Mentalität,* so wird argumentiert, sei eine ganz besondere und westlicher *Logik* nicht zugänglich, der *Islam* bilde den Urgrund allen Denkens und Handelns seiner Anhänger, und die Verbindung beider, arabischer Mentalität und islamischen Glaubens, sei gleichermaßen *irrational* wie *gefährlich.* Daß Arabismus und Islam in Politik und Gesellschaft der Region eine wesentliche Rolle spielen, macht die neue Krise am Golf nur allzu deutlich. Aber gerade sie zeigt auch, wie notwendig es ist, die gesellschaftlichen Voraussetzungen und politischen Rahmenbedingungen zu analysieren, unter denen Arabismus und Islam politisch wirksam werden. Im folgenden wird es daher darum gehen, die Entwicklung der Golfkrise bis zum Ausbruch des offenen Krieges am 17. Januar 1991 in die Muster und Mechanismen nahöstlicher Politik einzuordnen, um so zum einen das Vorgehen *Saddam Husseins* zu beleuchten, zum anderen die vielfältigen – und zwiespältigen – Reaktionen in der arabischen Welt.

Reiche Brüder, arme Vettern: ein arabischer Nord-Süd-Konflikt?

Die *Probleme* des Nahen und Mittleren Ostens sind, wie allgemein bekannt, *äußerst komplex* und zumindest für den Außenstehenden schwer zu entwirren. Die zwischenstaatlichen Konflikte, die zumeist im Mittelpunkt des Interesses stehen und auch im Zentrum dieser Überlegungen, wären nicht so virulent und so weitreichend, wenn sie nicht auf einem Geflecht sich überlagernder und gegenseitig verstärkender Spannungen aufbauten, die die einzelnen Regime von innen wie von außen bedrohen und die zwischenstaatlichen Beziehungen belasten. Schematisch betrachtet, handelt es sich dabei um Spannungen *sozialer, ethnisch-nationaler* und *religiöser* Natur. Als *grundlegend* müssen, wie überall in der sogenannten Dritten Welt, zunächst die *sozioökonomischen* Probleme gelten, die teilweise dramatischen, stetig wachsenden *Unterschiede* in *Einkommen* und *Lebensstandard* verschiedener Bevölkerungsgruppen und -schichten, die so gut wie alle arabischen Gesellschaften zeichnen. *Innergesellschaftlich* wirken sie besonders *explosiv* im Zusammenhang mit dem raschen und unkontrollierten *Bevölkerungswachstum*, das die materiellen und politischen *Ansprüche* an die herrschenden Regime stetig hochschraubt. *Zwischenstaatlich* verschärfen sie die Konflikte zwischen der Mehrheit der *bevölkerungsreichen,* aber *ressourcenarmen* arabischen Staaten auf der einen Seite und der Minderheit der *bevölkerungsarmen Ölstaaten* am Golf auf der anderen. Global gesehen, stellen sie breite, politisch besonders bewußte und aktive Kreise der arabischen Welt als Teil des benachteiligten Südens gegen den industrialisierten Norden. Das Gefälle zwischen Arm und Reich ist in vielen (wenn auch nicht in allen) arabischen Gesellschaften überdies verknüpft mit ethnisch-religiösen Spannungen und den Autonomiebestrebungen unterdrückter Minderheiten.

Eine Region auf der Suche nach sich selbst: Islam statt westlicher Lebensart

Die ohnehin brisante *Verbindung* von *sozialer Ungleichheit* und *ethnisch-religiösen Gegensätzen* innerhalb *autoritär* verfaßter Systeme hat durch die Rückbesinnung auf die *gesellschaftlich-politische Kraft der Religion* eine neue Zuspitzung erfahren. Die Betonung religiöser Werte und Symbole hat vor allem die Muslime erfaßt und wird gemeinhin als *„Re-Islamisierung"* im Zeichen eines islamischen *Fundamentalismus* bezeichnet. Überall in der arabischen Welt bilden die *islamischen Bewegungen* derzeit das wichtigste *Sammelbecken* für *Kritik, Protest* und organisierten *Widerstand.* Die vorsichtigen Liberalisierungsversuche arabischer Regime unterschiedlicher Couleur, mit denen diese inmitten einer verschärften sozioökonomischen Krise massiv aufgebrochenen Protest aufzufangen hoffen, verhelfen den islamischen Kräften zu mehr Publizität und Einfluß. Die Demokratisierungsproblematik erhält dadurch in der arbisch-islamischen Welt eine zusätzliche Dimension.Als Ausdruck einer drängenden Suche nach *Selbstbestimmung* und *Selbstbehauptung* – und zwar nicht nur in politisch-wirtschaftlicher, sondern gerade auch in ideologisch-kultureller Hinsicht –, richtet sich der Protest der islamischen Aktivisten in erster Linie gegen die *herrschenden Eliten,* denen sie vorwerfen, von den (allerdings durchaus unterschiedlich definierbaren) islamischen Normen in Politik, Recht und Gesellschaft abgewichen zu sein. Sie wenden sich weiterhin gegen die *Einmischung fremder Mächte* im allgemeinen (des *Westens,* des *Imperialismus,* des *Neokolonialismus,* des neuen *Kreuzfahrertums* . . .) und gegen die *Existenz* und *Politik Israels* im besonderen. Die Folgen dieser religiös-politischen Argumentation liegen auf der Hand: *Die Religion wird politisiert, die Politik sakralisiert.* Jede politische Frage, jegliche Auseinandersetzung kann so zur Grundsatz- und Glaubensfrage erhoben, gewissermaßen religiös aufgeladen, und damit einer politisch ausgehandelten Kompromißlösung entzogen werden.Die vielfältigen innergesellschaftlichen, noch deutlicher aber die zwsichenstaatlichen Spannungen erfahren durch die hochgradige Militarisierung der Region eine weitere Verschärfung. Schließlich ist der Nahe und Mittlere Osten traditionell derart *eng* mit *externen Mächten verquickt* – den kolonialen *Großmächten Frankreich* und *Großbritannien* bis zum Zweiten Weltkrieg, den *Supermächten USA* und *Sowjetunion* bis in die 90er Jahre –, daß Beobachter von einem *„penetrierten System"* sprechen[2]). Anzumerken wäre dabei, daß externe Einflußnahme der Region nicht nur einseitig von außen aufgezwungen wurde, sie vielmehr von lokalen Akteuren – seien es religiöse Minderheiten wie die *maronitischen Christen Libanons* oder aber nationalistische Führer wie *Nasser, Sadat* und *Assad* – vielfach gezielt *angestrebt* wurde, um sich im regionalen Macht- und Überlebenskampf mit Hilfe *externer „Patrone"* zu behaupten.

Krisenherd Nahost: die drei großen Regionalkonflikte

In dieses Geflecht gesellschaftlich-politischer Gegensätze und Spannungen greifen die großen *Regionalkonflikte* ein, die gewissermaßen das politische Oberflächengeschehen bestimmen: der *arabisch-israelische,* der *arabisch-iranische* und die *innerarabischen* Konflikte. Der *Irak,* das wird bei einer möglichen Neuordnung der Region eine zentrale Rolle spielen, *steht im Schnittpunkt dieser drei Konflikte,* ist daher sowohl in der arabisch-israelischen wie in der arabisch-iranischen und der innerarabischen Gleichung zu berücksichtigen. Die Suche nach einer neuen regionalen Machtbalance, nach Ausgleich der legitimen Sicherheitsinteressen aller Akteure wird dadurch erheblich komplizierter.

Der klassische Nahost-Konflikt

Der *arabisch-israelische* Konflikt um *Palästina* bildet den Kern des sogenannten *Nahost-Konflikts,* der, wie die Golfkrise erneut gezeigt hat, auf die gesamte Region ausstrahlt. Für die interne wie die regionale Legitimation der Regime und politischen Bewegungen ist er nach wie vor von zentraler Bedeutung. Alle müssen sie beweisen, oder zumindest glaubhaft machen, daß sie in der Konfrontation mit *Israel* (und dem Westen) die arabisch-islamischen Anliegen mindestens ebenso gut wahren und verteidigen wie ihre Konkurrenten. Während der *Palästina-Konflikt* in gewissem Umfang *einigend* auf die arabischen Staaten und Regime gewirkt hat, dient er so zugleich der *Profilierung* im innerarabischen Konkurrenzkampf. Eine völlige Einigung des sogenannten arabischen Lagers hat er nie erbracht. Dennoch kommt im arabisch-israelischen Verhältnis, und dies gilt vor allem in militärischer Hinsicht, ein Gleichgewichtsdenken zum Tragen, bei dem das israelische gegen die vereinigten arabischen Potentiale aufgerechnet wird. Von dieser Voraussetzung geht vor allem die israelische Seite aus, die daher stets versucht hat, die Bildung einer gesamtarabischen Front zu verhindern bzw. zentrale Staaten wie *Ägypten* oder *Jordanien* aus dieser Front herauszulösen (damit aber auch, zumindest unter den derzeitigen konfrontativen Vorzeichen, wenig Interesse an einem ausbalancierten arabischen System zeigen dürfte). Demgegenüber verraten zentrale arabische Akteure zumal seit Abschluß des *ägyptisch-israelischen Separatfriedens* einen stärker einzelstaatlich orientierten Ansatz, der gegenüber Israel auch *bilateral* ein *Gleichgewicht* anstrebt. Hierfür spricht das zunächst von *Syrien* propagierte Fernziel der strategischen Parität mit Israel, das allerdings angesichts der Rücknahme sowjetischen Engagements in den Hintergrund treten mußte, ebenso wie die massive irakische Aufrüstung der 80er Jahre.
Die Beilegung des Palästina-Konflikts würde die Region zwar nicht automatisch stabilisieren, jedoch einen zentralen Kristallisations- und Ansatzpunkt politischer Unzufriedenheit und Unruhe beseitigen, und zwar sowohl in inner- wie in zwischenstaatlicher Hinsicht. Jeder

Versuch, den Nahen und Mittleren Osten dauerhaft zu beruhigen, muß daher den Palästina-Konflikt zumindest parallel einbeziehen. Solange es hier zu *keiner* befriedigenden Regelung kommt, ist der *Handlungsspielraum* arabischer Regime und Bewegungen gerade gegenüber westlichen Akteuren *eingeschränkt.* Zwar hat ein arabischer Staat mit Israel auch ohne dessen Verzicht auf die 1967 besetzten Gebiete Frieden geschlossen; zwar haben die Mitgliedstaaten der *Arabischen Liga* in der *Fez-Erklärung* vom September 1982 ihre Bereitschaft erkennen lassen, die Existenz Israels in den Linien von 1949 zu akzeptieren; doch würde derzeit kein arabisches Regime offen mit Israel gegen ein anderes arabisches Regime paktieren. Für die aktuelle Konfliktkonstellation wie die Konzeption einer neuen regionalen Sicherheitsordnung hat dies weitreichende Konsequenzen.

Der arabisch-iranische Konflikt

Der *arabisch-iranische* Konflikt läßt sich, sicher verkürzt, als *Kampf um Vorherrschaft am Golf* charakterisieren, der unter *nationalen, ideologischen* und bedingt auch *religiösen* Vorzeichen geführt werden kann, indem hier *Araber* gegen *Perser* stehen, *Sunniten* gegen *Schiiten* oder *progressive, tendenziell laizistische Nationalisten* gegen *islamische Fundamentalisten.* Gemessen an den arabisch-israelischen und den innerarabischen Differenzen erscheint die Konfrontation mit *Iran* als relativ überschaubar und mit den klassischen Mitteln der Diplomatie auch *prinzipiell lösbar.*

Die innerarabischen Beziehungen

Der arabisch-israelische und der arabisch-iranische Gegensatz stellen zwar die prominentesten, keineswegs aber die einzigen überregional relevanten Konflikte des Nahen und Mittleren Ostens dar. Als Unruhefaktor ebenso wichtig, in der westlichen Diskussion aber weniger stark berücksichtigt, sind die *innerarabischen* Differenzen, die sich vor allem im Kampf der Regime *Ägyptens, Syriens, des Irak und Saudi-Arabiens* um *Vorherrschaft* niederschlagen, Vorherrschaft zunächst in ihrem unmittelbaren Umfeld, darüber hinaus aber auch in der Region Nah- und Mittelost[3]). In diesem Kampf verlaufen die Konfliktlinien und Allianzen unter immer neuen politischen Vorzeichen quer durch das sogenannte arabische Lager. Standen in den 50er und 60er Jahren *progressive Panarabisten* der *„arabischen Reaktion“* gegenüber, so waren es in den 70er und 80er Jahren *„Gemäßigte“* und *„Radikale“*, definiert jeweils gemäß ihrer Verhandlungsbereitschaft gegenüber Israel und ihrem Verhältnis zu den Vereinigten Staaten. In der neuen Golfkrise umfaßt das pro- wie das anti-irakische Lager Vertreter unterschiedlichster politischer Organisation und Ausrichtung, die keinerlei ideologische Gemeinsamkeit mehr zu verbinden scheint. Als Konstante läßt sich nur die Rivalität der Einzelstaaten festhalten. Dabei muß die *Rivalität* zwischen *Irak* und *Syrien* als besonders dauerhaft gelten – zumindest solange in beiden Ländern auf Minderheiten gestützte, hochgradig autoritär strukturierte Flügel der *Baath-Partei* regieren[4]). Ihr Zusammenwirken ist, solange es nicht zu einem echten Systemwandel kommt, allenfalls im Fall einer akuten militärischen Auseinandersetzung mit Israel zu erwarten, und auch dann nur für begrenzte Zeit. *Jordanien* ist aufgrund innerer Schwäche und äußerer Verwundbarkeit gezwungen, sich an den jeweils stärksten Nachbarn anzulehnen. Die innerarabische Konkurrenz besteht somit prinzipiell unbhängig vom Palästina-Konflikt. Sie wird durch diesen jedoch zusätzlich aufgeladen, da, wie erwähnt, jeder arabische Akteur versucht, sich durch seine Politik im zentralen Nahost-Konflikt gegenüber den Rivalen zu profilieren. Dieses Dominanzstreben richtet sich zunächst auf das unmittelbare Umfeld, wobei sich verschiedentlich Überschneidungen ergeben.

Der Kampf um die Vorherrschaft im Nahen Osten: Araber unter sich

Ägypten blickt in erster Linie nach Süden, zum *Sudan,* um dort die lebenswichtige Wasserversorgung sicherzustellen. Darüber hinaus hat Ägypten seine *Machtansprüche* traditionell nach *Osten* projiziert, in den syrisch-palästinensischen Raum und an die *Ostküste des Roten Meeres,* an der westlichen Sphäre, dem *Maghreb,* hingegen geringes Interesse gezeigt. *Syrien* sieht seine Interessen in erster Linie in *Libanon* berührt, den es seit Mitte der 70er Jahre auch militärisch zu kontrollieren sucht, ohne jedoch zur förmlichen Annexion des Nachbarlandes geschritten zu sein. Darüber hinaus richten sich syrische Hegemonialansprüche auf das palästinensisch-jordanische Umfeld, und damit auch auf die von der *PLO* geführte palästinensische Befreiungsbewegung. Hier ergeben sich wiederum direkte Reibungen mit dem *Irak,* dessen *Dominanzstreben* allerdings primär auf den *Golf* gerichtet ist, wo es auf den *Widerstand* nicht nur *Irans,* sondern auch *Saudi-Arabiens* und der *kleineren Golfstaaten* stößt, die sich in Abwehr irakischer und iranischer Vormachtbestrebungen 1981 im *Golf-Kooperations-Rat* zusammenschlossen. *Saudi-Arabien* seinerseits ist bestrebt, seine Vormacht auf der *Arabischen Halbinsel* durchzusetzen, und zwar gegenüber den kleineren Golfstaaten ebenso wie gegenüber dem *Jemen.* Überschneidungen re-

gionaler Vormachtbestrebungen sind also vor allem in zwei Bereichen auszumachen: am Golf, wo Irak und Saudi-Arabien aufeinanderstoßen, und im palästinensisch-jordanischen Bereich, wo alle Mächte um Kontrolle der palästinensischen Sache und der palästinensischen Nationalbewegung konkurrieren.
Im innerarabischen Verhältnis hat sich, zumindest seit der Schwächung *Nassers* und des *Nasserismus* im *Sechs-Tage-Krieg* von 1967, ein *multipolares* System herausgebildet, in dem keine der genannten Mächte dominiert. Das Dominanzstreben eines Staates führt zur taktisch bestimmten Zusammenarbeit der anderen. Die Reaktion Ägyptens, Saudi-Arabiens und Syriens auf die irakischen Vormachtbestrebungen, die in der Annexion Kuwaits zum Ausdruck kamen, bestätigt das Muster *„mustergültig"*.

Wie tragfähig sind die arabischen Organisationen?

Eine arabische Lösung für den irakisch-kuwaitischen Gegensatz, wie sie in den frühen 60er Jahren noch gefunden worden war, wurde 1990 nicht mehr erreicht. Erst dieses Scheitern, so ließe sich zumindest postulieren, eröffnete externen Mächten die Möglichkeit der direkten Intervention. Den institutionellen Rahmen für eine arabische Lösung hätte die *Arabische Liga* bieten müssen, die sich allerdings, ausgelöst vor allem durch den Ausschluß und die spätere Wiedereingliederung Ägyptens (1979 bzw. 1989) in einem tiefgreifenden Wandlungs-, wenn nicht sogar Auflösungsprozeß befindet. Unterhalb des gesamtarabischen Daches haben sich mit dem *Golf-Kooperations-Rat* (1981) und der *Union der Maghreb-Staaten* (1989) regionale Zusammenschlüsse gebildet, die auf verstärkte wirtschaftliche und politische Koordination und Integration der Mitgliedstaaten abzielen und nach innen konfliktregelnd wirken sollen. Bezeichnenderweise sind diese vergleichsweise erfolgreichen Subsysteme jedoch an der arabischen Peripherie angesiedelt. Im arabischen Zentrum ist es bislang nicht gelungen, die rivalisierenden Kernmächte dauerhaft aneinanderzubinden. Dies gilt nicht nur für die verschiedenen Vereinigungsversuche etablierter Staaten, die am Selbstbehauptungswillen der einzelstaatlichen Eliten scheiterten, sondern auch für locker angelegte, jedoch in erster Linie politisch begründete Kooperations- und Integrationsvorhaben. Der 1989 primär als Gegengewicht zu Saudi-Arabien und Syrien konzipierte, also politisch angelegte *Arabische Kooperations-Rat (Ägypten, Irak, Jordanien, damaliger Nordjemen)* ist an der irakischen Aggression gegen Kuwait *zerbrochen.*
Hier zeigt sich das Dilemma aller langfristigen Stabilisierungsversuche, die über das begrenzte Krisenmanagement hinausreichen sollen, das im allgemeinen die Eindämmung eines arabischen Akteurs

(im aktuellen Fall Irak) erfordert und damit dazu tendiert, prinzipiell wandelbare Konflikt- und Bündnislinien einzufrieren. Eine Regelung innerarabischer Konflikte ist grundsätzlich nur von arabischen Gremien zu erwarten; gerade an diesen fehlt es jedoch. Angesichts der tiefverwurzelten *Abneigung gegen externe Eingriffe* sind alle Versuche, durch *Initiative von außen* eine *dauerhafte Stabilisierung* der Lage zu erreichen und, etwa in Anlehnung an den *KSZE-Prozeß,* feste Prinzipien, Kanäle und Institutionen der Konfliktregelung zu etablieren, mit schweren *Risiken* behaftet.

Der Appell an die arabischen Massen als Mobilisierungsinstrument

Nahöstliche Politik beschränkt sich aber nicht auf die zwischenstaatliche Ebene, d. h. den Kampf der Staaten und Regime um regionale Vorherrschaft. Vielmehr gibt die Berufung auf gemeinsame Anliegen aller *Araber* und *Muslime* jedem Akteur die Möglichkeit, an den *rivalisierenden Regimen* vorbei deren Bevölkerung – die sog. *arabischen oder muslimischen Massen* für die eigene Linie zu mobilisieren, ja direkt in deren innere Angelegenheiten einzugreifen. Drei Anliegen sind es vor allem, auf die sie dabei zurückgreifen können: den *arabischen Nationalismus,* den *Islam* und den Ruf nach *sozialer Gerechtigkeit,* konkreter gesprochen nach *Umverteilung* des enormen *Ölreichtums.* Die drei Themen sind keineswegs deckungsgleich: Nicht alle Araber sind Muslime, spielen doch zumindest in Ägypten und im *Fruchtbaren Halbmond* christliche Minderheiten eine wichtige Rolle. Nicht alle Muslime sind Araber, ist doch das Verhältnis zwischen (sunnitischen) *Berbern* im Maghreb oder (sunnitischen) *Kurden* im Irak zu der jeweiligen muslimisch-arabischen Mehrheit ausgesprochen problematisch. Schließlich sind bekanntlich nicht alle Araber und Muslime arm. Die Themen lassen sich aber, *Saddam Hussein* hat dies gezeigt, über gemeinsame Feindbilder bündeln: Der Gegensatz zwischen Arm und Reich, das Streben nach arabischer Einheit und die Suche nach kultureller Eigenständigkeit im Zeichen des Islam lassen sich als Kampf gegen *Imperialismus* und *Zionismus* deuten, d. h. gegen die *USA* und *Israel.* Den klassischen Ansatzpunkt, an dem die drei Ebenen tendenziell miteinander verschmelzen, bietet der Palästina-Konflikt. Auch dies hat *Saddam Hussein* — nicht als erster arabischer Politiker – verstanden.

Der Ruf nach Umverteilung und sozialer Gerechtigkeit

Sein Erfolg beim Einsatz dieser Mittel ist allerdings durchaus unterschiedlich zu gewichten. Am größten ist er ohne Zweifel beim Appell an Arabismus und soziale Gerechtigkeit, wo *Saddam*, unabhängig von seiner (begrenzten) persönlichen Glaubwürdigkeit, *elementare Bedürfnisse* und Emotionen *breiter Bevölkerungskreise* anspricht. Die soziale Frage stellt sich überall in der arabischen Welt, und der krasse Unterschied zwischen Arm und Reich innerhalb der einzelnen Staaten, vor allem aber auch zwischen den einzelnen Staaten, hat tiefreichende Ressentiments hervorgerufen. Die Ressentiments gerade gegen die Golf-Araber, vielfach angereichert durch Kolportagen über Hochmut, Unmoral und Kulturlosigkeit der Saudis und Kuwaitis, hat *Saddam* mit Erfolg mobilisiert. Ein Blick auf die Staaten der sogenannten Dritten und Vierten Welt, aber auch auf die im Umbruch befindlichen Staaten Mittel- und Osteuropas genügt, um den irakischen Anspruch zurückzuweisen, mit der Annexion Kuwaits die Sache des ausgebeuteten Südens gegen den industrialisierten Norden gefördert zu haben. Innerhalb der arabischen Welt jedoch findet *Saddam* in seiner Rolle als Fürsprecher der Armen und Rechtlosen bemerkenswert viel Unterstützung.

Die Neubelebung des Panarabismus

Noch bemerkenswerter ist der Widerhall nationalistischer Losungen, der eine *Neubelebung des arabischen Nationalismus* anzudeuten scheint. Der *Panarabismus* war von vielen Beobachtern totgesagt worden, nachdem das Lager der progressiven Panarabisten unter Führung *Nassers* im Junikrieg von 1967 von Israel vernichtend geschlagen worden war[5]). In der Tat ist er gescheitert, wenn als sein Ziel allein die Schaffung eines arabischen Einheitsstaates verstanden wird, in dem sich die von den Kolonialmächten begründeten Einzelstaaten auflösen. Der arabische Nationalismus ist aber insofern weiterhin lebendig, als Araber von Marokko bis Irak über die Gemeinsamkeiten von Sprache, Kultur, Literatur und Musik hinaus bestimmte politische Fragen als gemeinsame Anliegen sehen; an vorderster Stelle steht hier wiederum der Palästina-Konflikt.

Saddam Hussein als neuer Saladin?

Am zwiespältigsten fällt das Echo auf *Saddams* islamische Wendung aus, mit der er sich, in auffallender Anlehnung übrigens an die Rhetorik *Ayatollah Khomeinis,* als muslimischer Glaubensstreiter zu profilieren suchte, als neuer *Saladin* (der, wie vielfach unbekannt, zwar sunnitischer Muslim, aber nicht Araber, sondern Kurde war). Die Zwiespältigkeit der Reaktionen ist zunächst auf *Saddams* mangelnde persönliche Glaubwürdigkeit als islamischer Führer zurückzuführen.

Er entstammt nicht nur einer politischen Bewegung, der Arabischen Sozialistischen *Baa'th-Partei,* die sich als progressiv-panarabisch versteht und dabei den Islam zwar keineswegs ablehnt, jedoch dem arabischen Nationalismus eindeutig unterordnet. Er hat sich nicht nur im irakisch-iranischen Krieg als Schirm und Schutz der arabischen Nation und des Fortschritts generell gegen den islamischen Fundamentalismus dargestellt, dessen Vokabular er nun so gezielt übernimmt. Er hat im eigenen Land die *islamische Oppositionsbewegung* blutig *unterdrückt* und deren führende Häupter entweder hinrichten lassen oder in den Untergrund getrieben[6]). Dies ist in der arabischen Welt vielfach bekannt, und zwar gerade unter islamischen Aktivisten, für die *Saddam Hussein* bis dahin als Verkörperung des ungläubigen Herrschers und Verfolgers der islamischen Sache schlechthin galt. Die einflußreichen islamischen Bewegungen Ägyptens und Nordafrikas reagierten auf *Saddams* Rhetorik daher anfänglich negativ und verurteilten den Einmarsch in Kuwait als Aggression, unvereinbar mit islamischen Werten, ebenso wie die Stationierung amerikanischer („ungläubiger") Truppen auf saudischem Boden. Einhellig positiv war das Echo nur unter den islamischen Bewegungen Jordaniens, der besetzten Gebiete und Israels selbst, für die im Gegensatz zu ihren Brüdern in Nordafrika und Ägypten die Palästinafrage oberste Priorität genießt, noch vor der Umwandlung der eigenen Gesellschaft in eine wahrhaft islamische, von der *Scharia,* dem islamischen Gesetz, geleiteten Gesellschaft. Auch unter den islamischen Aktivisten Nordafrikas – am Beispiel Ägyptens und Algeriens ließe sich dies im einzelnen zeigen – wuchs jedoch die Zustimmung zu *Saddam* von dem Augenblick an, zu dem die internationale Allianz den Krieg gegen den Irak einleitete. Und doch ist diese Zustimmung weniger unter religiösem als vielmehr unter nationalistischem Vorzeichen zu sehen, dem des *Antiamerikanismus* und des *Antizionismus*, die zum Grundbestand islamischer Ideologie zählen. Ausschlaggebend sind letztlich eher politische als im engeren Sinne religiöse Faktoren und Motive[7]).

Arabische Politik: Kontinuität und Wandel

Insgesamt wird man sagen können, daß das *Konfliktverhalten* sowohl der irakischen Führung wie auch der arabischen Regime, politischen Bewegungen und sogenannten Massen die *bekannten Muster nahöstlicher Politik* in nahezu vollkommener Weise *bestätigt.* Das Streben des Irak nach Vormacht nicht nur am Golf, sondern im arabischen Lager insgesamt, das sich vornehmlich in der Palästinafrage als dem zentralen Anliegen arabischer Legitimation bewähren muß; die *taktische Allianz* seiner Konkurrenten Ägypten, Syrien und Saudi-Arabien, die so weit ging, einer von den USA angeführten internationalen Koalition gegen den arabischen Bruderstaat beizutreten; das angestrengte Bemühen der jordanischen Führung, den unvereinbaren Ansprüchen seiner Nachbarn gerecht zu werden; der Appell *Saddam Husseins* an Arabismus, Islam und soziale Gerechtigkeit; der *Antagonismus* der arabischen Regime und die Zustimmung all derer, die jede Änderung der als unerträglich erlebten Verhältnisse begrüßen, selbst wenn sie von einem *Saddam Hussein* kommt – sie alle können als Bekräftigung der etablierten Regeln gelten. Insofern ist auch nahöstliche Politik durchaus zu einem gewissen Grad berechenbar.

Zu den überbrachten Mustern sind im Vorfeld und im Verlauf der Krise allerdings Elemente getreten, die das Spiel nahöstlicher Politik nachhaltig verändern könnten. Ein Novum stellte zunächst *Saddams* Entschluß dar, den arabischen Nachbarstaat Kuwait unter Berufung auf die Illegitimität kolonialer Grenzziehung *nicht nur zu besetzen,* sondern regelrecht zu *annektieren.* Syrien übt in Libanon bekanntlich seit Jahren eine weitreichende Kontrolle aus, hat den Nachbarn jedoch nie förmlich annektiert. Angesichts der Massivität der internationalen wie der regionalen Gegenreaktion auf diesen irakischen Schritt ist allerdings mit einer Wiederholung in anderen Teilen der arabischen Welt kaum zu rechnen, zumal die Infragestellung der bestehenden, überwiegend kolonialen Grenzen den Bestand so gut wie aller Staaten in der Region gefährden würde – den Irak eingeschlossen.

Ein weiteres Element der Veränderung ist in der *irakischen Hochrüstung* zu sehen. Wäre es dem Irak tatsächlich, wie allgemein angenommen, gelungen, innerhalb weniger Jahre eigene *Nuklearwaffen* zu entwickeln, so hätte dies die nahöstliche Machtbalance grundlegend verändert: Israel wäre auf arabischer Seite erstmals ein Gegner erwachsen, der die lang erstrebte *Parität* zumindest in militärischer Hinsicht erreicht hätte. In der innerarabischen ebenso wie in der arabisch-iranischen Gleichung hätte der Irak erstmals ein eindeutiges Übergewicht erlangt, wäre also tatsächlich zur Vormacht in der arabischen Welt und am Golf aufgestiegen.

Alte Akteure, neue Rollen: Israel, die USA und die Sowjetunion im Nahen Osten

Eine *Reduzierung* oder weitgehende Zerschlagung des *irakischen Militärpotentials* würde – immer vorausgesetzt, der Irak bleibt als Staat grundsätzlich erhalten – die Kräfteverhältnisse weniger nachhaltig verändern: Das *israelische Übergewicht* wäre allerdings bekräftigt, und die Rivalen des Irak gewännen im bilateralen Verhältnis auf bestimmte Zeit die Oberhand.

Langfristig bedeutsam ist schließlich das Ende des Ost-West-Konflikts oder, genauer gesagt, des *globalen Systemkonflikts,* das, wie eingangs erwähnt, für die Region des Nahen und Mittleren Ostens zunächst die Abschwächung sowjetischer Unterstützung bzw. Opposition gegen amerikanische Projekte bedeutet. Während die *Sowjetunion* so einerseits ihre Beziehungen zu regionalen Akteuren ausgeweitet hat, und zwar gerade auf bisherige Kontrahenten wie Saudi-Arabien oder Israel, hat sie gleichzeitig ihr Engagement für ihre bisherigen Verbündeten drastisch zurückgenommen; neben dem Irak trifft dies insbesondere Syrien und die palästinensische Befreiungsbewegung. Die *Vereinigten Staaten* behaupten sich damit als *alleinige Supermacht* in Nah- und Mittelost. Dies schränkt die Möglichkeit regionaler Akteure, die Rivalität der Supermächte zur Durchsetzung eigener Interessen, zur Ressourcenbeschaffung und Erlangung politischer Unterstützung auszunutzen, spürbar ein. Wie sich die veränderten globalen Rahmenbedingungen mittel- und langfristig auf die nahöstliche Politik, die regionalen Kräfteverhältnisse und die Bewegungsfreiheit einzelner Regime auswirken werden, ist jedoch noch nicht im einzelnen abzuschätzen. Prognosen über die (neue?) arabische Ordnung nach Beendigung des Krieges sind anerkanntermaßen riskant. Wenn hier dennoch eine gewagt werden soll, dann die, daß es weniger die Staatenordnung als solche sein wird, die verändert, umgewandelt, vielleicht sogar gänzlich umgestürzt werden wird, als vielmehr die Ordnung innerhalb der einzelnen Staaten, auch wenn deren Grenzen unverändert erhalten bleiben.

Anmerkungen

[1]) Vgl. Dieter Senghaas (Hrsg.), Regionalkonflikte in der Dritten Welt. Autonomie und Fremdbestimmung. Baden-Baden 1989.

[2]) So vor allem L. Carl Brown, International Politics and the Middle East. Old Rules, Dangerous Game. London 1984.

[3]) Siehe hierzu die klassischen Studien von Malcolm H. Kerr, The Arab Cold War: Gamal Abd al-Nasir and his Rivals 1958–1970. London/Oxford 1970; Patrick Seale, The Struggle for Syria: a Study in Post-War Arab Politics 1945–1968. 2. Aufl., London/Oxford 1986. Ferner Bahgat Korany/Ali E. Hillal Dessouki (Hrsg.), The Foreign Policies of Arab States. Boulder 1984; und Bassam Tibi, Konfliktregion Naher Osten. Regionale Eigendynamik und Großmachtinteressen. München 1989.

[4]) Vgl. Eberhard Kienle, Ba'th v Ba'th. The Conflict between Syria and Iraq 1968–1989. London/New York 1990; Gudrun Krämer, Syriens Weg zu regionaler Hegemonie, in: Europa-Archiv, Bd. 42, No. 22 (25. 11. 1987), S. 665–674.

[5]) Vgl. namentlich Fouad Ajami, The Arab Predicament. Arab Political Thought and Practice Since 1967. Cambridge, Mass.1981.

[6]) Vgl. Hanna Batatu, Shi'i Organizations in Iraq: al-Da'wah al-Islamiyah and al-Mujahidin, in: Juan R. I. Cole/Nikki Keddie (Hrsg.), Shi'ism and Social Protest. New Haven/London 1986; generell Samir al-Khalil, Republic of Fear. The Politics of Modern Iraq. Berkeley/Los Angeles 1989.

[7]) Vgl. insgesamt auch Maghreb/Machrek, No. 130 (Oktober-Dezember 1990): L'Invasion du Kuwait. Opinions arabes.

Eugen Wirth

Irak und seine Nachbarn

Zur wirtschaftlichen und sozialen Dynamik der Golfstaaten in den Jahrzehnten seit dem Zweiten Weltkrieg

Bis 1973/75 lag der Bedeutungsschwerpunkt im mediterranen Orient in Nordafrika und in der Levante

In den vergangenen Monaten war viel davon die Rede, daß das Jahr 1990 nicht nur für Deutschland, sondern für ganz Europa eine historische Wende gebracht hat: In den Jahrzehnten 1945 bis 1990 ist das politische und wirtschaftliche Geschehen noch durch den Zweiten Weltkrieg und seine Nachwirkungen geprägt worden. Diese Nachkriegsperiode geht nunmehr zu Ende, und jetzt steht uns eine zwar noch sehr ungewisse, aber auf jeden Fall ganz anders determinierte Zukunft bevor.

Gibt es in der jüngsten Geschichte der islamischen Staaten Nordafrikas und Vorderasiens, also des Orients, einen ähnlichen säkularen Einschnitt? Kann man auch hier ein oder wenige Jahre als *turning point*, als Wendemarke zwischen Jahrzehnten der Nachkriegszeit und dem Beginn einer ganz neuen Entwicklung herausheben? Vieles spricht dafür, daß in Nordafrika und im Nahen und Mittleren Osten die Jahre 1973 bis 1975 in ähnlicher Weise als historische Wende angesehen werden können. Sie brachten nicht nur einen grundlegenden Umschwung der wirtschaftlichen und sozialen Situation, sondern auch eine auffallende räumliche Verlagerung der politischen und sozioökonomischen Gewichte.

Vom Ende des Zweiten Weltkriegs bis zu den Jahren 1973/1975 lag der Schwerpunkt der aus der Sicht Europas wichtigen oder bemerkenswerten politischen und wirtschaftlichen Ereignisse und Prozesse im *mediterranen Orient* – also in den Staaten *Nordafrikas* und der vorderasiatischen *Levante*, die an das Mittelmeer angrenzen. Es seien nur einige genannt:

- 1956 werden die französischen Protektoratsgebiete *Marokko* und *Tunesien unabhängig*; im selben Jahr *verstaatlicht* Ägypten den *Suez-Kanal*.
- 1958 wird im *Irak* in einer blutigen *Revolution* das Königshaus gestürzt; im selben Jahr schließen sich Syrien und Ägypten zur *Vereinigten Arabischen Republik* zusammen, die dann im Jahre 1961 wieder auseinanderbricht.

- 1962 wird *Algerien* nach achtjährigem Befreiungskrieg gegen Frankreich *unabhängig*.
- 1963 ergreift in *Syrien* die sozialistisch orientierte *Ba'th*-Partei die Macht, und im Jahre 1968 übernimmt dann auch im *Irak* eine Fraktion dieser Partei die Regierung.
- 1967 besetzt *Israel* nach dem siegreichen *Sechs-Tage-Krieg* die Altstadt von Jerusalem, das West-Jordanland, die Golan-Höhen und die Sinai-Halbinsel.
- 1969 schließlich wird in *Libyen* das Königshaus gestürzt und *Ghaddafi* kommt an die Macht.

Das Geschehen dieser Jahrzehnte wurde im wesentlichen durch den Prozeß der *Ent-Kolonialisierung*, durch *sozialistische Revolutionen* und durch die allmähliche *Ablösung „feudaler" Strukturen* bestimmt. Der Staat *Israel* konnte sich dabei endgültig stabilisieren und seine Lebensrechte auf dem Boden Vorderasiens sichern. Die *Erdölförderung* verblieb aber noch in der Hand von *acht großen westlichen Konzernen*. In einem sich langsam verschärfenden Kleinkrieg gegen diese mit weitreichenden Befugnissen ausgestatteten Organisationen konnten die souverän gewordenen Staaten des Orients bis 1973 allenfalls kleine, wenn auch schmerzhafte Nadelstiche versetzen.

Im Vergleich mit den im Bereich des Mittelmeers gelegenen Zentren politischen und sozioökonomischen Geschehens lagen die *Länder im Umkreis des Arabisch-Persischen Golfes* sehr ferne; die Ereignisse dort wurden von Europa und Nordamerika nur undeutlich und lückenhaft wahrgenommen. Sicher, man wußte schon in den fünfziger Jahren, daß unter den Wüsten und Wüstensteppen der Arabischen Halbinsel reiche *Erdölvorkommen* lagern; die riesigen Felderkomplexe vor allem *Saudi-Arabiens*, aber auch der *Vereinigten Arabischen Emirate* und des *Südirak* waren aber noch weitgehend unerschlossen. Die Staaten um den Arabisch-Persischen Golf erschienen so uninteressant, daß Großbritannien im Jahre 1971 seine Truppen aus den Emiraten und Scheichtümern der Piratenküste abzog, obwohl diesen ein Verbleiben viel lieber gewesen wäre. Daß fünf Jahre lang, von 1962 bis 1967, in Südarabien ein blutiger Bürgerkrieg ausgetragen wurde, an welchem auch starke ägyptische Truppenverbände beteiligt waren, nahm in Europa kaum jemand zur Kenntnis.

Der Jom-Kippur-Krieg von 1973 führte zu einer ersten entscheidenden Wende

---

Der Jom-Kippur-Krieg zwischen Israel, Ägypten und Syrien im Oktober 1973 führte zu einer ersten entscheidenden Wende. Sie betraf zunächst einmal das *Verhältnis zwischen Israel und seinen arabischen Nachbarn:* Zum ersten Mal in der Geschichte der arabisch-

Abbildung 1: Die Entwicklung der Rohölpreise

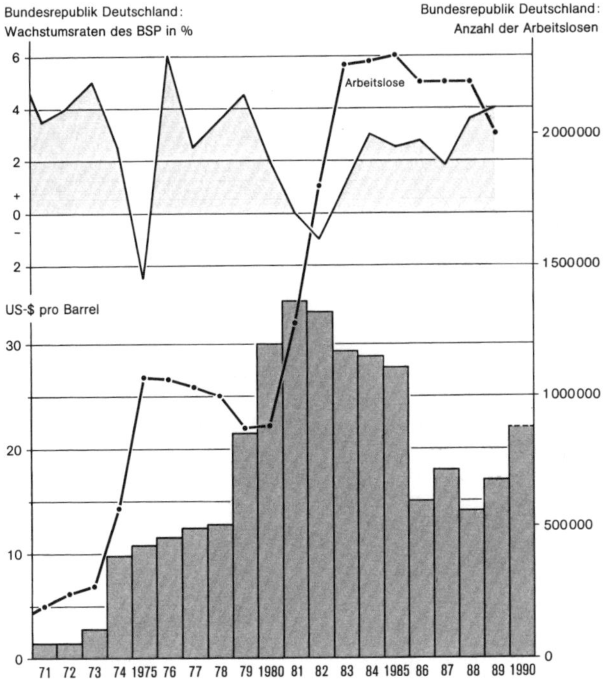

Entw.: E. Wirth 1990

israelischen Auseinandersetzungen konnten syrische und ägyptische Truppen beachtliche Anfangserfolge erzielen, waren die Araber nicht von vornherein die Unterlegenen, Geschlagenen, Verlierer. Das hat das *arabische Selbstbewußtsein* gestärkt, Minderwertigkeitskomplexe abgebaut und damit die Bereitschaft zum Kompromiß erhöht. Der *Friedensschluß von Camp David zwischen Israel und Ägypten* im Jahre 1979 wäre ohne diesen Krieg nicht möglich gewesen.

Auch für die *Weltwirtschaft* brachte der Jom-Kippur-Krieg aber einen grundlegenden Umschwung: Bis zum Oktober 1973 wurde *Rohöl* auf dem Weltmarkt zu einem extrem niedrigen Preis gehandelt; für einen Barrel, das sind gut 150 Liter, mußte nur etwa 2 Dollar 40 Cents bezahlt werden. Das hatte zur Konsequenz gehabt, daß alle Welt mit der kostbaren und auf lange Sicht knappen Ressource Öl überaus verschwenderisch umging. Erst im direkten Zusammenhang mit dem Jom-Kippur-Krieg *stieg der Rohölpreis auf Werte von mehr als 10 US-Dollar pro Barrel an* – ein Betrag, der der Knappheit der Res-

Abbildung 2: Die Entmachtung der großen westlichen Ölgesellschaften

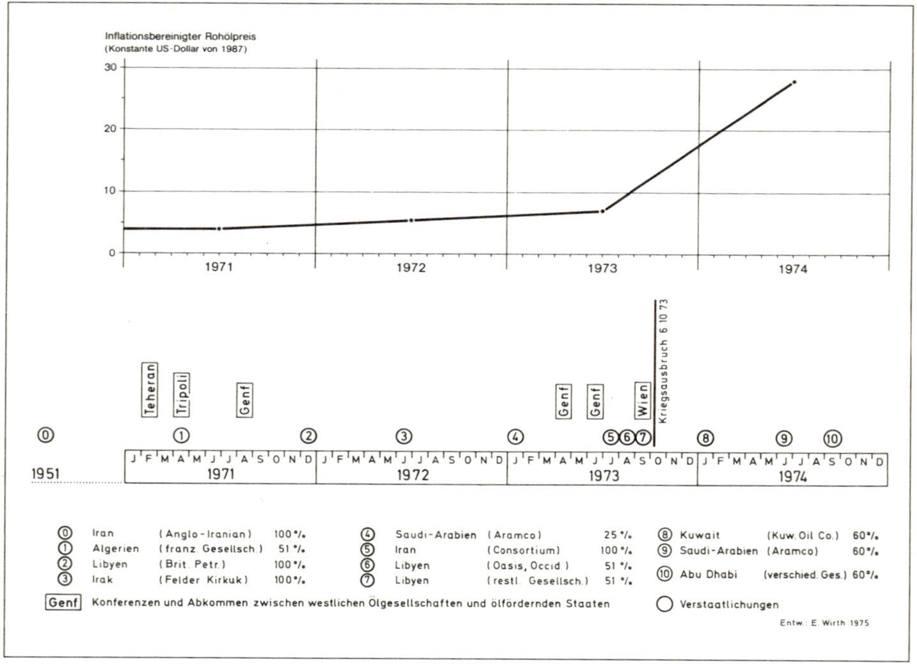

source Energie schon eher Rechnung trägt (vgl. Abb. 1). Die großen Gewinner dieser Preiserhöhung waren die OPEC-Staaten, insbesondere die Erdölstaaten im Umkreis des Arabisch-Persischen Golfes. Genau in jenen Jahren der Wende, etwa zwischen 1972 und 1974, war es den Erdölstaaten des Orients nämlich gelungen, teils in zähen Verhandlungen, teils aber auch mit massivem Druck ihren *Anteil an den Gewinnen* der Ölförderung *entscheidend heraufzusetzen*. In den Jahrzehnten vorher hatten sie in Form von bescheidenen *Royalties* und einigen Steuern bestenfalls 10 bis 20% der Ölerträge erhalten. Erst seit 1971/1972 konnten sie auf multilateralen Konferenzen und in bilateralen Verhandlungen die Verstaatlichung der Ölfelder und der darauf errichteten Fördereinrichtungen und Verladeanlagen ganz oder zu größeren Teilen durchsetzen (Abb. 2). Damit flossen seit Herbst 1973 bei rasch steigender Ölförderung und erheblich höheren Ölpreisen auch noch wesentlich größere Gewinn-Anteile in die Kassen der Erdölstaaten am Golf.
Es sind jedoch nicht nur die steil ansteigenden Beträge von Petrodollar, die das wirtschaftliche Gewicht der Staaten um den Arabisch-Persischen Golf verstärken; auch die *regionalen Steuerungs-Zentralen der westlichen Industriestaaten* werden jetzt zunehmend vom mediterranen Orient in die Golfregion verlegt. Bis 1975 war die libanesische Hauptstadt *Beirut* der mit Abstand wichtigste Sitz europäischer und nordamerikanischer Industriekonzerne, Dienstleitungsbetriebe und Finanzinstitute im Nahen und Mittleren Osten. Im Jahre 1975 beginnt aber der Bürgerkrieg im Libanon, und dessen blutige Auseinandersetzungen haben die Mehrzahl der großen westlichen Firmen veranlaßt, das Land zu verlassen. Es lag nahe, die internationalen Kommandozentralen dorthin zu verlegen, wohin auch das internationale Kapital strömte. So haben sich seit 1975 in zunehmendem Maße die *decision-making-centres* und die Befehlsleitstellen westlicher Wirtschaft und westlichen Kapitals in *Kuwait, Bahrain, Dubai oder Abu Dhabi* niedergelassen.

Die „goldenen Jahre" am Arabisch-Persischen Golf

Im Anschluß an diese Wende 1973–1975 folgten fünf „goldene Jahre": Der Schwerpunkt von Politik und Wirtschaft hatte sich eindeutig vom mediterranen Orient in den Umkreis des Arabisch-Persischen Golfes verlagert. Die dortigen Staaten erlebten eine ungeheuere wirtschaftliche Dynamik. In fieberhafter *Bautätigkeit* werden *Großprojekte öffentlicher Versorgung und Infrastruktur* errichtet: Kraftwerke und Meerwasser-Entsalzungsanlagen, vielspurige Autobahnen, Containerhäfen und internationale Flugplätze, Schulen und Krankenhäuser, Verwaltungsgebäude und Sportstadien, Einkaufszentren und ausgedehnte Wohnviertel. Neben modernen Anlagen zur Förderung,

Abbildung 3: Exporte ausgewählter OECD-Staaten in die OPEC-Länder in Mrd. US-Dollar

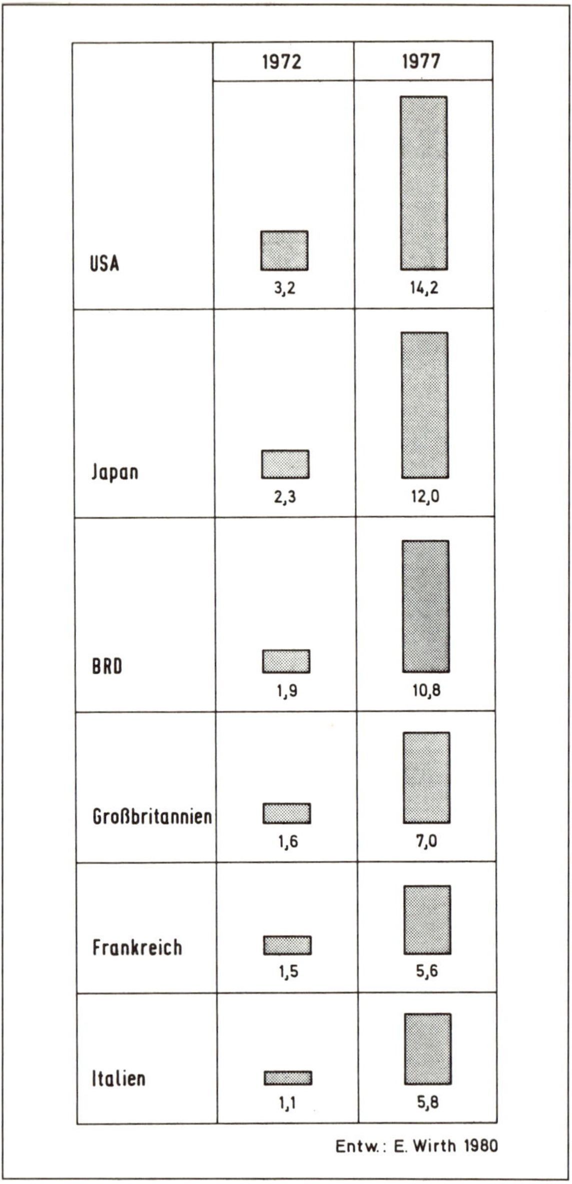

Verladung und Verarbeitung von Erdöl und Erdgas entstehen Industriezentren und *ausgedehnte Industriekomplexe*: Petrochemische Werke und Alumimiumschmelzen, Zementfabriken und Betriebe der Konsumgüterindustrie. Innerhalb weniger Jahre schwillt der Export der westlichen Industriestaaten in die Erdölstaaten am Golf auf ein Vielfaches an; neben Industrieanlagen und modernen *Waffensystemen* fließt ein breiter Strom hochwertiger *Konsumgüter* in die fast unbegrenzt aufnahmefähigen Märkte am Golf (Abb. 3).
Der Bedarf an Arbeitskräften war in diesen Jahren des stürmischen Aufschwungs so groß, daß viele Millionen von *Gastarbeitern* in den Erdölstaaten am Golf Beschäftigung fanden – aus Ägypten, Jordanien und Syrien, aus Südarabien, Pakistan und Indien. Sie überweisen einen Großteil ihrer Einkünfte an ihre Familien nach Hause; damit kommt der reiche Segen der Petrodollar auch den ärmeren Staaten des Orients zugute, die über keine größeren Erdölvorkommen verfügen. Die Überweisungen der ägyptischen Gastarbeiter in ihre Heimat trugen z. B. 1980 sechzehn Prozent zum ägyptischen Bruttosozialprodukt bei; die Gastarbeiter-Überweisungen nach Jordanien entsprachen noch 1986 dem zweieinhalbfachen Wert aller jordanischen Ausfuhren.

Der achtjährige Krieg zwischen Irak und Iran

Fünf Jahre lang wird diese wirtschaftliche Dynamik durch gutnachbarliches Einvernehmen der Anliegerstaaten des Arabisch-Persischen Golfes gestützt. Dann aber brauen sich düstere Wolken am Horizont zusammen: Im April 1979 wird *Schah Reza Pahlewi* zum Verlassen des Landes gezwungen, und der *Ayatollah Chomeini* ergreift die Macht in Iran. Die junge islamisch Republik erhebt von Anbeginn an den Anspruch, die Fackel der islamischen Revolution auch in andere Länder zu tragen. Im Dezember 1979 folgt der *Einmarsch der sowjetischen Armee nach Afghanistan.* Am folgenreichsten hat sich dann aber ein drittes weltpolitisches Ereignis erwiesen: Im September 1980 überqueren völlig überraschend irakische Truppen den Grenzfluß Schatt el-Arab, und sie dringen in breiter Front auf iranisches Gebiet vor. Damit beginnt ein achtjähriger Krieg Iran–Irak; erst im August 1988 wurden die Kampfhandlungen aufgrund eines vorläufigen Waffenstillstandes eingestellt.
Auf den ersten Blick erscheint der *Einmarsch des Irak nach Iran* im September 1980 schwer verständlich; denn der Irak hat seit 1973 voll an dem allgemeinen Wirtschaftsaufschwung der Golf-Staaten teilgehabt. Nach dem blutigen Sturz des Königshauses im Jahre 1958 haben zunächst einmal zehn Jahre lang rivalisierende revolutionäre Gruppen und Offiziercliquen um die Macht gerungen und das Land nicht zur Ruhe kommen lassen. Erst der Staatsstreich der *Ba'ht-*

Partei im Sommer 1968 leitete dann eine längere Periode politischer Beruhigung und Stabilisierung ein. 1970 wurde ein umfassendes *Agrarreformgesetz* erlassen, und in den folgenden Jahren konnten die Grundbesitzstruktur und die Organisation der Bodenbewirtschaftung erfolgreich umgestellt werden (vgl. *E. Wirth* 1982). Das Jahr 1975 brachte dann auch ein vorläufiges Ende der blutigen bürgerkriegsähnlichen Auseinandersetzungen in Kurdistan.

Tabelle 1: Erdölreserven in Mrd. t

	1989[1])	1980[2])
Saudi-Arabien*	35	22,5
Irak*	13,5	4
Kuwait*	13	9
VAE*	13	4
Iran*	12,5	8
Venezuela	8	2,5
UdSSR	8	8,5
Mexiko	7,5	6
USA	3,5	4
China	3	3
Libyen*	3	3
Nigeria*	2	2
Norwegen	1,5	1

[1]) Möglicherweise etwas großzügig-optimistische Ansätze, um höhere Förderquoten innerhalb der OPEC durchzusetzen.
[2]) Traditionell vorsichtig-konservative Ansätze.
*) Mitgliedstaat der OPEC.
Quelle: Oeldorado 78 – Oeldorado '89 der ESSO A. G.

Irak ist eines der erdölreichsten Länder der Welt (Tab. 1). Die irakische Erdölförderung stieg von 70 Mio. t im Jahre 1972 auf 175 Mio. t im Jahre 1979 an (Abb. 4); im gleichen Zeitraum erhöhten sich die staatlichen Erdöleinkünfte von 600 Mio. (1972) auf 23,4 Mrd. US-Dollar (1979). Mit insgesamt rund 36 Mrd. US-Dollar verfügte der Irak im Jahre 1980 über höhere Währungsreserven als die USA oder Japan (Tab. 2). Damit hatten Regierung und Staatspartei so viel Geld zur Hand, daß sie alle Großprojekte mühelos finanzieren und darüber hinaus noch großzügige Kredite für private Investitionen gewähren konnten. *Wozu also dieser völlig überraschende Überfall* auf den Nachbarstaat Iran?

Die meisten deutschen Medien haben nach Kriegsausbruch 1980 *Saddam Hussein* zum allein schuldigen Aggressor erklärt; sogar Außenminister *Genscher* ist dieser Interpretation gefolgt. Eine solche Sicht der Dinge erscheint aber zumindest sehr einseitig. Die *Islamische Republik Iran* machte seit ihrer Etablierung im Frühjahr 1979 nie ein Hehl daraus, daß sie die vor allem im Unterirak lebenden *Schiiten*

Tabelle 2: Währungsreserven 1980/81 (in Mrd. US-Dollar)

Bundesrepublik Deutschland	52,3
Irak	36,5
Frankreich	31,0
USA	27,4
Italien	26,1
Japan	25,7
Großbritannien	21,5
Schweiz	19,4

befreien wolle von der „Unterdrückung durch das gottlose Regime der *Ba'th*-Führungsclique"; auch haben iranische Ayatollahs mehrfach dazu aufgerufen, die im Irak gelegenen *Wallfahrtsstätten und Grabmoscheen von Kerbela und Nedjef* zu erobern – die höchsten Heiligtümer der Schiiten überhaupt.
Dieser offensichtlichen *Bedrohung durch den militanten islamischen Fundamentalismus Irans* wollte *Saddam Hussein* mit einem *Präventivschlag* zuvorkommen. Die Invasion führte nur deshalb nicht zu einer vernichtenden Niederlage Irans, weil die irakische Armee und/oder ihre Führung noch schlechter waren, als selbst Experten vermutet hatten. Die Rechnung *Saddam Husseins* ging nicht auf; statt eines raschen und fast mühelosen Siegs folgten viele Jahre ermüdenden Stellungskrieges, den der Irak nur dank einer haushohen Materialüberlegenheit an Flugzeugen und Panzern durchhalten konnte. Erst in den letzten Kriegsjahren gelang es dann, Moral und Schlagkraft der irakischen Truppen deutlich zu verbessern.

Die Nachbarn konnten von dem Krieg durchaus profitieren

Die kriegerischen Auseinandersetzungen zwischen Iran und Irak haben der Wirtschaftsblüte und der Dynamik der Landesentwicklung in den anderen Erdölstaaten am Arabisch-Persischen Golf zunächst keinen Abbruch getan. Im Gegenteil: Da aufgrund der Kriegshandlungen sowohl der Ölexport Irans als auch derjenige des Irak erheblich zurückgingen, *stieg der Rohölpreis knappheitsbedingt* im Herbst 1980 nochmals kräftig bis auf mehr als 30 US-Dollar pro Barrel an (Abb. 1). Das führte zu *Rekordeinnahmen* sowohl der OPEC insgesamt (1980 mehr als 300 Mrd. US-Dollar) als auch Saudi-Arabiens (1980 mehr als 100 Mrd. US-Dollar). Die Scheichtümer und Emirate am Golf verdienten aber auch ausgezeichnet an all den vielfältigen *Dienstleistungen*, die für die beiden kriegführenden Parteien zu erbringen waren: Bau von Ausweich-Pipelines und frontferneren Ölverladestationen, Schmuggel von Waffen und Konsumgütern, Reparatur beschädigter Supertanker, Transport von Gütern aller Art mit

Lastkraftwagen auf dem Landweg nach kriegsbedingter Gefährdung der Schiffahrtsrouten usw. Erst als der Rohölpreis im Jahre 1986 infolge eines *Überangebots* auf dem Weltmarkt steil abfiel, wurde die wirtschaftliche Dynamik der Golfstaaten empfindlich abgebremst. Einige Jahre vorher hatten auch schon die irakischen und iranischen Angriffe auf Öltankschiffe im nordwestlichen Golf begonnen; das führte zu fast prohibitiv hohen Versicherungsprämien und zu mannigfachen Restriktionen der Schiffahrt.

Auch die Entwicklung des Irak machte die ganze Zeit über weitere Fortschritte

In der westlichen Presse wurde wiederholt berichtet, daß die *Wirtschaft des Irak* aufgrund der kriegsbedingten Belastung kurz vor dem Zusammenbruch stünde. Davon konnte in keiner Phase des Krieges die Rede sein; der in den Jahren 1973–1980 so hoffnungsvoll begonnene wirtschaftliche Aufschwung ging fast ununterbrochen weiter. Auch in den acht Jahren des Krieges wurden zweistellige Milliardenbeträge an Dollar in den Aufbau einer leistungsfähigen Infrastruktur investiert. Die bei Kriegsende außerordentlich hohe *Auslandsverschuldung* des Irak (Tab. 3 und 4) ist also keineswegs nur

Tabelle 3: Die Entwicklung der Staatsverschuldung des Irak in Mrd. US-Dollar

	Devisenreserven	Auslandsschulden
1980/81	36	2
1982/83	6	17
1985	1	42
1990	1	80

Quelle: Instit. of Internat. Finance, Washington D. C.

eine Folge des Imports von Waffen, Kriegsmaterial oder Munition; in der Bilanz fast stärker zu Buch schlagen die *produktiven Investitionen* jener Jahre: Bau von Straßen, Eisenbahnlinien, Staudämmen, Bewässerungskanälen, Flughäfen, Krankenhäusern, Schulen, Universitäten sowie nicht zuletzt der soziale Wohnungsbau. Viele Milliarden von Dollar sind während des Krieges auch zum *Import von Nahrungsmitteln und Konsumgütern* aufgewendet worden; damit war die Bevölkerung immer ausreichend und preisgünstig mit Waren des täglichen Bedarfs, aber auch des gehobenen Bedarfs versorgt. Selbst die *Versorgung mit elektrischem Strom, Leitungswasser, Benzin* usw. ist während des Krieges niemals in nennenswertem Umfang gestört oder unterbrochen worden.

Tabelle 4: Die am höchsten verschuldeten Entwicklungs- und Schwellenländer 1988

	Auslandsschulden	
	Insgesamt in Mrd. US-Dollar	pro Kopf in US-Dollar
Brasilien	120	825
Mexiko	107	1 275
Irak	80	4 700
Argentinien	60	1 875
Polen	42	1 135
Venezuela	35	1 840
Nigeria	30	250
Philippinen	30	500
Jugoslawien	22	920
Marokko	22	916

Quelle: Instit. of Internat. Finance, Washington D. C.

Allerdings sind in den ersten Jahren des Krieges die *Deviseneinnahmen* des Landes *rapide abgesunken* (Abb. 4), da die Erdölterminals im Mündungsbereich des Schatt el-Arab zerstört wurden und Syrien dann im Jahre 1982 auch die von den nordirakischen Ölfeldern ans Mittelmeer führende Pipeline sperrte. Einzig die unter Umgehung

Abbildung 4: Rohölförderung und Erdöleinnahmen des Irak

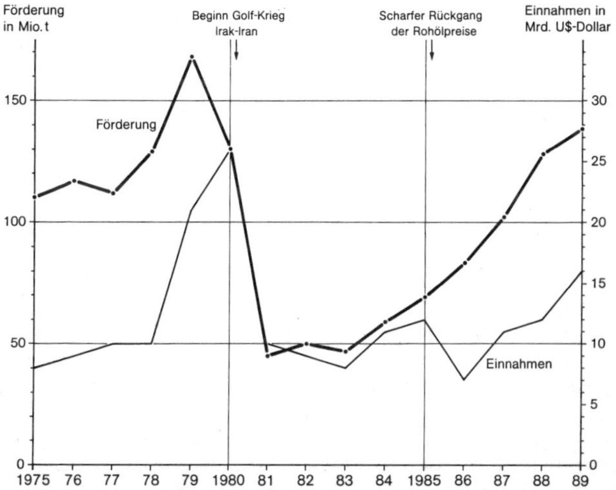

Quelle: Oeldorado 78 - Oeldorado '89 der ESSO A. G.

Entw.: E. Wirth 1990

syrischen Territoriums 1976 eröffnete *Pipeline zum türkischen Mittelmeerhafen Dörtyol* blieb noch in Betrieb. Die irakische Regierung hat aber weitblickend und mit großer Energie den Bau neuer Rohrleitungen zum Export von Erdöl vorangetrieben: Die Förderkapazität der Dörtyol-Pipeline wurde erhöht und parallel dazu eine zweite Rohrleitung gebaut. Die Ölfelder im Südirak konnten dann 1985 an das Leitungsnetz Saudi-Arabiens und damit an den Verladehafen Janbo im Roten Meer angeschlossen werden (Abb. 5). Damit stieg der Rohölexport des Irak seit 1984 wieder kräftig an.

Abbildung 5: Die Wege des irakischen Rohölexports im Jahre 1987

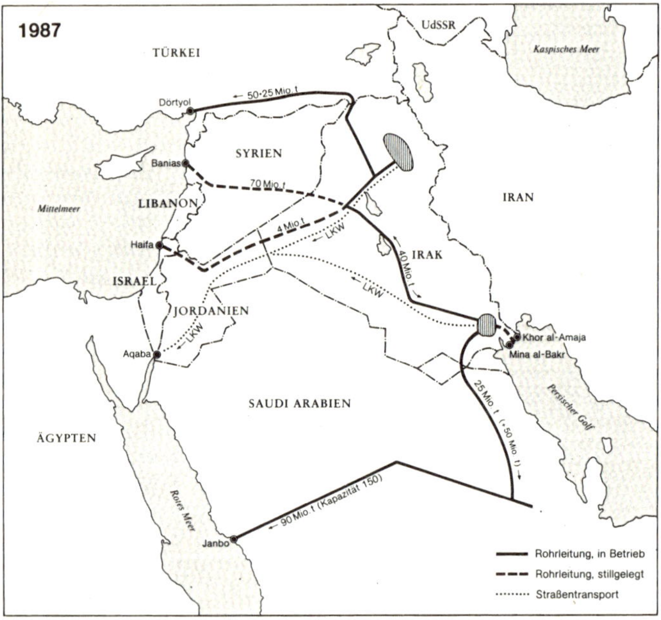

Im übrigen hat es *Saddam Hussein* während des Krieges meisterhaft verstanden, *Kredite* für seine Großprojekte einzuwerben und immer wieder *Zahlungsaufschub* zu erwirken. Sowohl von den Vereinigten Staaten und von den Staaten Westeuropas als auch von der Sowjetunion erhielt er Darlehen in der Größenordnung zweistelliger Milliardenbeträge von US-Dollar. Aber auch die Erdölstaaten am Arabisch-Persischen Golf selbst, vor allem Kuwait und Saudi-Arabien, haben den Irak in den Jahren des Krieges mit Iran durch Zuwendung von vielen Milliarden Dollar entscheidend gestützt (Tab. 5). Noch im

Herbst 1987 erhielt *Saddam Hussein* von Saudi-Arabien ohne alle Auflagen einen Barscheck über 2 Mrd. US-Dollar! Dies verleiht der Besetzung Kuwaits durch irakische Truppen am 2. August 1990 und den Propagandatiraden der irakischen Medien gegen Saudi-Arabien eine ganz besondere – aber vielleicht orientspezifische – Note.

Tabelle 5: Auslandsverschuldung des Irak Anfang 1990

Gläubiger	Schulden	
Westen (EG und USA)	ca.	35 Mrd. $[1])
Saudi-Arabien + VAE		20–35 Mrd. $[2])
Kuwait		10–15 Mrd. $[2])
UdSSR + Ostblock	ca.	10 Mrd. $[3])
insgesamt:	ca.	80 Mrd. US-Dollar

[1]) Davon Frankreich ca. 10 Mrd. $, überwiegend für Waffenlieferungen.
[2]) Zusätzlich dazu haben die Erdölstaaten am Golf aus der Neutralen Zone und – unter Ausnutzung der irakischen OPEC-Quoten – aus eigenen Ölfeldern für etwa 30 Mrd. $ Rohöl auf den Markt gebracht und den Erlös dem Irak zur Verfügung gestellt.
[3]) Davon UdSSR ca. 6 Mrd. $, überwiegend für Waffenlieferungen.

Quelle: Instit. of Internat. Finance, Washington D. C.

Nach dem *Waffenstillstand mit Iran im Herbst 1988* ging der Irak mit neuer Kraft an den *Wiederaufbau* und die *Landesentwicklung*. Die Lebensbedingungen der breiten Massen wurden weiter verbessert, und es sind viele Großprojekte des sozialen Wohnungsbaus in Angriff genommen worden. Bei meinen ausgedehnten Reisen durchs Land im Frühjahr 1990 fand ich kaum mehr ein Dorf ohne elektrischen Strom, und auch bei bescheidener Lebensführung gehörten Kühlschrank und Fernsehgerät zur Grundausstattung eines Haushalts. Die Chancen des sozialen Aufstiegs waren ausgesprochen gut, und der Spielraum für Privatinitiativen ist nochmals weiter geworden. Alle Menschen aber, mit denen ich im vergangenen Frühjahr während meines Aufenthalts im Irak sprechen konnte, waren froh und glücklich darüber, daß dieser unselige Krieg mit Iran nun endlich zu Ende sei. Obwohl die Masse der irakischen Bevölkerung vom Krieg nur wenig gespürt hat, priesen sie *Allah* ob seiner Gnade, und um des Friedens willen wären alle meine Gesprächspartner gerne bereit gewesen, den Gürtel ein wenig enger zu schnallen, wenn die Fianzierung des weiteren Aufbaus das erfordert hätte.

Warum dann aber die Besetzung Kuwaits?

Dieses im großen und ganzen positive Bild von Wirtschaftsaufschwung und Verbesserung der allgemeinen Lebensverhältnisse war natürlich auch schon vor dem 2. August 1990 durch einige schwere Schatten getrübt. Völlig unentschuldbar sind insbesondere die vielen

Fälle von *skrupelloser Verletzung der Menschenrechte* durch die Machthaber in Bagdad und die oft brutale Vorgehensweise der drei irakischen Geheimdienste. Die meisten Menschen im Irak hatten sich aber nolens volens mit dem herrschenden Regime abgefunden, und sie konnten im Grunde genommen doch voll Hoffnung in die Zukunft blicken. Das führt zu einem deprimierenden Fazit: Die auch für langjährige Landeskenner überraschende und letztlich wahnwitzige *Besetzung Kuwaits durch irakische Truppen am 2. August 1990* hat viele hoffnungsvolle Entwicklungen jäh abgewürgt. Zum zweiten Mal innerhalb eines Jahrzehnts hat nunmehr *Saddam Hussein* einen benachbarten Staat überfallen – und zwar diesmal das friedliche und arglose Scheichtum Kuwait, bei dem keinerlei entschuldigende Argumente zugunsten eines Präventivschlags vorgebracht werden können. Was mag den Machthaber Iraks zu dieser erneuten Aggression veranlaßt haben? In einigen groben Strichen sei abschließend versucht, mögliche Motive darzulegen; es versteht sich von selbst, daß man daraus weder eine Entschuldigung noch gar eine Rechtfertigung ableiten kann.

1. Den *steilen Absturz der Rohölpreise* im Jahre 1986 mag *Saddam Hussein* sehr schmerzhaft empfunden haben: Was nützten schon die stetig steigenden irakischen Rohölpreise, wenn die Gesamteinnahmen aus dem Rohölexport weit hinter den Erwartungen zurückbleiben (Abb. 4)? Vor allem die Preisentwicklung in der ersten Hälfte des Jahres 1990 (Abb. 6) könnte dann eine Panik-Reaktion des irakischen Diktators ausgelöst haben; alles Bemühen um ein Anheben des Rohölpreises auf ca. 22 US-Dollar pro Barrel schien vergeblich zu sein.

Auf mehreren Zusammenkünften erdölexportierender Staaten im Sommer 1990 machte *Saddam Hussein* in einer extrem vereinfachenden, an der Komplexität ökonomischer Zusammenhänge und Prozesse völlig vorbeigehenden Argumentation vor allem Kuwait und die Vereinigten Arabischen Emirate für den Preissturz verantwortlich. Die Besetzung des Scheichtums am 2. August 1990 sollte sicherlich auch das Angebot von Rohöl auf dem Weltmarkt drosseln. Die Preiskurve von Fig. 6 zeigt, daß dieses Ziel nicht erreicht wurde: Obwohl seit August 1990 nicht nur Kuwait, sondern auch der Irak als Lieferant von Erdöl für den Weltmarkt ausfallen, ist der Rohölpreis schon Anfang 1991 wieder auf den Stand vor der irakischen Invasion abgesunken.

2. Bei der Festlegung der Staatsgrenzen am Nordwestende des Arabisch-Persischen Golfs ist der Irak ausgesprochen schlecht weggekommen (vgl. Abb. 7). Der *Zugang zum Meer* stand zunächst nur über den Schatt el-Arab offen. Bis zum Jahre 1975 verlief die Grenze zu Iran auf dem iranischen Ufer; seitdem ist in einem Vertrag die Mitte des Fahrwassers als Staatsgrenze festgelegt. Mehr als durch diese neue Grenzziehung wird aber die Verbindung zwischen den irakischen Häfen von Basra und Fao und dem Golf durch die *völlig unzureichende Wassertiefe des Schatt el-Arab* und durch eine kaum

Abbildung 6: Preisentwicklung für leichtes Mittelost-Öl auf dem Spotmarkt 1987 bis 1991

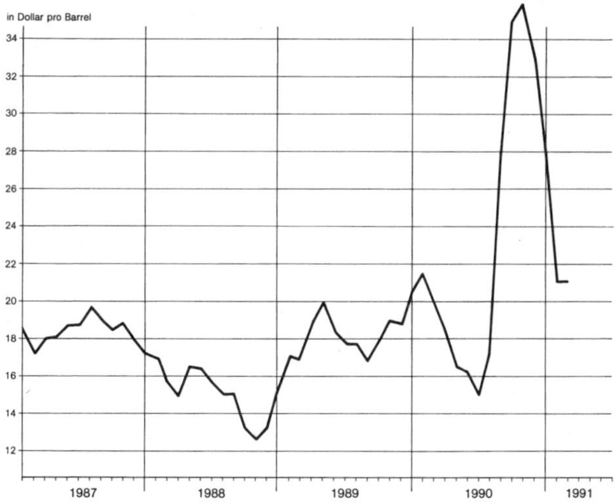

Quelle: Deutsche BP AG, Hamburg

abzubaggernde Schlick- und Sandbank vor der Mündung des Flusses beeinträchtigt. Als Behelfslösung wurden in den letzten Jahrzehnten drei weitere Umschlagplätze angelegt: Zwei durch Pipelines mit dem Festland verbundene künstliche Verladeinseln weit draußen im Golf, Khor al-Amaja und Mina al-Bakr, sowie der an einem verhältnismäßig tiefen Priel im Bereich des Salzwatts nahe der Grenze nach Kuwait gelegene Hafen Umm Qasr (vgl. Abb. 7).

Seit Jahren schon war dem Irak sehr daran gelegen, *Pläne für einen modernen Tiefwasserhafen* zu realisieren. Am besten geeignet hierfür wären die beiden südöstlich von Umm Qasr gelegenen, gelegentlich überfluteten Salzton-Inseln Warban und Bubiyan (vgl. Abb. 7). Diese Inseln gehören zu Kuwait; in langwierigen Verhandlungen bemühte sich der Irak um einen Kauf oder um eine Verpachtung für 99 Jahre. Kuwait hat im Jahre 1989 bei diesen Verhandlungen wenig Entgegenkommen gezeigt, und im Sommer 1990 mag dann bei *Saddam Hussein* der Geduldsfaden gerissen sein.

3. Eines der ergiebigsten *Erdölfelder* des Irak, *Rumaila*, erstreckt sich südlich über die Staatsgrenze hinaus noch ein gutes Stück nach Kuwait hinein (Fig. 7). Wie das bei grenz-übergreifenden Ölfeldern im Bereich des Golfs allgemein üblich ist, hat Kuwait in den letzten Jahren damit begonnen, Öl aus dem nach Kuwait reichenden Südteil des Feldes zu fördern. Obwohl eine solche Förderung durch das Völkerrecht und durch jahrzehntelange Praxis abgesichert ist, wirft

Abbildung 7: Staatsgrenzen, Ölfelder und Ölverschiffung im Bereich des nordwestlichen Arabisch-Persischen Golfs

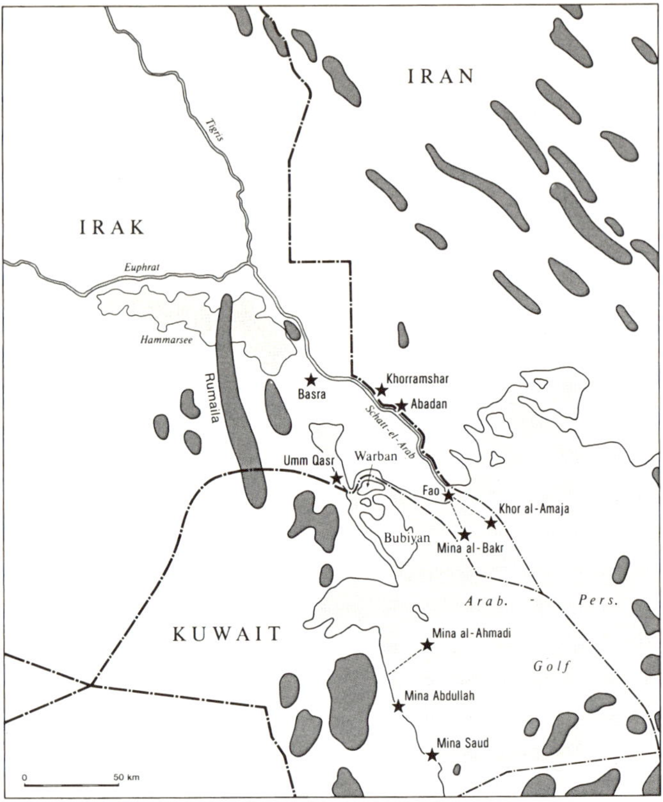

Saddam Hussein der staatlichen kuwaitischen Ölgesellschaft vor, sie hätte dem Irak für viele Milliarden Dollar Öl gestohlen. Die Besetzung des Scheichtums habe auch den Zweck, diese Milliardenschulden einzutreiben.

4. Zur Rechtfertigung der Besetzung Kuwaits wurde schließlich noch die Behauptung vorgebracht, das Scheichtum habe schon immer als *Teil der osmanischen Provinz Basra* zum Irak gehört. Nach dem Motto „Heim ins Reich" würde also nur historisches Unrecht wieder gut gemacht. Auch diese Argumentation ist jedoch in keiner Weise haltbar. Sicher, das Territorium des Osmanischen Reiches erstreckte sich vor dem Ersten Weltkrieg von Basra aus noch weit in den Süden;

auch die große, jetzt zu Saudi-Arabien gehörende Provinz el-Hasa war Teil des Osmanischen Reiches. Schon in den letzten Jahrzehnten des 19. Jahrhunderts hatten aber die Emirate und Scheichtümer an den arabischen Küsten des Persischen Golfs eine de-facto-Unabhängigkeit unter britischer Schutzherrschaft errungen; 1899 und 1914 wurden entsprechende Verträge zwischen Großbritannien und dem Herrscher von Kuwait abgeschlossen.
Nach dem Ende der britischen Mandatsherrschaft und dem Sturz des irakischen Königs hat dann im Oktober 1963 auch die irakische Revolutionsregierung die Unabhängigkeit und territoriale Unversehrtheit des Scheichtums Kuwait anerkannt. Schon ein halbes Jahr zuvor war Kuwait das 111. Mitglied der Vereinten Nationen geworden. Im übrigen sind territoriale Zugehörigkeiten, die viele Jahrzehnte oder gar Jahrhunderte zurückliegen, völkerrechtlich völlig irrelevant. Erhebliches Gewicht bei politischen Auseinandersetzungen hat allenfalls das *Selbstbestimmungsrecht der Völker*, und hier wäre das Votum eindeutig: Mit Sicherheit würden bei einer Befragung mehr als 90% der alteingesessenen Kuwaitis eine Vereinigung des Emirats mit dem Irak nachdrücklich ablehnen.

Literaturhinweise

Ausführliche Berichte und Analysen des Verfassers über die Situation im Irak sind in den folgenden beiden Beiträgen zu finden:

Wirth, Eugen: Agrarreform und ländliche Abwanderung im Irak. Sozialer Wandel und wirtschaftliche Dynamik in einer „sozialistischen Gesellschaft“ mit Freiräumen für Privatinitiative. Erdkunde 36 (1982), S. 188–189.
Wirth, Eugen: Irak am Vorabend des Überfalls auf Kuwait. Zur wirtschaftlichen und sozialen Dynamik im Jahrzehnt des Golfkriegs 1980–1990. Orient (Hamburg), 31. Jahrgang, Heft 3/1990 (im Druck).

Peter Pawelka

Von der Metropole zur Peripherie

Der sozioökonomische Abstieg des Vorderen Orient

Die Unterentwicklung ist nur historisch zu erklären, auch für den Sozialwissenschaftler

---

Noch vor zehn Jahren war es notwendig, auf die offenkundige *Vernachlässigung des Vorderen Orients* durch die modernen Sozialwissenschaften hinzuweisen[1]). Doch seither etablierte sich auch in Deutschland eine zunehmend interdisziplinär ausgerichtete, gegenwartsbezogene *Orientforschung.* Unter dem Einfluß hoch brisanter wirtschaftlicher, politischer und kultureller Konstellationen im Mittleren Osten wächst eine Generation von Regionalspezialisten heran, die das traditionelle Gefüge der Wissenschaftsdisziplinen zu überwinden sucht. Während sich die Orientalisten allmählich das methodische Instrumentarium der Sozial- und Wirtschaftswissenschaften aneignen, dringen historische und philologische Kenntnisse auch in die Sozialwissenschaften ein. Dieser gegenseitigen Annäherung sollen die folgenden Reflexionen dienen. Erst kürzlich hat *Dieter Senghaas*[2]) die Frage gestellt, warum die heute weltweit wirksame Entwicklungsdynamik ihren *Ursprung* in Europa hatte und nicht in anderen, seinerzeit weitaus höher entwickelten Regionen der Welt. Wir wollen mit diesem sehr vorläufigen Versuch einer Antwort sozialwissenschaftliche Kriterien und Methoden mit historischen Daten und Interpretationen in Zusammenhang bringen.

In der Regel beschäftigen sich die Sozialwissenschaften nur mit den aktuellen politischen und wirtschaftlichen Fragen des Mittleren Ostens und lassen *mittel- und langfristige historische Strukturveränderungen* meist völlig außer acht. Zwar stehen Unterentwicklung und Entwicklungsstrategien häufig im Mittelpunkt ihres Interesses, doch werden die *Ursachen des heutigen Entwicklungsstandes* kaum berührt. Der überwiegende Teil sozialwissenschaftlicher Arbeiten steht nach wie vor auf dem Boden modernisierungstheoretischer Ansätze. Für sie geht es um den Wandel traditionaler Werte, Normen und Strukturen durch den Einfluß und Druck der überlegenen sozioökonomischen und politischen Systeme der europäisch-amerikanischen Welt. Modernisierungstheoretische Arbeiten beschäftigen sich sehr selten mit der *historischen Dimension* ihres Gegenstandes, aber ihr theoretischer Hintergrund impliziert, daß den religiösen Strukturen eine besondere Bedeutung für das „unterentwickelte" Werte- und Normensystem in der Dritten Welt zukommt. Auf dieser Linie liegen auch jene Überlegungen, die, vor allem auf *Max Weber* gestützt, den Islam dafür verantwortlich machen, eine Entwicklung und Entfaltung all jener Werte, Verhaltensweisen und Strukturen *gehemmt und verhindert* zu haben, die für die Rationalität und Effizienz des Wirtschaftslebens im *Kapitalismus* verantwortlich sind. Diese wissenschaftliche Tradition wird heute besonders durch *Bassam Tibi* repräsentiert[3]). In seiner komplexen soziologischen Analyse weist er die *Resistenz des Islam* gegenüber sozialem und kulturellem Wandel nach. Das kulturelle System der orientalischen Gesellschaften erzeugt danach *keine innovativen Kompetenzen,* mit deren Hilfe den Herausforderungen der westlichen Moderne zu begegnen wäre.

Marxistische und kritische Sozialwissenschaftler unterschiedlicher Schattierung haben der historischen Perspektive im Vorderen Orient dagegen stets Beachtung geschenkt. Für sie waren Imperialismus und Kolonialismus zentrale Themen dieser Region. Doch abgesehen davon, daß auch sie keine stringente Arbeit über die *Entwicklung der Unterentwicklung* im Vorderen Orient hervorgebracht haben, prägten sie in der Regel ein sehr *einseitiges* Bild, indem sie der *westlichen* Expansion und Herrschaft fast *alle* regionalen Deformationen zuschrieben. Erst in den letzten Jahren wurden sorgfältige Analysen vorkapitalistischer Gesellschaftsstrukturen mit der Entwicklungsproblematik in Zusammenhang gebracht[4]). Am systematischsten allerdings durch die *Wallerstein-Schule.* Deren politökonomische Analysen[5]) haben sich mit den internen Ursachen der Unterentwicklung im Osmanischen Reich beschäftigt und dabei sozialwissenschaftliche Fragestellungen tief in die traditionelle Geschichtsforschung des Vorderen Orients getragen.

Den historisch interessierten Politikwissenschaftler läßt diese Literaturlage trotz allen Fortschritt unbefriedigt. Schon ein kursorischer Schwenk über die Geschichte des Orients wirft entwicklungspolitische Fragen auf, die in der Literatur kaum behandelt werden. Wie paßt zum Beispiel die Tatsache, daß im *Mittelalter* arabische Systeme ein *Welthandelssystem* beherrschten, zu der Behauptung, der Islam hemme die wirtschaftliche und soziale Entwicklung? Wie kommt es, daß das *arabische Ägypten* im 19. Jahrhundert *neben Japan* das einzige Land der Dritten Welt war, das eine *autonome Industrialisierung* anstrebte? Ist es vertretbar, für den gegenwärtigen niedrigen Entwicklungsstand des Nahen und Mittleren Ostens nur Kapitalismus, Imperialismus und Kolonialismus verantwortlich zu machen? Könnte es *regionalspezifische Ursachen* der Unterentwicklung geben, deren Relevanz einsichtiger ist als die der religiösen Variablen?

Der vorliegende Beitrag soll als politikwissenschaftlicher Exkurs in die Geschichte des Orients versuchen, einige Zusammenhänge zu verdeutlichen, für die sich Sozialwissenschaftler in der Regel nicht zuständig fühlen. Er zielt zum einen darauf ab, die Entwicklung

unseres heutigen internationalen Systems in einen historischen und räumlichen Kontext zu stellen, der die übliche eurozentrische Verengung, deren Opfer wir alle allzu häufig sind, überwinden hilft. Zum anderen aber beschäftigt sich dieser Aufsatz in einer vergleichenden Systemanalyse mit sozioökonomischen und politischen Faktoren von Entwicklung und Stagnation.
Der erste Abschnitt stellt das *mittelalterliche Welthandelssystem* mit seinen arabischen Trägern vor und diskutiert einige Ursachen seines Untergangs. Im zweiten Abschnitt wird dann die Entwicklung des europäischen Weltwirtschaftssystems skizziert und ein vorläufiger Vergleich mit den arabischen Systemen gezogen. Es folgt eine Darstellung des osmanischen Orients und seiner Systemkrise und schließlich auf dieser Grundlage ein Vergleich sozioökonomischer und politischer Faktoren der arabischen, europäischen und osmanischen Systeme. Diese Analyse soll *Unterschiede* zwischen diesen Systemen herausarbeiten, um Hinweise für die Ursachen der Stagnation und des Verfalls sozioökonomischer Entwicklung in der orientalischen Region zu erhalten.

Ägypten als Zentrum des Welthandels

Im Zuge der *arabischen Eroberungen* seit dem 7. Jahrhundert entwickelten die arabisch-islamischen Eliten politische Systeme auf der

Karte 1: Arabisch-Islamisches Fernhandelssystem (10.–14. Jahrhundert)

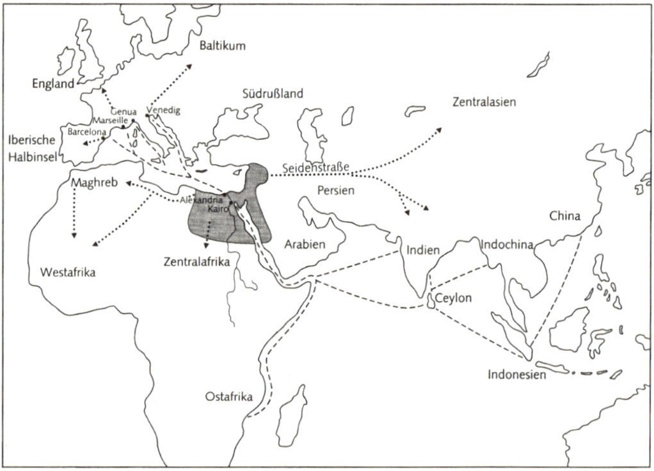

(Mamelukenkalifat Ägypten in den Grenzen um 1400)

wirtschaftlichen *Grundlage des Fernhandels.* Nach einigen Verlagerungen des politischen und wirtschaftlichen Schwerpunkts von *Syrien (Damaskus) nach Mesopotamien (Baghdad)* und schließlich zurück nach *Arabien (Hejaz, Jemen)* wurde das arabisierte *Ägypten* unter den *Dynastien der Fatimiden, Ayyubiden und Mamluken* (10. bis 16. Jahrhundert) zum Mittelpunkt der islamischen Welt[6]).
Die Araber, die seit dem 7. Jahrhundert *Griechen, Syrer* und *Juden* als Träger des Fernhandels zwischen den Kontinenten abgelöst hatten, schufen ein *transnationales Handelssystem (Karte 1),* das einen ständigen Handelsaustausch zwischen *Asien (Indien, Ceylon, Indonesien), Westeuropa (Venedig, Pisa, Genua, Barcelona, Marseille), Osteuropa (Schwarzes Meer, Polen, Baltikum) und Afrika (Sudan, Ost- und Westafrika)* sowie sporadische Beziehungen bis nach *China* begründete. Während die unterentwickelten Regionen Afrika und Europa vorwiegend Rohstoffe (Gold, Silber, Eisen, Kupfer), Nutzhölzer, Getreide, Waffen und Textilien lieferten, kamen aus dem tropischen Asien Luxusgüter (Edelsteine, Elfenbein, Porzellan), Gewürze (vor allem Pfeffer), Arzneimittel, Farbstoffe, seltene Hölzer, Seiden- und Baumwolltextilien. Grundlage des politischen Systems Ägyptens und seiner hohen Zivilisation (Wissenschaft, Kultur, Technik) war der *Transitgewinn;* aber Ägypten exportierte auch selber Textilien, Papier, Leder, Teppiche, Metallwaren, Zucker und Lebensmittel[7]). Daneben verfügte es über eine reiche Landwirtschaft, die *unnachsichtig* besteuert wurde und in Krisenzeiten materiellen Rückhalt bot.
Das *zentralisierte bürokratische System* in Händen *multinationaler Dynastien und Beamtenschaften* war mit starken *Söldnerarmeen* und *Flotten* Garant dieses ersten transnationalen Weltwirtschaftssystems. Der Staatsapparat schuf aktiv die *günstigen Rahmenbedingungen* des ökonomischen Systems:

- *Infrastruktur:* Der Staat errichtete Straßen, Häfen, Postdienste, Karawansereien und sicherte durch umfangreiche diplomatische Aktivitäten das Handelsnetz.
- *Sicherheit:* Mit Hilfe militärischer Macht, aber auch durch die Androhung von Handelssanktionen (Ausschluß von den Märkten Kairos und Alexandrias) sicherte Ägypten bis zum Ende des Mittelalters das Reisen im Mittelmeer und im Indischen Ozean. Ägyptische Pässe garantierten die Feizügigkeit des Handels.
- *Unternehmensförderung:* Arabische Kaufmannsdynastien wurden vom Staat mit Sonderrechten, protektionistischen Maßnahmen und steuerlichen Vorteilen systematisch gefördert. So entstanden transnationale Handelsimperien mit arabischen Stammhäusern; multinationale Unternehmen der Fernhandelsära.

Der ägyptische Staat wurde durch eine *ausgeklügelte Besteuerung* der *Kaufleute* finanziert. In seiner Blütezeit erhielten aufgrund umfangreicher staatlicher Investitionen *Handwerk und Landwirtschaft* Entwicklungsimpulse und trugen so zu einer komplexen Wirtschaftsstruktur bei. Die gesamte Landwirtschaft im Mittelmeer-Raum (von der Levante bis Spanien) erhielt durch die weltweiten arabischen Kontakte und Kenntnisse *Innovationsimpulse,* die einer Agrarrevolution gleichkamen[8]).

Die *politische Macht* lag uneingeschränkt in Händen der politisch-administrativen Elite. Diese *förderte* zwar die Schicht der Kaufleute wirtschaftlich, *kontrollierte* sie aber politisch, da sie als Konkurrenz betrachtet wurde. Einer *autonomen* Entfaltung der Kaufmannsschicht waren demnach enge Grenzen gesetzt, auch wenn sie gelegentlich in außenpolitischen Angelegenheiten eingesetzt wurde.

Im Mittelalter war *Ägypten als Zentrum* des Welthandels die Supermacht des internationalen Systems. In seinem Interesse lagen *internationale Rechtsnormen, Liberalität, Freizügigkeit, Offenheit* – Bedingungen, die jenseits nationalistischer und ideologischer Verengung das Funktionieren des Wirtschaftsaustauschs garantierten. Aufgrund seiner *wirtschaftlichen Dominanz* gelang es Ägypten auch in den Kriegen mit den europäischen Kreuzritterheeren, die Oberhand zu gewinnen und Mittelpunkt des Fernhandels zu bleiben.

In dieser Ära war auch das kulturelle System des Islams durchaus *beweglich.* Es nahm vielfältige *Anregungen* aus anderen Kulturkreisen auf (z. B. Persien, Byzanz), reagierte flexibel auf neue soziale und politische Bedürfnisse (z. B. Rechtssystem als Mittel der Einschränkung staatlicher Omnipotenz), verarbeitete empirische Beobachtungen, die im *Gegensatz zur Orthodoxie* standen (z. B. Ibn Khalduns Zyklenlehre) und wirkte seinerseits als *Innovationsimpuls für die abendländischen Wissenschaften.*

Nach einigen Jahrzehnten wirtschaftlicher, gesellschaftlicher und politischer Krisen wurde das *Mamlukenkalifat* 1517 von den *Türken* erobert. Innerhalb des Osmanischen Reichsverbandes erlebten die arabischen Länder in den folgenden Jahrhunderten zusätzlich einen *wirtschaftlichen, sozialen und kulturellen Verfall* ohne Beispiel. Dieser Prozeß wurde erst Ende des 18. Jahrhunderts unterbrochen, mündete dann aber in den Vorgang einer systematischen Deformierung durch die *europäischen Mächte.*

Der *Untergang* des arabisch-islamischen Systems wird in der Literatur mit qualitativ unterschiedlichen Faktoren begründet. Eine vorwiegend *politische Argumenation* sieht in der Dezentralisierung der Herrschaft, der Degeneration der politischen Elite und im Ressourcenverschleiß Hauptgründe für eine gesellschaftliche Krise, in der das Land dem osmanischen Gegner nicht gewachsen war. Eine weitere Argumentation weist auf das *Zusammentreffen verschiedener Katastrophen* hin: militärische Invasionen (Mongolensturm unter Timur, osmanische Expansion) und riesige Seuchen, die im 15. Jahrhundert Europa und den Orient heimsuchten, hätten Ägypten demographisch und ökonomisch dezimiert. Beide Begründungen scheinen mehr Symptome oder Folgen *tieferer Ursachen* zu benennen. Sie erklären auch nicht, weshalb sich die arabische Region nicht später wieder erholte oder durch eine Schwerpunktverlagerung erneuerte.

Eine *ökonomische Argumentation* beinhaltet mit Sicherheit wichti-

gere Bedingungsfaktoren des Niedergangs. Zwei Etappen der *Umleitung des Fernhandels* durch die europäischen Mächte, vor allem *Portugal,* sind zu unterscheiden. Bis zum 15. Jahrhundert besaß Ägypten mit seinem Dinar die *„Leitwährung"* des damaligen Weltwährungssystems. Das Gold für diese Münze kam vorwiegend auf Karawanenwegen aus Westafrika. Durch die *Umpolung des Goldtransports auf den Seeweg nach Europa* wurden die Währungen der italienischen Stadtstaaten führend, während der Dinar verfiel. Seither beruhte die ökonomische Überlegenheit Ägyptens nur noch auf der Kontrolle des *Gewürzhandels.* Da jede halbwegs wohlhabende Familie der damaligen Zeit rund 20% ihrer täglichen Ausgaben in Gewürzen anlegte, waren auf diesem Sektor ungeheuere Gewinne zu machen. Als es den *Portugiesen* Ende des 15. Jahrhunderts gelang, einen *direkten Seeweg nach Indien* zu etablieren, verlor Ägypten das Monopol über den Gewürzhandel. Der verzweifelte Versuch des Mamlukenkalifats, *die Portugiesen aus dem Indischen Ozean zu vertreiben,* scheiterte in der *Seeschlacht von Aden 1513.* Damit endete die arabische Vorherrschaft im Fernhandel.
So zutreffend diese Argumente klingen, ein Blick auf die Geschichte des europäisch zentrierten Weltwirtschaftssystems zeigt, daß militärische Blockaden und handelspolitische Veränderungen manche führenden Gruppen und Staaten zwar ruinierten, die Entwicklung jedoch allenfalls verschoben, nicht aber aufgehalten haben. Müssen demnach *tieferliegende sozioökonomische Ursachen* vorhanden sein?

Wie sah dagegen die Entwicklung des Europäischen Weltwirtschaftssystems aus?

Wir wollen nunmehr versuchen, einige solcher Faktoren, die mit der *Stagnation* des arabischen Systems in Zusammenhang stehen könnten, zu identifizieren. Zu diesem Zweck soll ein kurzer Vergleich mit der Entwicklung des *heutigen* Weltwirtschaftssystems vorgenommen werden. Da wir an dieser Stelle keine ausführlichere Darstellung dieses Prozesses geben können und dieser zudem weitgehend bekannt ist, genügen einige Hinweise zur beiliegenden *Tabelle 1*, die jene Entwicklung zusammenfaßt. Diese Tabelle impliziert, daß sich unser *heutiges Weltwirtschaftssystem* in verschiedenen Phasen seit dem 14. Jahrhundert herausgebildet hat[9]). Unsere Wirtschaft entwickelte sich vom *regionalen Zwischenhandel* über *weltweiten Fernhandel zur manufakturellen Fertigung* und schließlich zur *industriellen Massenproduktion.* Erst im *16. Jahrhundert* wurde das Niveau des mittelalterlichen arabischen Weltwirtschaftssystems erreicht und nicht vor Ende des *17. Jahrhunderts* eine höhere Entwicklungsstufe erklommen.
Das europäische Gesellschaftssystem ist gekennzeichnet durch eine

Tabelle 1
1. Phasen der Metropolisierung Europas

	Defeudalisierung 14.–15. Jahrhundert	Fernhandel 16.–17. Jahrhundert
Wirtschafts-System	Regionaler Zwischenhandel (Mittelmeer)	Weltweites Handelsnetz
Gesellschafts-System	Lokale Herausbildung des Bürgertums als autonome soziale Schicht in einer stagnierenden feudalen Umwelt	Entfaltung des Bürgertums – Verarmung des Feudaladels – Beginn der Landflucht
Politisches System	Bürgerliche Stadtrepubliken – feudale Herrschaft	Herausbildung bürokratisierter Zentralgewalten – Staatliche Förderung handelspolitischer Expansion
Struktur des metropolitanen Eingriffs in die Peripherie	Symmetrischer Handel	Raub symmetrischer und ungleicher Handel
System-dominanz	Konkurrenz italienischer Stadtrepubliken (Venedig, Genua u. a.)	Spanien und Portugal – Ablösung durch Holland

autonome Entfaltung des Bürgertums, welches die wirtschaftliche Innovation trug. Parallel dazu wurde der *Feudaladel* aus seiner führenden Rolle *verdrängt* und große Teile der *Bauernschaft* proletarisiert. Diese Trends mündeten in einen *gesellschaftlichen Differenzierungsprozeß:* die Herausbildung der Arbeiterklasse und später neuer Mittelschichten. Im Orient hat indessen der Staat *nie* eine autonome Entwicklung des kaufmännischen und handwerklichen-Bürgertums zugelassen. Er verhinderte selbst in Krisenperioden weitgehend die *Landflucht der Bauern* und somit einen gesellschaftlichen Differenzierungsprozeß. Diese Tatsachen sprechen für eine

Merkantilismus 18. Jahrhundert	Industriekapitalismus 19. Jahrhundert	Kolonialer Imperialismus 19.–20. Jahrhundert
Manufaktur (Arbeitsteilung im Produktionsprozeß) und systematisierter multipolarer Handel	Massenproduktion (Technisierung des Produktionsprozesses)	Marktexpansion und Marktsicherung
Städtisches Bürgertum verdrängt Feudaladel – Proletarisierungsprozeß	Städtisches und ländliches Bürgertum bestimmt die gesellschaftlichen Interessen – Entwicklung des Proletariats	Zunahme gesellschaftlicher Konflikte aufgrund sozialer Differenzierung (Mittelschicht) und Organisation (Arbeiterschaft)
Staatsintervention in den Wirtschaftsprozeß: Protektion und Expansion	Militärisch-politische Dominanz des internationalen Systems – Kontrolle der Seewege	Territoriale Aufteilung und Kontrolle der nichteuropäischen Welt bei zunehmender Konkurrenz der Industriestaaten
Ungleicher Handel Vernichtung ökonomischer Entwicklungen potentieller Konkurrenten	Deformation der peripheren Ökonomie (Nahrungsmittel- und Rohstofflieferanten)	Fortentwicklung der Deformation: Rohstoffexport und Importsubstitution einfacher Verbrauchsgüter Gesellschaftliche Umstrukturierung
Konkurrenz von Großbritannien – Frankreich – Holland	Absolute Vorherrschaft Großbritanniens	Dominanz Großbritanniens bei zunehmender Herausforderung durch Frankreich, Deutschland, USA und Japan

außergewöhnliche Stellung des politischen Systems im Nahen Osten.

In Westeuropa bildeten sich erst in der *Auseinandersetzung zwischen der Zentralgewalt (Krone) und dem Feudaladel* während des 16. und 17. Jahrhunderts starke *bürokratische Systeme* heraus. Aber auch diese vermochten nur Einzelbestandteile des gesellschaftlichen Lebens zu kontrollieren. Aufgrund ihres Bündnisses mit dem Bürgertum gegen den Adel und wegen der Notwendigkeit, die Zentralgewalt *fiskalisch und administrativ zu sichern,* bildete sich *staatliche Intervention* vorwiegend im Wirtschaftsbereich heraus. Durch *Protektion und Expansion* schuf das politische System systematisch günstige *Rahmenbedingungen* für die Entwicklung der nationalen Wirtschaft. Das *arabische politische System* war *traditionell* eine starke bürokratische Gewalt. Seine Kontrolle umfaßte weite Teile der Gesellschaft. Die *Dynamik und Aggressivität* der politisch-wirtschaftlichen Allianz in Europa scheint jedoch im Orient *nicht* annähernd erreicht worden zu sein.

Zentral für die Entwicklung des heutigen Weltwirtschaftssystems ist die *Form seiner Expansion.* Gewissermaßen einmalig ist, daß bereits seit dem 16. Jahrhundert externe Wirtschaftsbeziehungen systematisch ungleich gestaltet werden. Schon im 18. Jahrhundert wurden *fremde Ökonomien vernichtet.* Später ist es die ökonomische Überlegenheit, die auf *„angeschlossene“* Wirtschaftssysteme deformierend wirkt und den manifesten Eingriff, der Abhängigkeit schafft und Konkurrenz ausschaltet, durch strukturelle Wirkungen ersetzt. Der ökonomische Einfluß *manipulierte* über das Wirtschaftliche hinaus die Gesellschaftsstrukturen abhängiger Länder und verfestigte so die *Ungleichheit im internationalen System* auch sozial, politisch und kulturell. Die arabischen Fernhandelssysteme haben mit Ausnahme des Raubs im Zusammenhang mit militärischen Eroberungen diese *„leidenschaftslose Systematik“* der ökonomischen Knechtung nicht gekannt. Arabische Autoren vermuteten, daß diese *Aggressivität und Brutalität* des europäischen Wirtschaftsverhaltens ein Erbe feudaler Konkurrenzbeziehungen auf nationalstaatlicher Ebene war.

Positiv gewendet, finden wir eine ähnliche Argumentation bei *Senghaas*[10]). So erwuchs die *europäische Dynamik* aus der Existenz vieler kleiner, miteinander konkurrierender sozialer Kräfte, die nach Autonomie strebten und allenfalls durch eine schwache Zentralgewalt sporadisch überlagert wurden. Diese *Zersplitterung* politischer Gewalt im europäischen Feudalsystem (Adel, Städte, Zünfte, Bürgertum, König, Kirche usw.) führte einerseits zu *exzessiven* politischen Konflikten, in denen nur die Stärksten bestanden, andererseits jedoch langfristig zu *institutionalisierten* und rechtsstaatlich abgesicherten *„checks and balances“.* Diese wiederum bildeten die Basis für politische und wirtschaftliche Freiheiten, berechenbare Kommunikationsstrukturen, kulturelle Innovationen (Säkularisierung) und den Kampf um politische Beteiligung (Demokratie). Demgegenüber ließ die *weitaus zivilisiertere* Staatsgewalt des Vorderen Orients *keine* sozialen Konkurrenzkämpfe zu und blockierte damit gleichzeitig jede soziale Dynamik *„von unten“.*

Charakteristisch für die Entwicklung des *kapitalistischen Weltwirtschaftssystems* ist auch die Dynamik der Konkurrenzbeziehungen zwischen seinen *nationalen Einheiten* und die Intensität ihrer Konflikte. Nacheinander beherrschten die *italienischen Stadtrepubliken, Spanien* und *Portugal* sowie *Holland* das neue Weltwirtschaftssystem. Aus der Konkurrenz mehrerer Mächte ging dann *Großbritannien* als absolute Hegemonialmacht hervor, um später von den USA abgelöst zu werden. Den arabischen Systemen fehlte diese *Zersplit-*

terung ständig konkurrierender Einheiten, die sich gegenseitig vorwärtstrieben und ohne andauernde ökonomische, soziale und politische Innovationen fürchten mußten, sofort den Anschluß zu verpassen.

Zusammenfassend lassen sich folgende *dynamischen Faktoren* der okzidentalen Entwicklung zusammentragen:

1. *Erbe des Feudalismus*:
   - extreme nationale Konkurrenz
   - eine staatliche Zentralgewalt, die gesellschaftlichen Veränderungen auf Kosten des Feudaladels gleichgültig bis fördernd gegenübersteht
2. *Gesellschaftlicher Wandel*:
   - Konkurrenzkampf gesellschaftlicher Kräfte
   - Entwicklung eines autonomen Bürgertums
   - Proletarisierung der Landbevölkerung im Zusammenhang mit der Liquidierung des Feudalismus
   - Säkularisierung der Gesellschaft und Rationalisierung sozialen Handelns
3. *Ökonomischer Wandel*:
   - Arbeitsteilung und Technisierung des Wirtschaftsprozesses
   - Systematische Vernichtung und Deformation der Wirtschafttssysteme potentieller Konkurrenten
4. *Ökonomische Orientierung des Staates*:
   - Konkurrenzdruck fördert Suche nach und Entwicklung von wirtschaftlichen Potentialen (Abwendung von landwirtschaftlicher Basis)
   - Staatsinteresse fördert zunehmend Staatsintervention zugunsten wirtschaftlicher Entwicklung

Zusammen mit einigen *sekundären Umweltbedingungen* (geographische Lage, Energiequellen u. a.) scheinen diese sozioökonomischen und politischen Faktoren *zentral* für die Herausbildung des heutigen Weltwirtschaftssystems gewesen zu sein.

Das Osmanische Reich – seine politische, gesellschaftliche und wirtschaftliche Struktur

Nachdem wir einige charakteristische Entwicklungsfaktoren der europäischen Systeme aufgezeigt und zunächst vorläufig mit den arabisch-islamischen Strukturmustern verglichen haben, wollen wir uns wieder dem orientalischen Raum zuwenden. Unser Ziel ist es, *Hauptmerkmale des Osmanischen Systems* und seiner Entwicklung herauszuarbeiten. Anschließend können wir dann sozioökonomische und politische Merkmale des arabischen, osmanischen und europäischen Systems miteinander vergleichen. Die bis zum 15./16. Jahrhundert zentralen Teile der arabischen Welt gehörten bis zum Ersten

Karte 2: Osmanisches Reich im 17. Jahrhundert und 1812

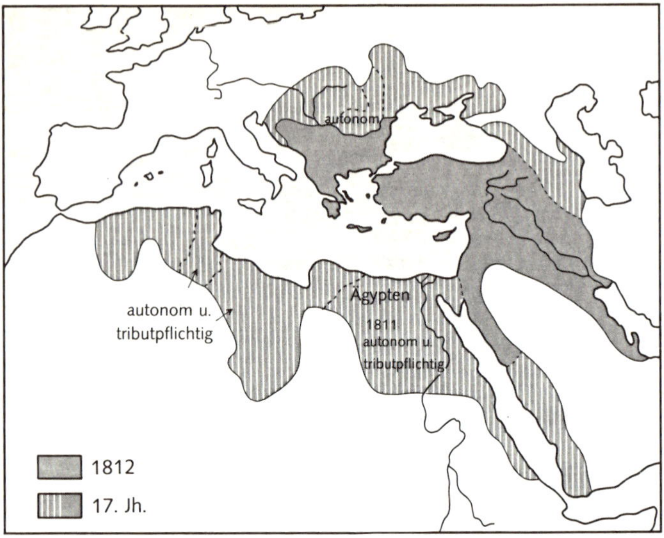

Weltkrieg zum Osmanischen Reich und nahmen, wenn auch unterschiedlich stark, an seinen internen Prozessen und Wandlungen teil *(Karte 2)*.

Das *politische System* des Osmanischen Reiches[11]) in seiner Glanzzeit (15. bis 16. Jahrhundert) bestand aus einer *absoluten Zentralgewalt (Sultan)* und einer *multinationalen Bürokratie* mit slawischem Übergewicht. Den Osmanen war der Aufbau eines *Zentralstaates* aus ursprünglich stark egalisierten *türkischen Stammesverbänden* gelungen, indem sie ein labiles Gleichgewicht der innerstaatlichen Kräfte schufen. Die eigentliche *Machtbasis* der Sultane bestand aus einer Schicht *nichttürkischer Lehensleute* und *christlicher Soldaten-Sklaven* als Elitetruppen. Dagegen wurde der ehemalige türkische Stammesadel mit Ämtern in der Zentralbürokratie, hohen Offiziersrängen, Statthalterposten sowie Ländereien an den Thron gebunden und durch die nichttürkischen Elemente in Schach gehalten. Letztere bildeten die *„prätorianische" Schutztruppe* des Sultans und die regionalen und lokalen Vertreter der Zentralgewalt in den Provinzen.

Die *wirtschaftliche Grundlage* des Osmanischen Reiches war überwiegend die Landwirtschaft. Während *formal* alles Land dem Sultan gehörte, hatten die *relativ freien* Bauern Nutzungsrechte und staatlich festgelegte Steuerpflichten. Steuererhebung und Produktionskontrolle lagen in Händen von Beamten, denen aufgrund ihres Status größere oder kleinere Gebiete zugewiesen wurden, um von einem Teil ihrer Steuern zu leben *(timar-System)*. Die Tatsache, daß *der*

Agrarsektor als ökonomische Basis des Systems von Beamten getragen wurde, war für seine Entwicklung problematisch: Während die Beamten an der *Professionalisierung der Landwirtschaft* desinteressiert waren und Mehreinnahmen durch ihre Beamtenkarriere (größere Ländereien) sowie Eroberungen anstrebten, konnten *die Bauern an einer Ertragssteigerung auch nicht interessiert sein,* da die Überschüsse jenseits des Subsistenzniveaus *abgeschöpft* wurden.
Im Bereich des *Handwerks*, das viel geringere Bedeutung hatte als die Landwirtschaft, wurde die *Produktion und der Vertrieb bürokratisch über Gildenfunktionäre kontrolliert* (Rohstoffvermittlung, Transport, Verkauf, Qualität, Stückzahlen, Preise). Die *staatliche Gewinnabschöpfung* ließ *keine Kapitalakkumulation* zu. Obwohl das Knowhow der arabischen Handwerker übernommen worden war, kam es so zu *keiner* manufakturellen Entwicklung, obwohl diese in Italien bereits im 14. Jahrhundert eingesetzt hatte.
Im Gegensatz zu den arabischen Systemen hatte im Osmanischen Reich der *Binnenhandel Vorrang vor dem Fernhandel.* Auch hier wurde das System der Märkte staatlich gesteuert. Zölle, Lizenzen und Steuern dienten staatlichen Einnahmen. Der Staat regulierte über ein System regionaler und lokaler Märkte den Warenfluß. Bis zum 17. Jahrhundert zog der osmanische Staat noch beachtliche Gewinne aus dem Fernhandel. Doch die Weltherrschaft Hollands und Englands ließ diese Einnahmequelle versiegen. Der osmanische Staat betrieb *nie* eine Politik zugunsten des Fernhandels: er reglementierte ihn wie den Binnenhandel, vernachlässigte eine Flottenpolitik zugunsten territorialer Expansionen und gewährte bereits Ende des 16. Jahrhunderts ausländischen Kaufleuten Handelsprivilegien, wie sie für ein Fernhandelssystem unverständlich waren.
Nach der *Eroberung der arabischen Länder* verlagerten die Türken die Reste des Fernhandels in ihre Kernlande *(Bursa, Aleppo, Städte am Schwarzen Meer).* Ägypten erhielt die Funktion als Kornkammer des Reiches. Damit trat die *Landwirtschaft* in den Mittelpunkt des ägyptischen Wirtschaftssystems. Sie war seit der hellenistischen Zeit durch die Handelsstruktur überlagert worden und spielte in der arabischen Ära nur eine sekundäre Rolle (Krisenzeiten). Die *politische Elite Ägyptens (Mamluken),* die den Fernhandel gefördert hatte, wurde entmachtet. Eine zentrale Verwaltung, die direkt der *Pforte – der Regierung in Instanbul* – verantwortlich war, trat an ihre Stelle.
Wies die *ökonomische* Struktur des Osmanischen Reiches bereits auf dem Höhepunkt seiner Machtentfaltung *problematische* Widersprüche auf, so überragte sein politisches System die europäische Staatenwelt bei weitem. Dabei war es nicht nur die *überlegene Militärorganisation und -technologie,* die das Osmanische Reich zur Supermacht der damaligen Welt machte. *Sein Staatsapparat war im 16. Jahrhundert der komplexeste in Europa,* mit einer effizienten Beamtenrekrutierung, einer hoch gebildeten und sozial unabhängigen Top-Bürokratie. einer ausgefeilten Verwaltung und der modernsten Diplomatie. Europa lernte damals (durch die Vermittlung Spa-

niens) jene bürokratischen Kapazitäten des Orients, die sich bei uns erst seit dem Absolutismus des 17./18. Jahrhunderts zu entfalten begannen.

Die Krise des Osmanischen Reiches setzte bereits Ende des 16. Jahrhunderts ein

Gegen Ende des 16. Jahrhunderts setzte im Osmanischen Reich eine *Systemkrise* ein, die erst mit seiner Liquidation im Ersten Weltkrieg endete. Sie war zunächst *völlig innengeleitet* und hatte ihre Ursachen in der *entwicklungsresistenten Ökonomie* des Systems und seiner *rigorosen* staatlichen Kontrolle, die autonome sozioökonomische Wandlungen verhinderte. Die Struktur dieser Krise zeigt bereits wesentliche Entwicklungsdefekte des Systems auf.

Das Wirtschaftssystem des Reiches kam in der zweiten Hälfte des 16. Jahrhunderts unter doppelten Druck: durch das Bevölkerungswachstum, das im ganzen Mittelmeerraum und in Europa auftrat, sowie die zunehmende *Belastung durch den Militäretat*, der der wachsenden Stärke der europäischen Mächte angepaßt werden mußte. Dies führte bei sinkenden Einnahmen aus der Landwirtschaft zu einem *eskalierenden Finanzbedarf* des Staates. Die Verelendung auf dem Lande konnte *nicht* durch Landflucht und Manufakturausbau gelöst werden, da Handwerk und Handel durch rigorose staatliche Abschöpfungen *keine Basis für eine Industrialisierung boten.* Der Versuch des Staates, mit einer Erweiterung des Staatsdienstes und religiöser Institutionen die verarmten Bauernmassen aufzufangen, scheiterte an der *Finanzschwäche* der Zentralgewalt: die Einnahmen aus dem Agrarbereich sanken, der Fernhandel war in die Hände der Europäer gefallen. Um so krasser wurden Handelskapital (Binnenhandel, Export) und Handwerk *steuerlich belastet.* Ihre ökonomische Innovationsfähigkeit sank noch mehr. Hinzu trat eine *Inflation* aufgrund der Überschwemmung der Alten Welt mit spanischem Silbergeld (Silberminen in Amerika). Dadurch verlor der osmanische Staat die Kontrolle über seine Währung und über die Warenzirkulation. Der Außenhandel wurde *lukrativer* (Währungsgefälle) als der Binnenhandel, führte zu interner Rohstoffverknappung und schädigte so das einheimische Handwerk. Staatliche Exportverbote waren angesichts der Finanzschwäche der Pforte nicht durchzusetzen: Provinzbeamte und Kaufleute teilten sich die *illegalen Gewinne* aus dem Schmuggel. Zwar kam es so zu einer *Kapitalakkumulation* in der Kaufmannsschicht, doch führte dies aufgrund staatlicher Diskriminierungen *nicht* zu wirtschaftlichen Investitionen.

Die Finanzkrise des Staates lockerte das *soziale Gleichgewicht* zwischen den herrschenden Schichten. In den *Verteilungskonflikten* setzten sich die hohen Beamten der Zentralbürokratie, die bereits wirtschftlich privilegiert waren, auf Kosten der kleinen Lehensträger und Beamten durch. Dies brach die *sozialpolitische Stütze* des Sultanats gegenüber einer Schicht von Beamten, die über den Zugriff auf große Ländereien wirtschaftlich immer autonomer wurde. Zu der sozioökonomischen Krise trat die *Degeneration der Sultansdynastie.* Trotz dieser allgemeinen Schwächung betrieb das Osmanische Reich noch immer eine *aggressive Außenpolitik:* territoriale Zugewinne schienen dieser Bürokratie der einzige Ausweg aus der Finanzmisere. Erst als die wachsende Militärtechnologie der Gegner zu immer größeren außenpolitischen Mißerfolgen führte, setzte in der ersten Hälfte des 17. Jahrhunderts eine *Reformpolitik* ein.

Im Mittelpunkt dieser Reformen stand die Einführung eines *neuen Steuersystems* zur finanziellen Sanierung des Staates. Sie leitete politische und gesellschaftliche Veränderungen ein, brachte dem Wirtschaftssystem dagegen *keine Impulse.* Während sich die Staatsapparate in Westeuropa im Zeitalter des Merkantilismus primär um eine Förderung der wirtschaftlichen Entwicklung kümmerten, blieb der osmanische Staat diesem Sektor gegenüber indifferent.

Das neue Steuersystem führte die *Verpachtung der Staatseinkünfte* (Ländereien, Zölle, Bergwerke, Salinen, Prägeanstalten, Häfen und anderes mehr) an Individuen ein, die für das Vorschießen großer Summen das Recht erhielten, die jeweils gepachteten Steuern einzuziehen *(iltizam-System).* Damit etablierte sich eine *neue* gesellschaftliche Oberschicht, die aufgrund von flüssigem Geld und nicht Beamtenkarrieren aufstieg. Zu dieser Schicht gehörten zwar auch viele ehemalige Beamte, vor allem diejenigen, die aus der gesellschaftlichen Krise Nutzen gezogen hatten, aber auch reich gewordene Händler (Schmuggel), Wucherer, religiöse Würdenträger und andere. Über eine lebenslange Pacht und schließlich die Durchsetzung verschiedener Vererbungsformen bildeten sich so *regionale Machthaber* heraus; die Beamten des Staates in diesen Regionen wurden zu Repräsentativfiguren, ohne ihre Funktionen gingen in die Hände der neuen Potentaten über. Nach einer *kurzfristigen Erholung* war der Staat am Ende des 17. Jahrhunderts manövrierunfähig, da er nur noch über *marginale* Einkommensquellen verfügte, während sich die politische Macht in die Provinzen verlagerte. Diese Dezentralisierung führte dazu, daß die regionalen Potentaten *(ayan)* in ihrem Bereich alle Macht, die formal der Pforte zukam, konzentrierten und mit dem Sultan regelrechte Tributabkommen schlossen. Im Zuge dieser Entwicklung kam es auch wieder zu einer gewissen *Verselbständigung Ägyptens unter den Mamluken,* die sich systematisch als Steuerpächter wieder in ihre führenden Positionen hineingeschoben hatten[12]). Die anderen arabischen Gebiete des Osmanischen Reiches *(Syrien, Irak)* blieben stärker unter türkischer Kontrolle; aber auch dort bildete sich eine *regionale arabische Notabelnschicht* heraus. Im Gegensatz zur allgemeinen politischen Zentralisierung in Westeuropa fand also im osmanischen Bereich eine *Desintegration* statt.

Die Europäer im Nahen Osten: Die wirtschaftliche Durchdringung des Osmanischen Reiches

Der Wirtschaftssektor des Osmanischen Reiches wies in diesem Zusammenhang *zwei negative Entwicklungen* auf: eine interne und eine externe. Das neue Steuersystem hatte das angesammelte Kapital des Reiches abgeschöpft und in Händen des Staates konzentriert. Und es ließ zudem die kapitalkräftigen Teile der Bevölkerung sozial und politisch aufsteigen. Beides verpuffte jedoch weitgehend wirkungslos: während das *Kapital durch Militärreformen und militärische Expansionen langfristig gesehen verschleudert wurde,* richtete das System die Aufmerksamkeit und Motivation der Kaufleute und anderer kapitalkräftiger Gruppen auf *Grund und Boden.* Hier waren die Gewinne vielversprechender und risikoloser. Für einen Manufakturaufbau fehlte die staatliche Förderung und die Arbeitskraft, da die Landflucht staatlich blockiert wurde. Unter diesen Bedingungen kam es zu einer gewissen *Professionalisierung der Landwirtschaft* durch das neue kaufmännsche Element. Angesichts der zunehmenden *europäischen Nachfrage* nach Weizen, Mais, Baumwolle, Tabak und anderen landwirtschaftlichen Erzeugnissen richteten sich diese kommerzialisierten Landgüter *(çifliks)* nach der Marktlage aus. Es entstand im 18. Jahrhundert bereits ein *Rohstoff-Markt* als erste Komponente der wirtschaftlichen Peripherisierung des Osmanischen Reiches. Die Reformpolitik des Systems hat also indirekt eine unproduktive Entwicklung des osmanischen Handelskapitals gefördert.

Die handelspolitische Einbeziehung des osmanischen Orients in das expandierende Weltwirtschaftssystem begann schon Ende des 16. Jahrhunderts. Sie war zunächst das Resultat einer *defensiven Koalitionspolitik* der Pforte. *England* und *Frankreich* unterstützten das *Osmanische Reich* gegen seine Hauptfeinde *Österreich* und *Rußland.* Dafür erhielten diese Staaten handelspolitische Privilegien:

- ausländische Kaufleute wurden westlicher, *nicht* islamischer Rechtsprechung unterworfen
- Ausländer erhielten eine eigene Konsularverwaltung und wurden *nicht der türkischen Beamtenwillkür* ausgesetzt
- ausländische Kaufleute erhielten weitaus *günstigere* Ein- und Ausfuhrzölle als osmanische Kaufleute
- ausländische Kaufleute mußten im Gegensatz zu einheimischen *keine* Binnenzölle zahlen.

Die begünstigte Einfuhr preisgünstiger Fertigprodukte aus Europa *ruinierte in kurzer Zeit ganze Handwerkszweige,* so die Seidenindustrie und die Wollverarbeitung (Mohair). Die „Industrie"-Zentren *Bursa* und *Aleppo* erlebten einen wirtschaftlichen Niedergang[13]).

Ein Blick auf den Außenhandel des Osmanischen Reiches zeigt zudem einen wesentlichen Strukturwandel: wurden bis weit ins 17.

Jahrhundert noch hochwertige Textilien, Lederwaren, kostbare Waffen, Schmuck und Fayencen nach Europa exportiert, so waren es ab dem 18. Jahrhundert nur noch Rohstoffe, Nahrungs- und Genußmittel[14]). Im sozialen Bereich förderte dieser wirtschaftliche Wandel die Herausbildung einer Schicht von *„ökonomischen Vermittlern"*. Griechen, Armenier, Levantiner und Juden, die aus politischen Gründen im Pachtsystem geringere Chancen hatten, traten in den Dienst und später auch unter den Schutz der europäischen Mächte und wurden zu Trägern der wirtschaftlichen Durchdringung des Orients. Die agrarische Ausrichtung des Systems, die *wirtschaftspolitische* Ignoranz seiner bürokratischen Elite und seine Distanz zu Handel und Handwerk führten zu jener folgenschweren Kalkulation, daß es angesichts der staatlichen Finanzkrise billiger sei, Fertigprodukte einzuführen als der kostspielige Aufbau einer eigenen Manufaktur. 1740 wurden die Privilegien für die Ausländer *verbindliche Staatsverträge* und waren damit angesichts außenpolitischer Konstellationen nicht mehr rückgängig zu machen. Damit war das Osmanische Reich der im 19. Jahrhundert vehement einsetzenden Durchdringung durch das expandierende Industrie- und Handelskapital Europas ausgesetzt. Ein *autonomer Entwicklungsweg* wäre nur noch gegen die imperalistischen Interessen durchzusetzen gewesen und dafür fehlten sowohl das Potential als auch das Bewußtsein und die Kenntnis der Zusammenhänge.
Diese Einstellung des osmanischen Systems zur ökonomischen Problematik war allerdings *nicht* das Resultat von Irrationalität oder Unvermögen. Sie entstammte vielmehr einer *völlig anderen* Produktionsweise als der kapitalistischen. In der *„tributgebundenen Produktionsweise"* des Vorderen Orient (Erbe der hydraulischen Gesellschaften[15]) Ägyptens und Mesopotamiens und der Fernhandels-Systeme[16]) des Orients) sicherte der Staat mit einem umfassenden bürokratischen Apparat nach innen und außen die Reproduktion der Gesellschaft. Dazu *kontrollierte* er alle Wirtschaftsprozesse und sozialen Aktivitätsformen, sicherte das Territorium und rundete es durch Expansion ab. Diese staatlichen Funktionen wurden finanziert mit Hilfe der *Abschöpfung des gesellschaftlichen Mehrprodukts (Tribut)*, und zwar in einem Ausmaß, daß Reproduktionen gewährleistet, aber autonome Kapitalakkumulation in gesellschaftlicher Hand unmöglich war. Aus diesem Selbstverständnis heraus blockierte die osmanische Bürokratie alle Exporte, die der traditionellen Arbeitsteilung und Warenzirkulation zuwiderliefen, während sie die (westlichen) Importe als Bereicherung des Warenangebots willkommen hieß. Die Tragik der orientalischen Innovationsunfähigkeit ist auf das *Zusammentreffen diamentral verschiedener Produktionsweisen* zurückzuführen, deren Antagonismus Lernprozesse ungeheuer erschwerte.

Wie erklären sich Stagnation und Entwicklung?

Wir kehren nunmehr zu unserem Vergleich sozioökonomischer und politischer Aspekte gesellschaftlicher Entwicklung und Stagnation zurück. Unsere *Tabelle 2* vergleicht anhand einiger Strukturelemente, die uns in der Herausbildung des kapitalistischen Weltmarktes zentral erschienen, die orientalischen und europäischen Systeme. Da es sich hierbei um hinreichend allgemeine Strukturmerkmale handelt, erscheint uns die *zeitliche Differenz* weitgehend *unerheblich.* Ein solcher Vergleich sollte aber nicht mit der Annahme verwechselt werden, daß nur der europäische Strukturwandel entwicklungsrelevant ist. Der Vergleich sollte vielmehr den Blick auf zentrale Unterschiede lenken, um auf diese Art und Weise Strukturen zu identifizieren, die für die Stagnation des Nahen Ostens möglicherweise bedeutsam gewesen sein könnten. Dieses Vorgehen erscheint deshalb interessant, weil die *europäische Entwicklung in einer ihrer Frühphasen dieselbe ökonomische Grundlage,* den Fernhandel, hatte, wie die stagnierenden Systeme des Nahen Ostens. Die Richtung der Entwicklung beider Regionen erscheint demnach im Anfangsstadium ähnlich. Unser Vergleich basiert auf *vier Strukturmerkmalen:*

Gesellschaftsformation, gesellschaftlicher Wandel, politisches System und Wirtschaftssystem.

1. Die *Gesellschaftsformation* eines Systems beinhaltet die wichtigsten Konflikt- und Koalitionsmuster gesellschaftlicher Gruppen und Kräfte. Zu fragen ist, *welcher* soziale Konflikt die Struktur des Systems wesentlich zu verändern droht. Zu berücksichtigen ist aber auch die Zusammenarbeit wichtiger gesellschaftlicher Kräfte gegen andere.

Im *arabischen System* betrachteten die politischen und administrativen Eliten die Kaufmannsschicht zwar als wirtschaftlich essentiell für den Staat; andererseits sahen sie in ihr aber auch eine *potentielle Gefahr,* die streng zu kontrollieren war. Das *osmanische System* beruhte stets auf einem Gleichgewicht zentral orientierter und regionaler Kräfte. Letztere wurden zwar in der Blütezeit des Systems durch Beamtenfunktionen und wirtschaftliche Privilegien gebunden. Sie veränderten aber den Charakter des Systems, nachdem die Zentralgewalt geschwächt war, indem sie zusammen mit anderen kapitalkräftigen Schichten (unter anderem Kaufleute) die Macht regional und sozial verlagerten. Die neue Oberschicht des Osmanischen Reiches beinhaltete auch viele *„bürgerliche"* Elemente. Die *europäischen Systeme* unterschieden sich von den orientalischen grundsätzlich darin, daß hier die *nationalen Dynastien und das Bürgertum sich gegen den Feudaladel* zusammenschlossen und dessen Macht rigoros liquidierten (Ausnahme: die iberischen Staaten). Im Nahen Osten gab es *keine* feudalen Schichten, sondern eine

Tradition hochzentralisierter bürokratischer Staaten. In beiden orientalischen Systemen *konkurrierten* Bürgertum und Zentralgewalt um politische Herrschaft; in Westeuropa *unterstützten* sie sich gegenseitig, wobei das Bürgertum allmählich die Vorherrschaft gewann. Deutlich ist aber auch, daß der Gegensatz zwischen Zentralgewalt und Bürgertum in den arabischen Systemen nicht so stark ausgeprägt war wie im Osmanischen Reich.

2. Unter *gesellschaftlichem Wandel* sollen Veränderungen der wichtigsten sozialen Gruppen behandelt werden. Auffallend ist zunächst, daß die europäischen Verhältnisse gekennzeichnet waren durch *massive Konkurrenzkämpfe* verschiedenster sozialer Gruppen (Adel, Städte, Bürgertum, Handwerk, König, Kirche), während der Staat im Vorderen Orient sowohl als *Garant* wie als *Kontrolleur* der sozialen Ordnung auftrat und sozialen Wandel weitgehend unterdrückte. Dennoch fanden unter dieser Oberfläche Verwerfungen statt. Sie betrafen vor allem Bauern und Bürgertum. Die *arabischen Systeme* haben die Bauern in ihren traditionellen Lebensformen nur wenig tangiert. Dagegen ließen sie eine aktive Rolle der Kaufleute und Handwerker im wirtschaftlichen und sozialen Bereich unter politischer Kontrolle zu. Im *Osmanischen Reich* fand eine auffallende wirtschaftliche Verelendung und soziale Knechtung der ehemals *nicht hungernden und relativ freien* Bauern statt. Die daraufhin einsetzende Landflucht bedrohte die wirtschaftliche Grundlage des Systems, den Agrarsektor, und wurde vom Staat gewaltsam eingedämmt. Das Bürgertum hatte *keinen* legalen Spielraum für seine Entfaltung und paßte sich in seinen dynamischen Teilen vielfach den unproduktiven Verhaltensweisen der Bürokraten an. In weiten Teilen *Europas* fand eine ökonomische Verelendung der Bauernschaft statt, anschließend Landflucht und Proletarisierung. Der Staat sah dieser Entwicklung *gleichgültig* zu, da sie den agrarisch orientierten Adel schwächte und den bürgerlichen Verbündeten Arbeitskräfte zuführte. Nur in den europäischen Systemen kam es zu einer freien und autonomen Entfaltung und Differenzierung des Bürgertums. In den orientalischen Systemen fand nur ein geringer sozialer Wandel statt; in Europa war er tiefgreifend und systemverändernd.

3. Das *politische System* soll bezüglich seiner Zentralität, dem Grad seiner gesellschaftlichen Kontrolle und seiner spezifisch ökonomischen Aktivitäten verglichen werden. In den *arabischen Systemen* war die bürokratische Zentralisation meist sehr hoch; die gesamte Gesellschaft wurde stark kontrolliert, und auch im Wirtschaftsbereich fanden bemerkenswerte staatliche Eingriffe statt. In seiner Blütezeit war das *Osmanische Reich* ebenfalls stark zentralisiert, und das politische System kontrollierte alle wesentlichen Teile des gesellschaftlichen Lebens. Im 18. Jahrhundert fand jedoch eine extreme Dezentralisierung statt. Die gesellschaftliche Kontrolle erfolgte zwar weiterhin, jetzt aber durch regionale Machtzentren. Eine Förderung wirtschaftlicher Entwicklung fand im Osmanischen Reich nicht statt. Beide orientalischen Systeme verfügten über traditionelle Bürokra-

Tabelle 2
2. Sozioökonomische und politische Faktoren von Stagnation und Entwicklung in drei Systemtypen

	Arabische Systeme	Osmanisches System	Europäische Systeme
1. Gesellschafts-formation: Koalition und Konflikt	multinationale Dynastien und Bürokratien vs. multinationale Kaufmannsschicht Verhältnis: konkurrierend – kooperativ	nationale Dynastie und multinationale Bürokratie vs. regional orientierte Beamten- und Pächterschicht (u. a. Kaufleute) Verhältnis: konkurrierend	nationale Dynastien und nationales Bürgertum (städtische Kaufmannsschicht und ländlich-städtische Manufakturschicht) vs. Feudaladel Verhältnis: antagonistisch
	Zentralgewalt und bürgerliche Kräfte in Konkurrenz um politische Herrschaft		Zentralgewalt und Bürgertum kooperieren → Dominanz des Bürgertums
2. Gesellschaftlicher Wandel			
a) Bauern	geringe Veränderung	Verelendung Landflucht staatlich eingedämmt	Verelendung Landflucht und Proletarisierung
b) Bürgertum (Kaufleute, Handwerker)	aktiv im staatlich kontrollierten Rahmen	kein Spielraum	autonome Entwicklung
	Soziale Demobilisierung		Starke Mobilisierung Differenzierung und starker Wandel

3. Politisches System			
a) Bürokratische Zentralisation	sehr hoch	anfangs sehr hoch – dann starke Dezentralisation	anfangs gering – dann zunehmend hoch
b) Staatliche Kontrolle der Gesellschaft	sehr hoch	sehr hoch	gering
c) Staatsintervention zugunsten wirtschaftlicher Innovation und Entwicklung	hoch	nicht existent	zunehmend sehr hoch
	Starke staatliche Kontrolle verhindert autonome Entwicklung gesellschaftlicher Subsysteme		
4. Wirtschaftssystem			
a) Landwirtschaft	geringe Bedeutung (Ausnahme: Ägypten in Krisenzeiten)	ökonomische Grundlage des Systems	geringe Bedeutung
b) Warenproduktion	Handwerk von sekundärer Bedeutung	Handwerk von sekundärer Bedeutung	Manufaktur als Motor der Entwicklung
c) Handel	Fernhandel ökonomische Grundlage des Systems	Binnenhandel ökonomische Klammer des Systems	anfangs Fernhandel ökonomische Grundlage des Systems (dann von Manufaktur und Industrialisierungsprozeß abgelöst)
	Fernhandel → Landwirtschaft Übergang zur Manufaktur blockiert		Landwirtschaft → Fernhandel → Manufaktur/Industrialisierung

tien. Ihre Besoldung erfolgte durch *Landpfründen* und die Zuweisung steuerlicher Einnahmequellen. Dadurch waren sie an der Aufrechterhaltung der sozioökonomischen Strukturen interessiert und an der *Vererbung ihrer Privilegien.* Ihre Rolle förderte eher die Dezentralisierung und hemmte die sozioökonomische Innovationsfähigkeit des Systems.

In den *westeuropäischen Systemen* ist eine gegenläufige Entwicklung zu beobachten. Zu Beginn der Neuzeit politisch nur lose verbunden, fand *parallel* zum Aufbau einer modernen Bürokratie die Errichtung starker Zentralstaaten statt. Auf der Grundlage ökonomischer Entwicklung (Kooperation Krone – Bürgertum) konnte jetzt auch ein *modernes Berufsbeamtentum* entstehen. Durch regelmäßige Steuereinnahmen besoldet, wurde es zum Träger der Rationalisierung politischen Handelns und Förderer der Rechtsstaatlichkeit. In dieser Rolle fungierte die Bürokratie in Westeuropa als *aktive Stütze* der ökonomischen Entwicklung. Im Geggensatz zu den orientalischen Systemen reichte die staatliche Kontrolle in Westeuropa *nicht sehr weit* in das gesellschaftliche Leben hinein. Die Folge war, daß vielfältige gesellschaftliche *Fehlentwicklungen* (soziale Mißstände, Chaos, Hunger usw.) unkontrolliert blieben, die im Orient nicht möglich gewesen wären. Andererseits aber blieb der gesellschaftliche Wandel dem *freien Spiel der sozialen Kräfte* überlassen und entfachte so eine soziale Dynamik, die wiederum in den orientalischen Reichen nicht denkbar war. Ganz *ungewöhnlich* für diesen Zusammenhang war jedoch der staatliche Eingriff in das Wirtschaftsleben. Hier übertraf die staatliche Förderung in Westeuropa jene in den arabischen Systemen doch sehr deutlich. Die starke staatliche Kontrolle der Gesellschaft im Orient verhinderte die autonome Entwicklung gesellschaftlicher Subsysteme und band innovative Wandlungsprozesse an den Staatsapparat und dessen Interessen. Aber auch hier müssen wir differenzieren: die partielle Zusammenarbeit der politisch-administrativen Elite *Ägyptens* mit der Kaufmannsschicht und ihr eigenes Engagement im Fernhandel führten zu einer ganz beachtlichen Förderung des Wirtschaftssystems durch den Staat. Die mehr agrarisch orientierte Bürokratie des Osmanischen Reiches erteilte anderen Wirtschaftssektoren dagegen keine Impulse.

4. Der Vergleich der *Wirtschaftssysteme* soll die unterschiedlichen Schwerpunkte in der Landwirtschaft, Warenproduktion und im Handel verdeutlichen. In den *arabischen* Reichen war der Fernhandel wirtschaftliche Grundlage des Systems; nur in *Ägypten* spielte der Agrarsektor, vor allem in Krisenzeiten, eine gewisse stützende Rolle. Das Handwerk war von sekundärer Bedeutung: die *Transitgewinne* übertrafen die Exporterlöse bei weitem. Die ökonomische Grundlage des *Osmanischen Reiches* war die Landwirtschaft, das Handwerk war von sekundärer Bedeutung, und der Binnenhandel zog mehr Aufmerksamkeit auf sich als der Fernhandel. In *Westeuropa* spielte die Landwirtschaft für die ökonomische Entwicklung eine geringe

Rolle. Wurde zunächst der Fernhandel zur Grundlage der Kapitalakkumulation, so bildete seit dem 17. Jahrhundert zunehmend die Manufaktur den Motor der Entwicklung. Dieser Schritt wurde im Orient nicht vollzogen. Man könnte sagen, daß das Osmanische Reich dem arabischen Orient die ihm weitgehend fremde landwirtschaftliche Orientierung oktroyierte.

Das Osmanische Reich – ein Entwicklungshemmnis?

Es wäre vermessen, anhand unserer wenigen Überlegungen behaupten zu wollen, die arabische Region hätte *ohne* die Integration in das Osmanische Reich über Fernhandel und Manufakturausbau eine höhere sozioökonomische Entwicklungsstufe erreicht. Dieser, *in der arabischen Welt verbreiteten, Meinung* sind folgende Punkte entgegenzuhalten: Kaufmannschaft und Handwerk waren in den arabischen Ländern *weniger autonom* als in Westeuropa, befanden sich mit den politisch-administrativen Eliten in einem *partiellen Konflikt* und die Kontrollgewalt des Staatsapparates behinderte gesellschaftliche Wandlungsprozesse.
Auf der anderen Seite erscheint es vertretbar zu sein, der Struktur des Osmanischen Reiches eine *entwicklungshemmende,* ja – *blockierende Wirkung* zuzuschreiben: die Förderung des Fernhandels unterblieb, Handel und Handwerk wurden noch stärker reglementiert als unter den Arabern, sozialer Wandel gewaltsam eingedämmt und handelspolitische Abhängigkeiten mit weitreichenden Wirkungen freiwillig begründet. Der agrarische Charakter des Systems war besonders in dessen *Selbstisolation* deutlich – einem Systemmerkmal, das für ein Fernhandelssystem undenkbar wäre. 1720 besuchte erstmals eine türkische Gesandtschaftsdelegation Europa. Der Schock, den diese Beamten erlitten, als sie sich der Entwicklungsdiskrepanz zwischen ihrem Staat und Westeuropa bewußt wurden, leitete viel zu spät umfassende Reformen ein.
Darüber, ob eine unabhängige arabische Region mit ihrem Hang zum Fernhandel nicht zumindest bessere Voraussetzungen dafür geboten hätte, sich neuen internationalen Entwicklungen in Wirtschaft, Gesellschaft und Politik anzupassen, kann man nur spekulieren. Bemerkenswert ist jedoch die Tatsache, daß schon gegen Ende des 18. Jahrhunderts die *Verselbständigung Ägyptens* innerhalb des Osmanischen Reiches zu einem ersten Aufschwung des Handwerks führte und die Herausbildung von *Textil-Manufakturen* stattfand. Und als die Osmanen dann am Anfang des 19. Jahrhunderts immer handlungsunfähiger wurden, startete das autonome Ägypten unter seinem Vizekönig *Muhammad Ali* eine für Entwicklungsgesellschaften einzigartige Industrialisierung[17]). In den zwanziger und dreißiger Jahren des 19. Jahrhunderts wurde Ägypten auf der Grundlage einer

staatskapitalistischen Wirtschaftsexpansion zur regionalen Großmacht (Karte 3). Mit Hilfe von Monopolpreis-Politik, Wirtschaftsprotektionismus und territorialen Eroberungen schuf der ägyptische Staat Voraussetzungen für die Entwicklung eines komplexen Wirtschaftssystems: neben den landwirtschaftlichen Exportsektor traten nun rohstoffverarbeitende Industrien mit zunehmend arbeitsteiligen Produktionsprozessen und modernem Management und eine starke Rüstungsindustrie. Auf einen expandierenden Binnenmarkt zielend, begann der Staat, eine *Massenkonsumgüter-* und eine *Produktionsmittel-Industrie* aufzubauen. Sicherlich wies dieses, dem *japanischen Beispiel* ähnelnde Entwicklungsexperiment auch Dysfunktionen auf (keine Produktivitätssteigerung in der Landwirtschaft, fehlende Autonomie unternehmerischer Elemente, außenorientiertes Bürgertum), doch fehlt nach wie vor eine kritische Untersuchung des damaligen

Karte 3: Ägyptisches Reich unter Muhammed Ali 1831–1841

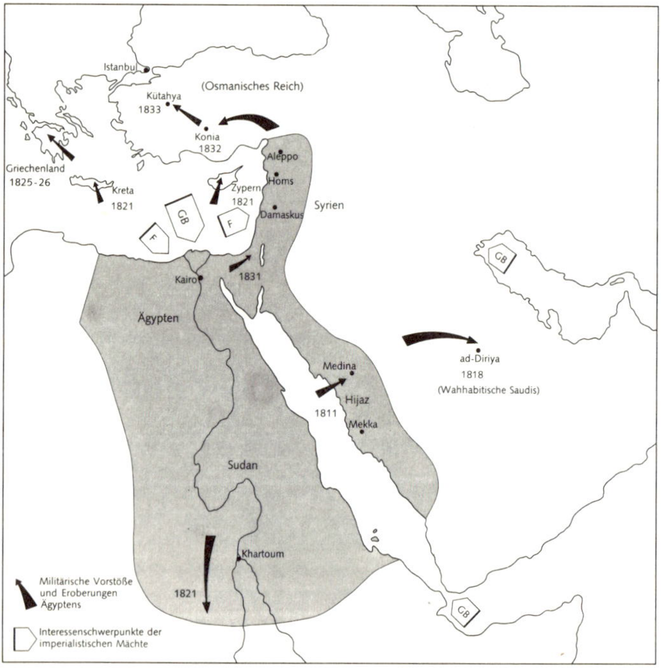

ägyptischen Entwicklungspotentials[18]). Aber auch die genannten positiven Faktoren bleiben schwer einzuschätzen, da ihnen keine zwei Jahrzehnte freier Entfaltung blieben: eine mögliche *arabische Renaissance* wurde von Großbritannien und Frankreich in Zusammenarbeit mit den anderen europäischen Mächten politisch, militärisch und wirtschaftlich gewaltsam unterbunden.

Die *arabische Erneuerung* kam gewissermaßen *zu spät*: sie traf jetzt auf eine *absolut überlegene Machtkonzentration* aggressiver Wirtschaftsinteressen und war geographisch nicht weit genug von den Metropolen entfernt, um wenigstens einige Zeit ignoriert zu werden. Seit den fünfziger Jahren des 19. Jahrhunderts ging Ägypten den gleichen Weg wie viele Gesellschaften der Dritten Welt vorher und nachher. Es wurde als *Lieferant eines einzigen agrarischen Rohstoffes* (Baumwolle) in das kapitalistische Weltmarktsystem integriert und politisch-administrativ der britischen Kontrolle unterworfen. *Großbritannien* erneuerte damit die landwirtschaftliche Ausrichtung Ägyptens so gründlich, daß jeder sozioökonomische Entwicklungsanlauf bis auf den heutigen Tag den Ballast jener wirtschaftlichen Verkrüppelung zu tragen hat.

Die Zerschlagung des *ägyptischen Entwicklungsmodells* in den 40er Jahren schlug die Bresche für das expansionswillige europäische Handels- und Finanzkapital. *Die Balkanstaaten, Anatolien, die Levante (Libanon/Syrien)* und *Ägypten* waren die bevorzugten Ziele europäischer Wirtschaftsinteressen; später kam auch *Mesopotamien* als Domäne anglo-indischer Interessen hinzu[19]). Da sich die Großmächte in ihrer imperialistischen Politik aber formal auf den *„kranken"* Osmanischen Staat stützten (Diktat von Verträgen), profitierte dessen reformorientierte Bürokratie von dieser Funktion. Zwar geriet die gesamte Wirtschaftsstruktur des Osmanischen Reiches in die Abhängigkeit europäischer Banken und Konzerne *(1881 Ottoman Public Debt Administration),* was zum Niedergang des traditionalen Mittelstands (Bazar, Handwerk) und zum Aufstieg des Außenhandelskomplexes (mit kommerzieller Landwirtschaft) führte, doch konnte die Staatsbürokratie administrative Reformen durchsetzen, die ihre Position wieder stärkten. Das Resultat war ein eigenartiger Widerspruch: während Europäer und nichtmuslimische Wirtschaftseliten (Minoritäten) die gesamten orientalischen Wirtschaftsstrukturen unter Kontrolle brachten und sich als transnationale herrschende Klasse im Vorderen Orient etablierten, kehrte das politische System des Osmanischen Reiches zurück zu seinem traditionalen Selbstverständnis[20]). Auf der Basis konfliktreicher Modernisierungsschübe *(Tanzimat-Periode, Jungmannische und Jungtürkische Reformbewegung)* entwickelte die außenpolitisch und finanzpolitisch völlig abhängige Staatsbürokratie nach innen eine bemerkenswerte Dynamik. Diese blockierte in der Tradition orientalischer Herrschaft die Entfaltung einer kapitalistischen kommerziellen Agrarbourgeoisie, die Verelendung der Bauernmassen und die politische Beteiligung der nicht-muslimischen Wirtschaftseliten. Anders ausgedrückt: die Retraditionalisierung des *„modernen"* Osmanischen Staates verhinderte die Herausbildung eines abhängigen Kapitalismus und konsolidierte erneut eine sozial abgehobene *„patrimoniale" Staatsbürokratie,* die sowohl dem Imperialismus wie auch seinen orientalischen

Bundesgenossen (Handels- und Finanzkapital, Vermittler) distanziert gegenüberstand.
Dies hinderte die osmanische Staatsbürokratie allerdings nicht daran, aus den Konkurrenzkämpfen der europäischen Mächte persönlich und institutionell materiellen Nutzen zu ziehen (Kredite, Anleihen, Schmiergelder). Der Verlust einer eigenständigen wirtschaftlichen Basis, aus der einst *„Tribute"* abgeschöpft worden waren, hatte die orientalischen Eliten nur veranlaßt, *neue* Finanzquellen zu suchen. Diese fanden viele politische Potentaten und Bürokraten bei den europäischen Mächten und Wirtschaftsinteressen, die ihrerseits politische Kontrolle durch politische Renten[21]) auszuüben begannen. Am Vorabend des Ersten Weltkrieges kontrollierte Großbritannien *weite Teile* des Vorderen Orients militärisch, politisch, finanziell und administrativ. Doch diese Ordnung erwies sich als instabil, als das *Deutsche Kaiserreich* 1914 nach der Hegemonialstellung im internationalen System griff. Die *Osmanische Bürokratie (Jungtürken)* setzte unter dem Druck fortschreitender territorialer Erosion und politischer Kontrolle durch die Westmächte auf die deutsche Karte – und verlor. Das Osmanische Reich wurde endgültig *zerschlagen* und in eine Vielzahl neuer politischer Einheiten zerstückelt. Auf der Basis europäischer Wirtschaftsinteressen und strategischer Zielsetzungen erfolgten weitgehend willkürliche Grenzziehungen, die neue Konflikte schufen und deren Erbe *bis heute* virulent geblieben ist.

Anmerkungen

[1]) Vgl. Pawelka, P. 1981: Warum ist der Orient zurückgeblieben? in: Der Bürger im Staat. S. 11 ff. (Brennpunkt Mittel-Ost, Stuttgart. S. 33 ff.).
[2]) Senghaas, D. 1988: Konfliktformationen im internationalen System. Frankfurt. S. 136.
[3]) Tibi, B. 1985: Der Islam und das Problem der kulturellen Bewältigung sozialen Wandelns. Frankfurt.
[4]) Schölch, A. 1982: Ägypten in der ersten und Japan in der zweiten Hälfte des 19. Jahrhunderts: ein entwicklungsgeschichtlicher Vergleich. In: Geschichte in Wissenschaft und Unterricht. S. 333 ff. Katouzian, H. 1980: Die „arid-isolierte" Gesellschaft: Ein Modell der Langzeitentwicklung von Wirtschaft und Gesellschaft im Iran. In: Peripherie (3). S. 31 ff. Greussing, K. 1987: Vom „guten König" zum Imam. Staatsmacht und Gesellschaft im Iran. Bregenz.
[5]) Wallerstein, I. et al. 1987: The incorporation of the Ottoman Empire into the world economy. In: Islamoglu-Inan, H. (ed.): The Ottoman Empire and the World Economy. Cambridge, Paris. S. 88 ff.
[6]) Amin, S. 1978: The Arab Nation. London. Cook, M. A. (ed.) 1970: Studies in the Economic History of the Middle East. London, New York. Toronto. Lopez, R. et al. 1970: England to Egypt. 1350–1500: Longterm Trends and long-distance Trade. In: Cook, M. A. (ed.): Studies in the Economic History of the Middle East. London, New York, Toronto. S. 93ff. Shoshan, B. 1978: Money, Prices and Population in Mamluk Egypt, 1382–1517. Princeton University. Haarmann, U. (ed.) 1987: Geschichte der arabischen Welt. München. Kap. III–V.
[7]) Labib, S. 1970: Egyptian Commercial Policy in the Middle Ages. In: Cook, M. A. (ed.): Studies in the Economic History of the Middle East. London, New York, Toronto. S. 69 ff.
[8]) Watson, A. M. 1974: The Arab Agricultural Revolution and its Diffusion, 700–1000. In: Journal of Economic History (1). S. 8 ff.

[9]) Betts, R. F. 1968: Europe Overseas – Phases of Imperialism. New York. Braun, R. et al. (ed.) 1972: Industrielle Revolution – Wirtschaftliche Aspekte. Köln. The Cambridge Economic History of Europe. Vo. IV. Cambridge University Press 1967. Coleman, D. C. (ed.) 1969: Revisions in mercantilism. London. Israel, S. M: (ed.) 1968: Pax Britannica. London. Krippendorff, E. 1975: Internationales System als Geschichte. Frankfurt. Minchinton, W. E. (ed.) 1969: Mercantilism – System or Expediency? Lexington, Mass. Senghaas, D. (ed.) 1979: Kapitalistische Weltökonomie. Kontroversen über ihren Ursprung und ihre Entwicklungsdynamik. Frankfurt. Wallerstein, I. 1974–1980: The modern world-system. 2 Bde. New York, London.

[10]) Senghaas, D. 1988, vgl. Anm. 2. S. 136 ff.

[11]) Baer, G. 1970: The Administrative, Economic and Social Functions of Turkish Guilds. In: International Journal of Middle East Studies. S. 28 ff. Gibb, H. A. R. und Bowen, H. 1962: Islamic Society and the West. London, New York. Inalcik, H. 1973: The Ottoman Empire: The Classical Age, 1300–1600. New York. Islamoglu, H. und Keyder, Ç. 1979: Ein Interpretationsrahmen für die Analyse des Osmanischen Reiches. In: Senghaas, D. (ed.): Kapitalistische Weltökonomie. Kontroversen über ihren Ursprung und ihre Entwicklungsdynamik. Frankfurt, S. 201 ff. Islamoglu – Inan, H. (ed.) 1987: The Ottoman Empire and the World Economy. Cambridge, Paris. Matuz, J. 1985: Das Osmanische Reich. Grundlinien seiner Geschichte. Darmstadt. Sivers, P. v. 1971: Die Imperialdoktrin des Osmanischen Reiches, 1596–1878. In: Büttner, F. (ed.): Reform und Revolution in der islamischen Welt. München. S. 17 ff. Werner, E. und Markor, W. 1978: Geschichte der Türken von den Anfängen bis zur Gegenwart. Berlin-Ost.

[12]) Shaw, St. J. 1968: Landholding and Land-tax Revenues in Ottoman Egypt. In: Holt, P. M. (ed.): Political and Social Change in Modern Egypt. London, New York, Toronto. S. 91 ff. Shaw, St. J. 1958: The Financial and Administrative Organization and Development of Ottoman Egypt, 1517–1798. Princeton.

[13]) Braude, B. 1978/79: International Competition and Domestic Cloth in the Ottoman empire, 1500–1650. A study in underdevelopment. In: Review (II). S. 437 ff. Cizakça, M. 1985: Incorporation of the Middle East into the European World-Economy. In: Review (VIII). S. 353 ff.

[14]) Davis, R. 1970: English Imports from the Middle East, 1580–1780. In: Cook, M. A. (ed.): Studies in the Economic History of the Middle East. London, New York, Toronto. S. 193 ff.

[15]) Wittfogel, K. A. 1977: Die Orientalische Despotie. Eine vergleichende Untersuchung totaler Macht. Frankfurt, Berlin, Wien.

[16]) Amin, S. 1975: Die ungleiche Entwicklung. Hamburg. Amin (1978), vgl. Anm. 6.

[17]) Marsot, A. L. al-S. 1984: Egypt in the reign of Muhammad Ali. Cambridge, London. Mustafa, A. A.-R. 1968: The Breakdown of the Monopoly System in Egypt after 1840. In: Holt, P. M. (ed.): Political and Social Change in Modern Egypt. London, New York, Toronto. S. 291 ff. Owen, E. R. J. 1969: Cotton in the Egyptian Economy, 1820–1914. Oxford. Richmond, J. C. B. 1977: Egypt 1798–1952. Her Advance Towards a Modern Identity. London. Rivlin, H. A. B. 1961: The Agricultural Policy of Muhammad Ali in Egypt. Cambridge. Mass. Schölch (1982), vgl. Anm. 4.

[18]) Eine Ausnahme bildet Anderer, G. 1986: Die binnenorientierte ökonomische Modernisierungspolitik Ägyptens unter Mohammad Ali. In: Mahrad, A. (ed.): Hannoversche Studien über den Mittleren Osten (1). Frankfurt. S. 108 ff.

[19]) Owen, R. 1981: The Middle East in the World Economy 1800–1914. London, New York.

[20]) Keyder, Ç. 1987: State and Class in Turkey. A Study in Capitalist Development. London, New York.

[21]) Vgl. den Beitrag in dieser Publikation S. 109.

Werner Ende

Auf der Suche nach der „idealen Gesellschaft“

Religion, Ideologie und Macht im Mittleren Osten

Mittlerer Osten und Islam – notwendige Abgrenzungen

Wenn im folgenden von einer Region *Mittlerer Osten* die Rede ist, so soll damit ein geographischer Bereich gemeint sein, der im engeren Sinne *Iran, Irak* und die *Staaten der Arabischen Halbinsel* umfaßt, und im weiteren Sinne den Raum zwischen der *Türkei, Ägypten, Jemen* und *Pakistan*. Bei der Erörterung der Wechselbeziehungen von *Religion, Ideologie* und *Macht,* um die es hier geht, konzentrieren wir uns auf den *Islam* und die *Muslime* in der Gegenwart. Insofern muß hier ein Hinweis darauf genügen, daß es in einigen Ländern des Mittleren Ostens beträchtliche alteingesessene Bevölkerungsgruppen mit anderer religiöser Zugehörigkeit gibt – so etwa *Christen* im *Libanon* und in *Ägypten*[1]). Mit Rücksicht auf seine historisch-politische Sonderstellung innerhalb der Region lassen wir den Staat *Israel* außerhalb der Betrachtung – wenngleich die Entstehung und Existenz dieses Staates für den religiös-politischen Diskurs in den anderen Ländern des Ostens von erheblicher Bedeutung ist.
Es kann nicht Sinn des vorliegenden Beitrages sein, die Wechselbeziehungen zwischen Religion, Ideologie und Macht in den unterschiedlichen Phasen der islamischen Geschichte nachzuzeichnen[2]). Einige allgemeine Bemerkungen sind allerdings vonnöten.

Die Vergangenheit als Vorbild für die Gegenwart: die Gemeinde von Medina

Der *Islam* ist eine *Offenbarungsreligion*, deren Stifter *Muhammad* (gest. 632) mit seiner sogenannten *Gemeindeordnung von Medina* bzw. mit seinem Reden und Handeln als Prophet und Politiker den Grundriß einer islamischen staatlichen Ordnung geschaffen hat. Diese Ordnung entspricht nach muslimischer Überzeugung dem *Willen Gottes* und garantiert den Muslimen (Männern wie Frauen) die Möglichkeit zur Erfüllung ihrer religiösen Pflichten – und damit den Weg zum Heil im Jenseits. *„Der Islam ist von Anfang an auf eine*

Staatenbildung angelegt. Anders als das Christentum, das außerhalb des Staates entstanden ist, im Laufe seiner Geschichte in den Staat hineinwächst und sich später wieder von ihm trennt, bildet der Islam als Religion das Zentrum und Kernstück des Staates. Daraus ergibt sich die *Omnipräsenz des islamischen Gesetzes* in allen Bereichen des Staates und seiner Einrichtungen, und darüber hinaus in allen Lebensbereichen des Menschen"[3]). Diese Feststellung ist wichtig, wenngleich hinzugefügt werden muß, daß auch und gerade nach der Überzeugung vieler frommer Muslime der tatsächliche Verlauf der islamischen Geschichte dem hier formulierten Ideal nicht entsprochen hat, daß vor allem die eigentliche Machtausübung über Jahrhunderte hinweg nur bedingt oder gar nicht religiös legitimiert gewesen ist. *Urbild* des wahren islamischen Staates bleibt die Gemeinde *(umma)* von Medina unter der Leitung des Propheten. Da nach muslimischer Überzeugung *Muhammad* unter göttlichem Befehl handelte und zugleich der letzte Prophet ist, den Gott der Menschheit gesandt hat, muß die *Gemeinde von Medina* (622–632) unerreichbares Ideal bleiben. Freilich sind die Muslime aufgefordert, ihre Beziehungen untereinander nach besten Kräften an diesem Ideal zu orientieren. Am nächsten kommt jenem vorbildlichen Gemeinwesen der Staat *der frühen („rechtgeleiteten") Kalifen* (632–661), d. h. der vier ersten Nachfolger *Muhammads* in der Leitung der (politisch-militärisch expandierenden) Gemeinde. Ungeachtet der Tatsache, daß der bis heute wirksame *konfessionelle Gegensatz* zwischen *Sunniten* und *Schiiten* in jener Frühzeit des Islams seine Wurzeln hat (und die Bewertung vieler Personen und Ereignisse des frühen Islams bei den Anhängern der beiden Konfessionen z. T. völlig unterschiedlich ausfallen muß), bleibt festzuhalten: Fromme Sunniten und Schiiten suchen auch in der Gegenwart das Vorbild für die dem islamischen Gesetz entsprechende staatliche Organisation im frühen Islam[4]).

Die Renaissance des Islams in der Sprache

Dies führt u. a. dazu, daß im politischen Diskurs der Gegenwart (vor allem – aber nicht nur – in Äußerungen von Vertretern militant-islamischer Bewegungen zu aktuellen Fragen) Namen, Begriffe, Symbole und Metaphern aus dem *Koran,* dem Reden und Handeln des Propheten und aus der Zeit der ersten Kalifen eine *erhebliche*, für nichtmuslimische Hörer oder Leser zunächst überraschende Rolle spielen. Es geht bei deren Verwendung (und das heißt oft auch bewußten Wiederbelebung oder gar semantischen Manipulation) sowohl um die Denunzierung politischer Gegner bzw. der von diesen Gegnern repräsentierten Systeme als auch um die Identifizierung der eigenen Seite mit Namen, Begriffen usw., die von den Ursprüngen des Islams her positiv besetzt sind. Eine Fülle von Beispielen hierfür liefert die *Propagandasprache* der Islamischen Republik Iran, so etwa in der Bezeichnung von Dissidenten als monāfeqīn (*„Heuchler“*, s. zum Beispiel Koran Sure 8, Vers 49) einerseits und der Anhänger der eigenen Bewegung, soweit sie aus den sozial benachteiligten Schichten stammen, als mostaz'afīn (etwa *„Unterdrückte“*, s. Koran Sure 4, Verse 75, 97–98, 127) andererseits. Der relative – jedenfalls zeitweilige – Erfolg, der mit dieser Sprache (aus hier noch zu besprechenden Gründen) erzielt werden kann, trägt dazu bei, daß auch Bewegungen und Regime, deren Rhetorik bisher überwiegend von der Begriffswelt des *Nationalismus* und *Säkularismus* geprägt war, sich neuerdings eines islamischen Vokabulars befleißigen. So wurde es im *Irak* – anscheinend ca. 1988 – üblich, bei Nennung des Namens *Saddam Hussein* in den Medien möglichst häufig die fromme Formel (*„Hafizahu'llāh“*, d. h. *„Gott schütze ihn“*) anzufügen. Allerdings verzichtet die ideologische Sprache keiner der Regierungen bzw. Bewegungen, die heute im Mittleren Osten existieren (einschließlich die der sogenannten *Fundamentalisten*), auf die Verwendung von *politischen Neologismen,* und zwar auch solchen, bei denen es sich eindeutig um Entlehnungen aus dem Westen handelt – von der (wörtlich übernommenen) *„Demokratie“* bis zu (aus der eigenen Sprache nachgebildeten) Begriffen wie *„Sozialismus“* oder *„Dezentralisierung“*[5]).

Säkularisierung oder „Islamische Verfassung“?

Das in den einzelnen Ländern des Mittleren Ostens zu beobachtende, von Fall zu Fall oft unterschiedlich entwickelte Nebeneinander von (bewußt) archaischer und moderner Begrifflichkeit in der ideologischen Selbstdarstellung hat seine historischen Gründe. Es ist das Ergebnis einer langen Geschichte, die vor allem im Laufe des 19. und 20. Jahrhunderts von einer teils offenen, teils verdeckten *Säkularisierung* wichtiger Bereiche des gesellschaftlichen Lebens geprägt worden ist. Dieser Prozeß hängt eng – wenn auch nicht ausschließlich – mit der direkten oder indirekten Wirkung des *europäischen Kolonialismus* auf die islamische Welt zusammen, und zwar auch dort, wo bestimmte Staaten, Völker bzw. Regionen nicht unmittelbar dem Kolonialismus unterworfen waren. Der umstrittenen Frage, ob es jemals in der islamischen Geschichte in vor-kolonialer Zeit Ansätze zu einer Säkularisierung „von innen heraus“ gegeben hat oder hätte geben können, kann hier nicht nachgegangen werden[6]). Viele Anhänger des Säkularismus neigen jedenfalls dazu, auf die faktische Trennung des religiösen vom politischen Bereich zu verweisen, die zu bestimmten Zeiten in nicht wenigen islamischen Staaten (so etwa im *Osmanischen Reich*) bestanden hat. Während ihnen dieser Hin-

weis dazu dient, die historische Berechtigung ihrer Position für die Gegenwart – etwa auch zur Verteidigung des *Kemalismus in der Türkei* – zu belegen, führt derselbe Befund viele Gegner des Säkularismus (und eines säkularistisch orientierten Nationalismus) dazu, bedeutende Phasen der islamischen Geschichte überwiegend oder ausschließlich als Epochen des Niedergangs und des moralischen Verfalls, d. h. der Außerkraftsetzung des „wahren" Islams zu begreifen. Insofern sind diese Leute – für deren Bezeichnung der westliche Begriff *„Fundamentalisten"* in Mode gekommen ist – keineswegs an einer Belebung des *(islamischen) „Mittelalters"* interessiert[7]). Das historisch Gewachsene, die Tradition, hat für sie nicht unbedingt einen positiven Wert. Vielmehr streben sie – im Sinne der Idealisierung der islamischen Frühzeit, von der eingangs die Rede war – nach der Verwirklichung des gesellschaftlichen Ideals, das sie in jener Frühzeit zu erkennen meinen und von dem sie glauben, daß spätere Generationen allzu weit von ihm abgewichen sind. Worin im Detail dieses Ideal besteht, ist nun freilich auch unter den sogenannten *Fundamentalisten* umstritten. Das *Gemeinwesen,* dessen Grundzüge sie in der *umma* des Propheten und im Staat der frühen Kalifen sehen, hat bei manchen nahezu die Züge einer *sozialen Marktwirtschaft,* bei anderen die eines (mehr oder weniger) *demokratischen Sozialismus*, während es nicht wenige bei einer rückwärtsgewandten Utopie bewenden lassen, die etwa einem *aufgeklärten Absolutismus* nahekommt. Es besteht insofern unter islamischen *„Fundamentalisten"* z. B. keine Einigkeit darüber, ob die erbliche Monarchie eine legitime Herrschaftsform im Islam sei oder nicht, wie die historische Rolle bestimmter Dynastien zu beurteilen ist und ob nicht die Ausarbeitung und baldige Inkraftsetzung einer *„islamischen Verfassung"* in allen Staaten der islamischen Welt zu den vordringlichen Aufgaben der Gegenwart gehört.
Es bleibt also festzuhalten, daß die religiös-politischen („islamistischen") Strömungen, die auf eine *(Re-)Islamisierung* des gesellschaftlichen und politischen Lebens hinarbeiten – von der Einführung eines *„islamischen Wirtschaftssystems"* bis zur *„Reinigung"* der Kultur von allen islamfremden (vor allem „kolonialistischen") Erscheinungen – sowohl theoretisch als auch in der praktischen Anwendung *sehr unterschiedliche* Positionen einnehmen bzw. Wege gehen können. Innerhalb ein und desselben Landes, so etwa in *Ägypten*, zeigt sich dies z. B. in der umstrittenen Frage, ob und gegebenenfalls mit welcher Rechtfertigung militant-muslimische Parteien und Bewegung sich überhaupt an Wahlen beteiligen sollen und ob sie u. U., falls sie ins Parlament einziehen, Koalitionen auch mit nicht-„islamistischen" Gruppierungen eingehen dürfen. Diese Frage wird unterschiedlich beantwortet, und der Meinungsstreit führt leicht dazu, daß man einander die religiös-politische Rechtgläubigkeit abspricht.

Die Suche nach den eigenen Wurzeln und die politischen Folgen

Es zeigt sich, daß das generelle Bekenntnis zur Rückkehr zu den echt islamischen Wurzeln sofort das Problem aufwirft, *welches diese Wurzeln denn im einzelnen seien und inwiefern sie für die Gegenwart nutzbar zu machen wären.* Man kann sich in diesen Kreisen leicht darüber einig werden, daß die den Muslimen im *Koran* (also von Gott) anbefohlene Beratschlagung untereinander (*šūrā,* s. Koran Sure 3, Vers 159 u. 42, Vers 38) *jegliche Despotie* als letztlich *unislamisch* erscheinen läßt, doch folgt daraus für nicht wenige *„Islamisten"* noch keineswegs, daß eine solche Despotie, wo sie in islamischen Ländern besteht, immer und mit allen Mitteln bekämpft werden muß. Vor allem sind diese Leute nicht bereit, aus dem Bekenntnis zur Notwendigkeit der *šūrā* die Anerkennung einer parlamentarischen Demokratie nach europäischem Muster abzuleiten oder gar auf die Etablierung eines derartigen Systems hinzuarbeiten. Ähnliche Meinungsverschiedenheiten innerhalb des *„islamistischen"* Lagers gibt es in Fragen des Verhältnisses von privatem und öffentlichem Eigentum und der Rechtfertigung von Verstaatlichungen (etwa im Rahmen eines *„islamischen Sozialismus"*) und in zahlreichen anderen Punkten[8]). Daraus folgt, daß die islamistischen Bewegungen zwar eine halbwegs einheitliche Stoßrichtung haben und auch Fusionen herstellen oder Bündnisse untereinander schließen können, daß es aber *keine Kraft* gibt, die eine ideologische oder gar eine praktisch-politische *„Gleichschaltung"* dieser Gruppen bewirken könnte. Auch die besonders von *Saudi-Arabien* betriebenen Blockbildungen usw. haben dies nicht erreicht[9]), und daß ein *Saddam Hussein* dazu in der Lage sein würde, ist völlig ausgeschlossen. Die *politischen Erfahrungen* und die *sozialen Rekrutierungsfelder* der islamistischen Bewegungen in den einzelnen Ländern sind eben *recht unterschiedlich,* und darüber hinaus erweisen sich *ethnische* und *konfessionelle Sichtweisen* und *Interessen* (mit den damit zusammenhängenden, stark voneinander abweichenden Geschichtsbildern) als erstaunlich *wirksam:* Für die meisten sunnitischen *„Islamisten"* war und ist die *islamische Revolution* in Iran – ungeachtet der Faszination, die sie z. T. noch heute auf militante Gruppen z. B. in *Algerien* oder in der *Türkei* ausüben mag – eine *persisch-schiitische Sonderentwicklung,* die nicht imitiert werden kann bzw. darf.

Im übrigen zeigt sich, daß in den Ländern, in denen *Islamisten* (allein oder im Bündnis mit anderen Kräften) an der Macht sind, die Erwartungen vieler ihrer Anhänger nicht oder nicht hinreichend erfüllt worden sind. Man erkennt, daß die *Islamisten* in der Regel *kein* realistisches Programm zur Lösung dringender Probleme (z. B. der Autonomiebestrebungen ethnischer Minderheiten) haben und daß die lautstark proklamierte Einführung des islamischen Rechts, der

Scharia, entweder nur zu oberflächlichen Zugeständnissen führt, im Gesetzgebungsprozeß irgendwo steckenbleibt, in der Praxis mit vielen Tricks umgangen wird oder aber, wie im *Sudan,* überwiegend bizarre Ergebnisse zeitigt. Insofern lassen sich heute in verschiedenen Ländern der islamischen Welt unterschiedliche Tendenzen ausmachen: Während *nationalistisch-säkularistisch* orientierte *Regierungen* sich einer starken und z. T. noch wachsenden Strömung des *Islamismus* gegenübersehen und dieser bis zu einem gewissen Grade entgegenkommen müssen (z. B. in *Algerien* nach den Wahlen von 1990), sind etwa in der *Islamischen Republik Iran* – wenn auch aufgrund der allgemeinen Verhältnisse nicht deutlich erkennbar, d. h. im Untergrund, – gegenläufige Strömungen (bis hin zu einem extremen Nationalismus mit säkularistischer, z. T. islamfeindlicher Färbung) am Werke.

Gründe für die wachsende „Re-Islamisierung"

Derartige Beobachtungen führen uns zu der Frage, *wie* es überhaupt (speziell in den 70er und 80er Jahren) zu einer wachsenden Resonanz islamistischer Losungen und Programme, und zwar auch und gerade bei Schülern, Studenten und Intellektuellen, gekommen ist – wobei man sich vor Augen halten muß, daß jene islamistischen Forderungen z. T. auf das Gedankengut von muslimischen Reformern des 19. Jahrhunderts zurückgehen, bereits in den 20er und 30er Jahren zu Programmen entwickelt worden waren und über Jahrzehnte hinweg nicht sonderlich viel Gehör fanden – vor allem nicht (von Ausnahmen abgesehen) bei Intellektuellen, an den modernen Hochschulen und in den Streikräften. Die *neu* entstandene Situation ist das Resultat vielfältiger Prozesse in den Ländern des Mittleren Ostens[10]). Ohne Anspruch auf Vollständigkeit seien hier die folgenden Entwicklungen genannt:

1. Es herrscht in weiten Kreisen der Bevölkerung *Enttäuschung* über die Ergebnisse der nach mehr oder weniger langen Kämpfen errungenen *staatlichen Unabhängigkeit:* Weder *parlamentarische Systeme* nach westlichem Muster noch *sozialrevolutionäre Offiziersregime,* weder eine *radikale, säkularistische Verwestlichungspolitik* (*Kemalismus* in der *Türkei*) noch eine *„weiße Revolution" (Iran unter Mohammed Reza Pahlavi)* haben sich durchweg (wenn überhaupt) bewährt. Auch *marxistische Entwicklungsmodelle (China unter Mao)* werden weithin als gescheitert angesehen. Der Zusammenbruch der *stalinistischen Kommandowirtschaft* in der *Sowjetunion* und in Osteuropa hat in jüngster Zeit bei vielen Menschen im Mittleren Osten den Eindruck noch verstärkt, daß man wohl *eigene Wege* gehen müsse – so vielleicht auch solche, wie sie die Theoretiker und Agitatoren des *„Islamismus"* anbieten.

2. Besonders das *städtische Kleinbürgertum ist von technischer Modernisierung und Industrialisierung in seiner Existenz bedroht:* Das Warenhaus verdrängt den Bazarhandel, die Fabrik den Handwerksbetrieb. Importe und Werbung für Importwaren verändern Konsumgewohnheiten und soziale Maßstäbe nicht nur am Golf, sondern auch in relativ armen Ländern wie dem Jemen. Dies hat Rückwirkungen auf die einheimische Produktion bis hin zum Verfall ganzer Gewerbezweige. Die *Anhängerschaft* islamistischer Bewegungen *rekrutiert* sich in nicht geringem Maße aus dem Kleinbürgertum.
3. Die Landwirtschaft kann aus einer Reihe von Gründen die bäuerliche Bevölkerung *nicht* mehr ernähren. *Landflucht* und die *Proletarisierung* in den Städten sind unvermeidlich. Auf der Suche nach Arbeit ziehen Hunderttausende (mit ihren Familien oder allein) nach Europa oder in andere Länder des Mittleren Ostens – z. B. (bis zur Kuwait-Krise 1990/91) viele *Ägypter* in den *Irak,* nach *Kuwait* und in andere *Golfländer.* Die sozialen Folgen in den Heimatländern jener Gastarbeiter sind zumindest vielschichtig. Spannungen in den Erdölfördernden Ländern selbst, z. B. durch die Konfrontation mit Luxus einerseits und Armut andererseits, sind unvermeidlich. Die Agitatoren des *Islamismus,* die auf die *egalitären Prinzipien* und *karitativen Forderungen* des Islams verweisen, finden mit ihrer Kritik an derartigen Verhältnissen – die sie in eine religiöse, also verständliche Sprache kleiden – bei diesen Menschen durchaus Gehör.
4. Der rasche Ausbau des Schul- und Hochschulwesens hat – bei gleichzeitig hohen Geburtenraten – dazu geführt, daß *Jahr für Jahr eine wachsende Zahl* von (teils gut, teils mittelmäßig, oft aber schlecht ausgebildeten) jungen Leuten die Schulen verläßt, *ohne* daß sie in ihren jeweiligen Ländern eine halbwegs angemessene Arbeit finden würden. Viele Regierungen haben Erwartungen geweckt, die sie nicht erfüllen können. Die Enttäuschung schlägt um in die trotzige Betonung des Eigenen, des zu belebenden islamischen und zugleich nationalen Erbes, dessen neu erkannten Wert man den Regierenden (oft westlich gebildeten Technokraten oder Militärs) entgegenhält[11]).
5. Diejenigen Kreise der Intelligenz und des Bürgertums, die sich für die *(Re-)Islamisierung* nicht erwärmen können, befinden sich in einer *Orientierungskrise:* Was die künftige Entwicklung ihrer Länder angeht, wissen sie zwar genau, was sie nicht wollen, aber sie wissen nicht genau, *was* sie wollen. Ihre oft schwankende Haltung trägt ihnen von den verschiedensten Seiten den Ruf des Opportunismus ein. Die *Abwanderung* vieler der am besten qualifizierten Fachkräfte, bzw. deren *Weigerung,* nach Abschluß einer Ausbildung im „Westen" überhaupt in ein Land des Mittleren Ostens zurückzukehren, führt zu *schweren Verlusten* für das wissenschaftliche, kulturelle und politische Leben in den Ländern dieser Region. Freilich ist *nicht allein* das Anwachsen der islamistischen Bewegungen und deren Rückwirkung auf die Gesellschaften des Mittleren Ostens für diese Entwicklung verantwortlich: *Auch* säkularistisch-nationalistisch auftretende

Ideologien bzw. Regimes, also *Nasseristen, Ba'thisten* und andere, haben im Laufe der letzten Jahrzehnte zu dieser Entwicklung beigetragen.

Eine ganze Region in der Sinnkrise?

Die mannigfaltigen Enttäuschungen, die viele Menschen, ja ganze Völker des Mittleren Ostens erlebt haben, bilden den Hintergrund für eine weitere, beunruhigende Erscheinung im politischen Diskurs dieser Länder – nämlich die weite Verbreitung und ständige *Erneuerung von Verschwörungstheorien.* Ob es um die Erklärung des „wahren" Grundes für die *Revolution in Iran* von 1978/79 oder für die *Perestroika* in der Sowjetunion geht oder gar um die jüngste *Golfkrise* nach der irakischen Annexion Kuwaits, stets finden sich höchst raffinierte, für den Außenstehenden überraschende Motive und unerwartete Querverbindungen. So wurde z. B. die *Revolution in Iran* zumindest zeitweilig als eine *Inszenierung der USA* interpretiert. Nicht *daß* solche Deutungen aufkommen, ist ungewöhnlich, *wohl* aber ihre *Verbreitung* und die Tatsache, daß sie anscheinend bei nicht wenigen Menschen im Mittleren Osten, und zwar auch bei Intellektuellen, ernsthaft Gehör finden. Man muß dies wohl als Symptom einer *schweren geistigen Krise* begreifen, die nicht zuletzt dazu führen kann und schon geführt hat, daß viele Menschen sich *politisch nirgends vertreten* sehen und in tiefe Resignation oder Zynismus verfallen, während andere Sympathien für Bewegungen und Machthaber entwickeln, deren Bereitschaft zur Gewaltanwendung den Ausweg aus einer Welt von Feinden und Verschwörern zu weisen scheint. Einer der Gründe für diese verbreitete Bewußtseinslage im Mittleren Osten ist die Art und Weise, wie *„westliche"* Mächte im 19. und 20. Jahrhundert mit Völkern dieser Region umgegangen sind[12]). Die *Kritik* gilt vor allem *Frankreich, Großbritannien, Rußland* bzw. der *Sowjetunion* sowie (nach dem Zweiten Weltkrieg in wachsendem Maße) den *USA.* Besonders gegen diese Staaten, aber darüber hinaus gegen *Europäer* und Amerikaner allgemein richtet man den *Vorwurf der Heuchelei,* der *Arroganz* und des ständigen *Verrats* an den *Idealen* sowohl des *Christentums* als auch der *europäischen Aufklärung,* wo immer es um das Verhältnis des „Westens" zu den Völkern Asiens und Afrikas geht. Hinzu kommt die ernüchternde Erfahrung mit den eigenen Regierungen, mit deren oft skrupellosen, ja äußerst brutalen Methoden der Machtergreifung und des Machterhalts, ihren allzu häufig wechselnden Allianzen, mit der Diskrepanz zwischen Programmen, Statuten und Verfassungen einerseits und den Realitäten andererseits.
Viele dieser Regierungen haben sich gewaltige *Propaganda-Apparate* zugelegt, und über Rundfunk und Fernsehen erreicht man Be-

völkerungsgruppen (auch Analphabeten) in den entlegensten Winkeln. Inwiefern die mit der *regierungsamtlichen Ideologie* (z. B. auch in den Schulen) konfrontierten Menschen sich deren Inhalt *tatsächlich* zu eigen machen, ist allerdings eine offene Frage. Ganz ohne Wirkung bleibt dies alles aber sicher nicht. Die Art und Weise z. B., wie die irakische Kulturpolitik und offizielle Propaganda versucht, den *panarabischen Nationalismus* und ein regionales, irakisches Eigenbewußtsein (das an den Ruhm des vorislamischen *Mesopotamien* anknüpft) miteinander zu verbinden und zugleich auf islamische Symbole usw. nicht zu verzichten – diese Art der Selbstdarstellung hinterläßt sicher Spuren im Bewußtsein nicht weniger Menschen. Wir tun gut daran, uns derartige Prozesse und ihre Folgen klarzumachen. Es ist wichtig zu wissen, wie man im Irak und anderswo im Mittleren Osten die Welt sieht, und warum man sie so sieht. „Was die Menschen verwirrt", sagt *Epiktet* (gest. ca. 130 n. Chr.), „sind nicht die Tatsachen, sondern die Meinungen über die Tatsachen."

Anmerkungen

[1]) B. Spuler: Gegenwartslage der Ostkirchen in ihrer nationalen und staatlichen Umwelt, 2. Aufl. Frankfurt a. M. 1968; K.-P. Hartmann: Untersuchungen zur Sozialgeographie christlicher Minderheiten im Vorderen Orient, Wiesbaden 1980.

[2]) S. dazu T. Nagel: Staat und Glaubensgemeinschaft im Islam. Geschichte der politischen Ordnungsvorstellungen der Muslime, 2 Bde., Zürich u. München 1981.

[3]) H. Busse: Tradition und Akkulturation im islamischen Modernismus (19./20. Jh.), in: Saeculum (Freiburg/München), 26/1975/157–165 (Zit. auf S. 158).

[4]) W. Ende: Sunniten und Schiiten im 20. Jahrhundert, in: Saeculum, 36/1985/187–200.

[5]) H. Rebhan: Geschichte und Funktion einiger politischer Termini im Arabischen des 19. Jahrhunderts (1798–1882), Wiesbaden 1986, und A. Ayalon: Language and Change in the Arab Middle East, New York u. Oxford 1987.

[6]) T. Nagel: Gab es in der islamischen Geschichte Ansätze einer Säkularisierung?, in: Studien zur Geschichte u. Kultur des Vorderen Orients, Festschrift f. B. Spuler, hrsg. von H. R. Roemer u. A. Noth, Leiden 1981, S. 275–288; R. Wielandt: Zeitgenössische ägyptische Stimmen zur Säkularisierungsproblematik, in: Die Welt des Islams (Leiden/Bonn), 22/1982/117–133.

[7]) R. Wielandt: Zeitgenössischer islamischer Fundamentalismus – Hintergründe und Perspektiven, in: K. Kienzler (Hrsg.): Der neue Fundamentalismus, Düsseldorf 1990, S. 46–66.

[8]) D. Khalid u. a.: Reislamisierung und Entwicklungspolitik, München/Köln/London 1982.

[9]) R. Schulze: Islamischer Internationalismus im 20. Jahrhundert. Untersuchungen zur Geschichte der Islamischen Weltliga, Leiden 1990.

[10]) R. Peters: Erneuerungsbewegungen im Islam vom 18. bis zum 20. Jahrhundert, in: W. Ende u. U. Steinbach (Hrsg.): Der Islam in der Gegenwart, 2. Aufl. München 1989, S. 91–131, sowie die Beiträge von J. Reissner ibid, S. 155 ff., 470 ff. u. 539 ff.

[11]) R. Wielandt: Islam und kulturelle Selbstbehauptung, ibid, S. 551–559.

[12]) Zu den historischen Verläufen s. die Beiträge von A. Schölch, H. Mejcher und P. v. Sivers in U. Haarmann (Hrsg.): Geschichte der arabischen Welt, München 1987, S. 365 ff.

Jörg Beutel

Die zentrale Rolle der Golfregion für die Versorgung mit Erdöl

Erdöl und die Weltenergieversorgung

Erdöl wird im kommenden Jahrzehnt der wichtigste Energieträger bleiben

Der *Primärenergieverbrauch* der vergangenen einhundert Jahre spiegelt sowohl die rasante technische und wirtschaftliche Entwicklung als auch das ungebremste Wachstum der Weltbevölkerung wider. Bis in die jüngste Vergangenheit nahm der Energieverbrauch, gemessen sowohl am Bevölkerungswachstum als auch am Bruttosozialprodukt, deutlich *überproportional* zu. An dem zunehmenden Verbrauch waren die einzelnen Energieträger (Kohle, Öl, Gas, Wasserkraft, Kernkraft, andere Energieträger) in unterschiedlichem Maß beteiligt. Auffallend ist insbesondere der starke Anstieg des *Ölverbrauchs* nach dem zweiten Weltkrieg, der durch zunehmenden Massenverkehr und industrielles Wachstum verursacht wurde. Seit Ende der sechziger Jahre deutet der ansteigende Stromverbrauch darauf hin, daß immer mobilere Energieträger gefragt sind und zunehmend die *Dienstleistungssektoren* die Wachstumsimpulse setzen.
Fossile Energieträger sichern auch heute den größten Teil der Energieversorgung. Die *Kohle* erreichte bereits um 1920 mit 70 Prozent ihren höchsten Anteil. *Erdöl* erzielte in den frühen siebziger Jahren einen maximalen Anteil von 40 Prozent. Allgemein wird erwartet, daß in Zukunst insbesondere *Erdgas* wegen seiner Umweltverträglichkeit an Bedeutung gewinnen wird. Die *regenerativen Energiequellen* nehmen – abgesehen von der Wasserkraft – nach wie vor nur einen *bescheidenen* Anteil an der Gesamtversorgung ein. Alle Energiebedarfsprognosen deuten darauf hin, daß hier bis zum Jahr 2010 trotz drängender globaler Umweltprobleme kein grundlegender Wandel zu erwarten ist. Erdöl wird zumindest im kommenden Jahrzehnt der wichtigste Energieträger bleiben.

Nicht die Knappheit der Ressourcen, sondern die umweltverträgliche Verwendung steht im Mittelpunkt des Interesses

Die Vorkommen an wirtschaftlich gewinnbaren fossilen Energieträgern sind *ungleich* über die Erde verteilt und *begrenzt.* Die Begrenzt-

heit natürlicher Ressourcen und die damit verbundenen Folgen für Wirtschaft und Wohlfahrt wurden intensiv in den siebziger Jahren diskutiert. Insbesondere die zweite Ölkrise hat aber deutlich gezeigt, daß unser Wirtschaftssystem *hinreichend flexibel* ist, auf Knappheiten zu reagieren. Aus der heutigen Sicht ist Energie sicherlich ein unverzichtbarer Produktionsfaktor, *nicht* unbedingt aber ein knapper. Auch beim Öl ist es *eine Frage des Preises,* welche Vorkommen wirtschaftlich erschlossen werden können. So lagern Ölsände und Ölschiefer in großen Mengen in Kanada und Venezuela, die – gemessen an heutiger Kaufkraft – bei einem Ölpreis von 30 Dollar pro Barrel gewinnbringend gefördert werden können. Vorräte an fossilen Energieträgern sind auf dem „Raumschiff Erde" sicherlich eine endliche Größe, dennoch ist nicht zuletzt eine Frage des Preises, welche Vorräte erschlossen werden können. Nicht die Beschränktheit der natürlichen Ressourcen steht im Mittelpunkt der heutigen wirtschaftspolitischen Diskussion, sondern ihre umweltverträgliche Verwendung. Raubbau an der Natur und rapider Abbau beschränkter Ressourcen schien aus der Sicht des *Club of Rome* einen Zusammenbruch der Wirtschaft als unausweichlich erscheinen zu lassen. Heute sieht man – trotz oder gerade wegen der Krise um Kuwait – ein wenig gelassener der Zukunft entgegen. Entscheidend wird es sein, bei aller Beschränktheit natürlicher Ressourcen einen Weg zu finden, der die Möglichkeit eröffnet zu produzieren und zu konsumieren, *ohne* den Naturhaushalt zu belasten oder gar aus seinen Angeln zu heben.
Bei heutigen Preisen, Verbrauchsmengen und realer Kaufkraft dürften die Vorräte an *Kohle, Erdgas* und *Erdöl* noch *1500, 120* beziehungsweise *60 Jahre* reichen. Bei Erschließung *neuer* Vorkommen, die sicherlich an höhere reale Energiepreise gebunden sein werden, kann die Lebensdauer der Erdgas- und Erdölvorräte zumindest doppelt so hoch eingeschätzt werden.
Es wird erwartet, daß der Weltenergiebedarf von heute von 340 EJ (11,6 Mrd. t SKE) bis zum Jahr 2010 auf 470 EJ (16 Mrd. t SKE) ansteigen wird[1]). *Bei diesen Verbrauchsmengen sind die Weltreserven an fossilen Energieträgern in 30 bis 40 Jahren aufgezehrt.* Auch die Einbeziehung der *zusätzlich* vermuteten gewinnbaren Ressourcen streckt die Reichweite dieser Vorkommen auf nur *80 bis 100 Jahre.* Lediglich die Kohlevorkommen sind über mehrere Jahrhunderte verfügbar.
Die Schätzungen für die *nachgewiesenen* Reserven (technisch und wirtschaftlich gewinnbar) umfassen zur Zeit einen Gesamtwert von ca. 29 000 EJ (989 Mrd. t SKE). Bei einem gegenwärtigen Weltenergiebedarf von ca. 340 EJ werden damit jedes Jahr 1 Prozent der Energievorräte verbraucht.
1987 war ein „Boom-Jahr" neuer Ölreserven. Gegenüber dem Vorjahr wurden zusätzlich 187 Millionen Barrel (+27%) ausgewiesen. Diese Zunahme übertrifft selbst Neuerschließungen von Ölreserven in Mexiko, der Nordsee oder in Alaska in den siebziger Jahren. Zudem hat Saudi Arabien in den letzten Monaten eine erhebliche

Tabelle 1: Vorkommen an fossilen Energieträgern

	Vermutete Ressourcen EJ	%	Nachgewiesene Ressourcen EJ	%
Kohle[1)]	60 000	70	17 840	61
Erdöl[2)]	12 260	14	5 490	19
Erdgas	10 580	12	4 235	15
Natururan	2 300	3	1 450	5
Insgesamt	85 140	100	29 015	100
Regenerative Energieträger 292 EJ/a				

[1)] Gewinnungsfaktor 25%.
[2)] Ohne Ölschiefer etc.
Quelle: Prognos AG.

Erhöhung seiner offiziellen Ölreserven ausgewiesen, die in den folgenden Angaben noch nicht berücksichtigt ist.
Der Nettoanstieg der Ölreserven von 187 Millionen Barrel ist auf einen Anstieg der OPEC-Ölreserven um 193 Millionen Barrel und einen Abbau der Reserven in Mexiko und dem Vereinigten Königreich um 10 Millionen Barrel zurückzuführen. Damit steigt der Anteil der OPEC an den nachgewiesenen Ölreserven von 68 Prozent im Jahr 1987 auf 76 Prozent im Jahr 1988.
Bei den angegebenen Weltölvorräten handelt es sich um Ölreserven, die bei den heutigen Ölpreisen *gewinnbringend* erschlossen werden können. Die Förderkosten der einzelnen Lagerstätten sind höchst unterschiedlich zu bewerten. Während die Förderkosten in Saudi Arabien in heutiger Kaufkraft je nach Produktionsmenge zwischen 2,5 und 4,5$/b liegen mögen, ist bei Neuerschließungen in schwierigen Gebieten (Nordsee, Arktische Regionen) mit Förderkosten von 16 bis 18 $/b zu rechnen.

Rund zwei Drittel der Weltvorräte an Öl lagern am Golf

Bei *heutigen* Ölpreisen und Förderkosten betragen im Jahr 1988 die Ölreserven der Welt 887,3 Milliarden Barrel Öl. Bei einem Verbrauch von 20,4 Milliarden Barrel des Jahres 1988 reichen diese Vorräte bis zum Jahr 2031 oder 43,5 Jahre. *76 Prozent der Weltölvorräte lagern in OPEC-Staaten, davon 63 Prozent am Arabisch-Persischen Golf.* Die Vorräte am Golf können zudem zu äußerst günstigen Förderkosten gewonnen werden. Außerhalb der OPEC sind insbesondere die Vorräte der UdSSR (6,6% der Weltvorräte), von Mexiko (5,5%), der USA (2,9%), China (2,1%) und Norwegen (1,7%) erwähnenswert. Unbestritten ist, daß zunehmend kleine Ölfelder erschlossen werden,

Tabelle 2: Weltölreserven

Milliarden Barrels	1970	1980	1988
Kanada	8,6	6,8	6,8
USA	29,6	27,1	25,3
Nordamerika	38,5	33,9	32,1
Mexiko	4,6	31,3	48,6
Venezuela	14,8	17,9	56,3
Übriges Lateinamerika	9,8	7,3	9,4
Lateinamerika	29,2	56,5	114,3
Norwegen	0,0	5,8	14,8
Vereinigtes Königreich	0,7	15,4	5,2
Übriges Westeuropa	1,1	2,5	2,4
Westeuropa	1,8	23,8	22,4
Mittlerer Osten	333,5	361,8	564,7
Algerien	8,0	8,4	8,5
Lybien	35,0	23,5	21,0
Nigeria	5,0	17,4	16,0
Übriges Afrika	7,0	7,8	9,7
Afrika	54,7	57,1	55,2
Indien	0,7	2,6	4,3
Indonesien	9,0	9,6	8,4
Malaysia	0,4	4,6	4,3
Übriges Asien/Pazifik	3,0	2,8	2,4
Asien/Pazifik	13,1	19,6	19,4
China	15,0	20,0	18,4
UdSSR	45,0	67,0	59,0
Übrige sozial. Staaten	2,0	3,3	1,8
Sozialistische Staaten	62,0	90,3	79,2
Welt insgesamt	532,5	642,5	887,3
darunter OPEC	397,7	435,6	670,0

Quelle: Arthur Anderson & Co, Cambridge Energy Research Associates.

die mit höheren Förderkosten verbunden sind. Das letzte größere Ölfeld ist vor einigen Jahren im Nordjemen gefunden worden.

Unübersehbar ist die *strategische* Bedeutung der Ölvorräte der Golfstaaten. Es bedarf wenig Phantasie und Sachverstand, um vorherzusehen, daß die Staaten am Golf ab Mitte der 90er Jahre eine *absolute Schlüsselposition* auf dem Exportmarkt einnehmen werden, da Neuerschließungen in arktischen Regionen und in der Nordsee zur Neige gehen, neue Ölstaaten wie Mexiko, Nigeria und Indonesien einen hohen Eigenbedarf entwickeln und die Vereinigten Staaten einen außerordentlichen Importbedarf entwickeln werden.

Tabelle 3: Ölreserven der OPEC

Milliarden Barrels	1973	1980	1988
Saudi Arabien	146,0	166,5	169,6
Irak	29,0	31,0	100,0
Kuwait	72,9	68,5	94,5
Iran	65,0	58,0	92,9
Vereinigte Arabische Emirate	22,8	29,4	98,1
Qatar	7,0	3,8	3,2
OPEC-Golfstaaten	342,7	357,2	558,2
Lybien	30,4	23,5	21,0
Algerien	8,0	8,4	8,5
Nigeria	15,0	17,4	16,0
Gabun	1,1	0,5	0,6
Ecuador	5,8	1,1	1,6
Venezuela	13,7	17,9	56,3
Indonesien	10,0	9,6	8,4
Übrige OPEC	84,0	78,4	112,4
OPEC insgesamt	426,6	435,6	670,7

Quelle: Arthur Anderson & Co, Cambridge Energy Research Associates.

Nur ein Bruchteil der eingesetzten Energie wird auch genutzt

Eine Gegenüberstellung des weltweiten Energieverbrauchs in den Jahren 1937 und 1988 zeigt einerseits den *enormen absoluten Zuwachs* des Energieverbrauchs in nur 50 Jahren als auch den grundlegenden *strukturellen Wandel der Versorgung.* Im Jahr 1937 sicherten fossile Energieträger 99 Prozent der Weltenergieversorgung, darunter insbesondere Kohle, aber auch Erdöl und in geringem Umfang Erdgas. Im Jahr 1988 dagegen decken nach einem gezielten Ausbau der Wasserkraft und Kernkraft fossile Energieträger 88 Prozent der Weltenergieversorgung. Kohle nimmt nur noch einen Anteil von 30 Prozent (−44%) ein, Erdöl einen Anteil von 38 Prozent (+18%) und Erdgas einen Anteil von 20 Prozent (+11%).

Das Weltenergieflußbild zeigt in detaillierter Weise die weltweite Produktion und Verwendung von Energie. Unübersehbar ist die Dominanz der fossilen Energieträger, aber auch die besondere Bedeutung des Rohöls für Verkehrszwecke. Bei der Umwandlung von *Primärenergieträgern* (Kohle, Erdöl, Naturgas, Wasserkraft, Kernkraft) in *Sekundärenergieträger* (Briketts, Koks, Mineralölprodukte, Elektrizität usw.) treten insbesondere in Kraftwerken erhebliche *Umwandlungsverluste* auf. Aber auch die den Verbrauchern zur Verfügung gestellte Endenergie kann nur zum Teil in *Nutzenergie* umgewandelt werden. Für die Bundesrepublik Deutschland wird angenom-

Tabelle 4: Ölreserven und Ölproduktion 1988

	Reserven Mrd. Barrels	Produktion Mio. bpd	Anteil in % Weltreserve	Anteil in % Produktion
Saudi Arabien	169,6	4,4	19,1	7,9
Irak	100,0	2,6	11,3	4,6
Kuwait	94,5	1,2	10,7	2,2
Iran	92,9	2,2	10,5	3,7
Vereinigte Arabische Emirate	98,1	1,2	11,1	2,1
Qatar	3,2	0,3	0,4	0,5
OPEC-Golfstaaten	558,2	11,8	62,9	21,0
Übrige OPEC	112,5	6,2	12,7	11,1
OPEC insgesamt	670,7	18,0	75,6	32,1
Übrige Welt	216,6	38,0	24,4	67,9
Welt insgesamt	887,3	56,0	100,0	100,0

Quelle: Arthur Anderson & Co, Cambridge Energy Research Associates.

men, daß im Jahr 1986 nur 28 Prozent des Primärenergieverbrauchs in Nutzenergie umgewandelt werden konnte. Dieser geringe Wirkungsgrad hat zum Teil rein physikalische Ursachen, er stellt aber auch eine große Herausforderung für weitere technische Verbesserungen dar.

Fossile Energieträger werden aber auch als wertvolle *Rohstoffe für nichtenergetische Zwecke* eingesetzt, insbesondere in der chemischen Industrie. So bildet in den Golfstaaten seit einigen Jahren assoziiertes Gas – ein Kuppelprodukt der Ölförderung, das früher abgefackelt wurde – die Grundlage einer neuen, hochmodernen *Petrochemischen Industrie.*

Der gesamte Energieverbrauch der OECD-Staaten erreichte im Jahr 1979 sein Maximum, ging bis 1982 zurück und steigt seitdem wieder an. Empfindliche Preiserhöhungen für Rohöl und andere Energieträger im Verlauf der *ersten Ölkrise (1974)* und *zweiten Ölkrise (1978)* führten zu Reaktionen auf der Angebots- und Nachfrageseite, die in dieser Größenordnung selbst von Fachleuten nicht vorhergesehen wurden. Einer erfreulichen Liberalisierung des Weltenergiemarktes stehen die Nachteile erheblicher Energiepreisschwankungen und Wechselkursschwankungen gegenüber. Angereizt durch relativ moderate Energiepreise, nahm der *Energieverbrauch* der Industriestaaten bis zur Kuwait-Krise stetig zu. Noch deutlicher ist der Zuwachs der Zunahme in den Nicht-OECD-Staaten ausgefallen. Ursache dieser Zunahme ist neben den moderaten Energiepreisen das Bevölkerungswachstum und der Entwicklungsrückstand der Dritten Welt.

Abbildung 1: Weltenergieverbrauch 1937 und 1988

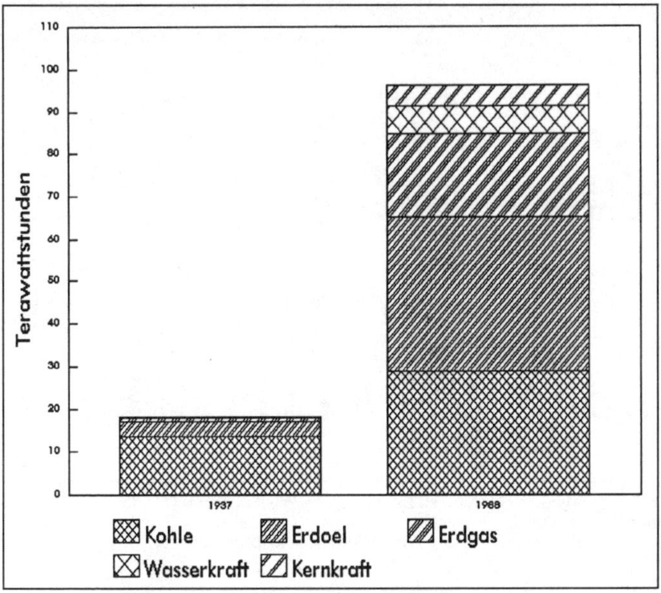

Quelle: Spektrum der Wissenschaften November 1990, S. 133.

Bei mäßigen Ölpreisen nahm der Verbrauch deutlich zu

So nahm der jährliche Primärenergieverbrauch der OECD-Staaten in den Jahren 1982 bis 1987 um 302 Millionen Tonnen (mtoe) zu. Das entspricht einer durchschnittlichen jährlichen Wachstumsrate von 1,7%. Den mengenmäßig höchsten Zuwachs (99 mtoe) des Energieverbrauchs in dieser Periode verzeichnten die *Vereinigten Staaten von Amerika.* Die höchste Wachstumsrate des Energieverbrauchs (+15%) wird dagegen in *Spanien* beobachtet. In diesem Land löste der Beitritt zur Europäischen Gemeinschaft eine Phase dynamischer Wirtschaftsentwicklung aus, die bis heute andauert. Aber auch Staaten wie *Kanada* und *Frankreich* liegen deutlich über dem Durchschnitt der OECD.

Noch stärker dagegen nahm der Energieverbrauch außerhalb der OECD zu. In den Jahren 1982 bis 1987 betrug die durchschnittlich jährliche Wachstumsrate des Energieverbrauchs der *Nicht-OECD-Staaten* 3,9 Prozent, deutlich höher als die entsprechende Wachstumsrate der OECD-Staaten. Schwerpunkt war hier *Asien* und *Pazifik,* mit 6,7 Prozent, während *Latein-Amerika* mit 2,4 Prozent und *Afrika* mit 2,1 Prozent deutlich unter dem Durchschnitt liegen.

Abbildung 2: Weltenergieflußdiagramm 1985 (mbd)

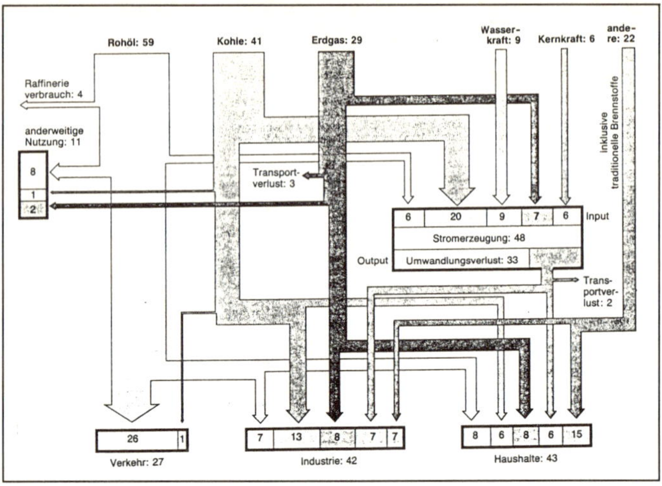

Note: Alle Angaben in Millionen Barrel pro Tag (mbd). 1 Barrel Öl entspricht 159 Litern Rohöl.
Quelle: Spektrum der Wissenschaften November 1990, S. 133.

Nur einmal in den letzten 20 Jahren war der Energieverbrauch der OECD-Staaten größer als im Jahr 1987. Dieses höhere Niveau wurde 1979 erreicht. Es folgte der zweite Ölpreisschock und die damit verbundene Rezession.
Sowohl in absoluten Größen als auch gemessen am relativen Anteil der Energieversorgung haben die OECD-Staaten ein vorläufiges Plateau auf dem Weg „Weg vom Öl" erreicht. In den Jahren 1978 bis 1983 nahm der absolute Verbrauch von Öl ständig ab. Dies führte zu deutlich verringerten Anteilen des Öls an der Energieversorgung. Ursache dieser Entwicklung waren zeitlich verzögerte Reaktionen auf den starken Ölpreisanstieg, verbunden mit Änderungen staatlicher Energiepolitik und strategischen Sicherheitsüberlegungen. Im Gegensatz zu dieser Entwicklung hat der Preisverfall bis zur Kuwaitkrise wiederum einen Anstieg des Energieverbrauchs und speziell des Ölverbrauchs ausgelöst. Diese Entwicklung hat dazu geführt, daß sich der Anteil des Öls an der Weltenergieversorgung bei etwa 45 Prozent eingependelt hat.
Aus den Abbildungen 4 und 5 ist ersichtlich, daß *Italien, Spanien* und *Japan* zu den ölabhängigen Staaten der Welt zählen. *Kanada,* ein Land mit dem wohl höchsten Energieverbrauch pro Kopf, ist am wenigsten vom Öl abhängig. Die OECD-Staaten reduzierten ihre Ölabhängigkeit in den Jahren 1970 bis 1987 um 7 Prozent. Die größten Erfolge erzielten dabei *Frankreich* mit 19 Prozent und *Japan* mit 16 Prozent.

Abbildung 3: Weltenergieverbrauch und Öl

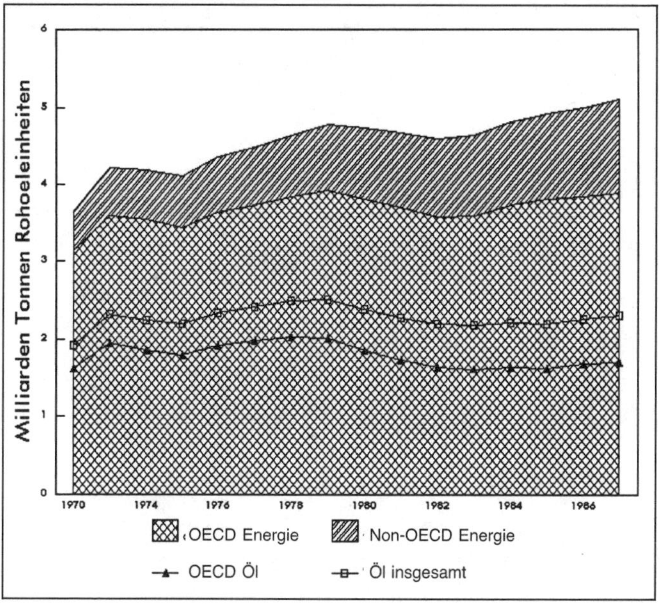

Alle Angaben ohne sozialistische Staaten.
Quelle: International Energy Agency; Arthur Anderson & Co, Cambridge Energy Resarch Associates.

Außerhalb der OECD-Staaten haben *Latein-Amerika* mit 55 Prozent und *Afrika* mit 43 Prozent ein neues Plateau der Ölabhängigkeit erreicht. Lediglich im *Mittleren Osten* und in *Asien* schreitet der Prozeß der Diversifikation voran, so daß auch in den letzten Jahren in dieser Region weitere Anteilsverluste des Öls in diesen Regionen zu beobachten sind.
Grundlage zahlreicher Energiebedarfsprognosen ist die Beobachtung, daß in der Wirtschaftsgeschichte ein enger Zusammenhang zwischen *Wirtschaftswachstum* und *Energieverbrauch* festgestellt wurde. Dieser direkte und nahezu eindimensionale Zusammenhang wurde durch die beiden Ölkrisen gestört, so daß in mittelfristiger Betrachtung eine erhebliche Preiselastizität auf den Angebots- und Nachfrageseiten zu beobachten sein wird.
Typisch für die Nachkriegszeit ist, daß bis 1974 eine nahezu *konstante Relation* zwischen *Primärenergieverbrauch* und *Bruttoinlandsprodukt* beobachtet wurde. Von 1960 bis 1974 wurde in den OECD-Staaten ein Wert von etwa 0,53 Primärenergiebedarf pro Einheit Bruttosozialprodukt (TPER/GDP) beobachtet. Im Mittel der Staaten werden 0,53 Tonnen Öl benötigt, um Güter und Dienstleistungen im

Abbildung 4: Ölanteil am Primärenergieverbrauch

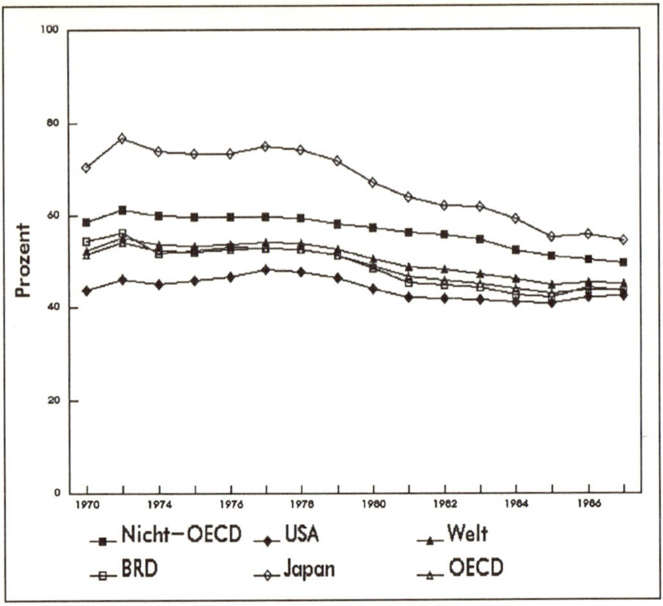

Wert von 1000 US-Dollar zu produzieren. Dieser spezifische Energieverbrauch der OECD-Staaten sinkt ab 1974 stetig, bis er den heutigen Wert von 0,42 TPER/GDP erreicht. In den Jahren 1970 bis 1987 gelang es den OECD-Staaten, den spezifischen Energieverbrauch um 38 Prozent zu reduzieren, darunter unterproportionale Reduktionen von 29 Prozent in den Vereinigten Staaten von Amerika und überproportionale Reduktionen von 50 Prozent in Japan.
Noch deutlicher fallen die Erfolge aus, wenn man die Beziehung Ölverbrauch und Produktion (vgl. Abbildung 7) betrachtet. Der Verfall der Ölpreise von 1982 bis zur Kuwaitkrise hat dagegen den Prozeß der Reduktion der Energieintensität zum Stillstand gebracht, da der entsprechende Kostendruck fehlt. Dennoch werden effizientere Produktionsverfahren, Strukturwandel, Umweltschutz und Energieeinsparung den Trend zur geringeren Energieintensität der Wirtschaftsaktivitäten fortsetzen.

Weltpolitik, OPEC und Ölpreis

In den sechziger Jahren war der Ölpreis relativ stabil. Er bewegte sich mit nur geringfügigen Schwankungen in einem Band von 1,63$/b im

Abbildung 5: Ölanteil am Primärenergieverbrauch der EG

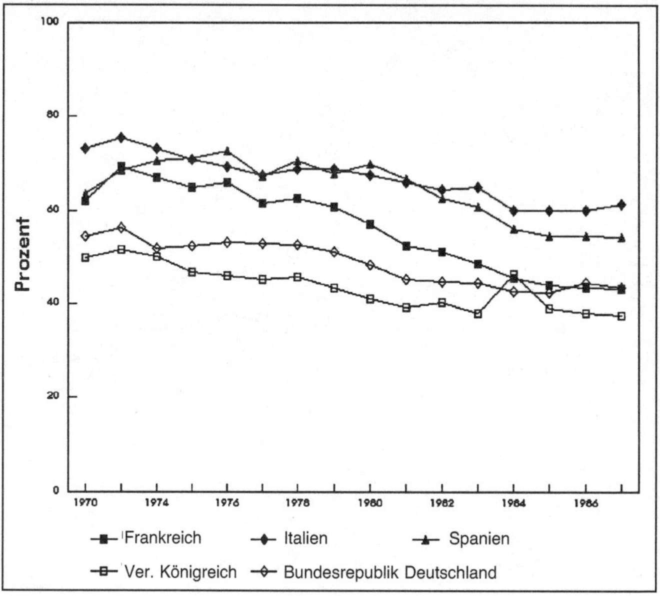

Jahr 1960 bis 1,82$/b im Jahr 1972. Das nächste Plateau wurde nach dem Ausbruch des Krieges und dem *Ölembargo im Oktober 1973* erreicht. Da das Embargo in Zeiten knappen Angebots und starker Nachfrage durchgeführt wurde, kletterten die Preise und bewegten sich in der Zeit von 1974 bis 1978 in dem Bereich zwischen 10 und 13$/b. Das dritte Plateau wurde durch die *iranische Revolution* und den Krieg zwischen *Iran* und *Irak* erreicht. In den Jahren 1978 bis 1980 kletterten die Spotpreise in den Bereich von 30 bis 40$/b und verharrten dort bis 1982.

Bedingt durch hohe Preise, ging mit einer gewissen Phasenverzögerung Anfang der 80er Jahre die Nachfrage nach Öl deutlich zurück und das Angebot nahm zu. Diese *Flexibilität* und zunehmende Liberalisierung des Energiemarktes wurde von allen Beteiligten unterschätzt. Die Folge war, daß die Ölpreise in der Periode 1982 bis 1985 zunächst ein tieferes Plateau im Bereich von 27 bis 28$/b erreichten. In dieser Zeit war allen OPEC-Mitgliedern eine Förderquote zugeteilt, und Saudi Arabien hatte als *Swing Producer* die Aufgabe, den Ölpreis bei etwa 27$/b zu stabilisieren. Mangelnde Förderdisziplin, aber auch eine deutliche Unterschätzung flexibler Reaktionen auf der Angebots- und Nachfrageseite, führte dazu, daß *Saudi Arabien* seine Ölförderung stetig reduzieren mußte, um den Richtpreis der OPEC zu

Abbildung 6: Energieverbrauch und Bruttoinlandsprodukt

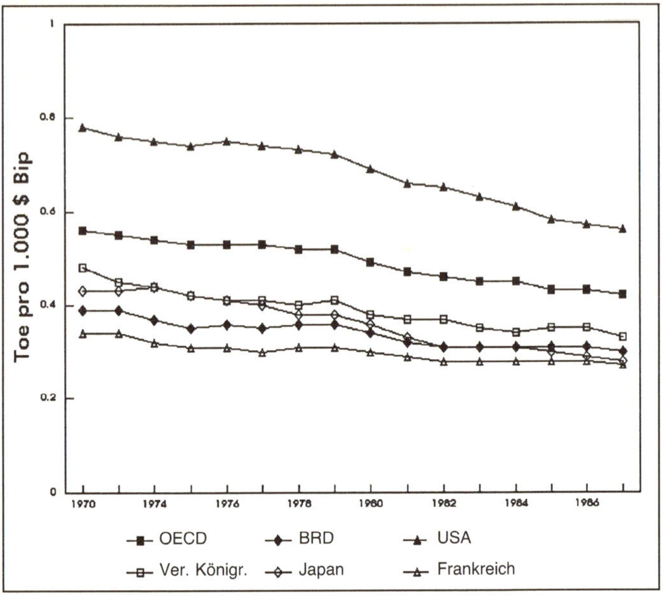

Quelle der drei Abbildungen: International Energy Agency; Arthur Anderson & Co, Cambridge Energy Resarch Associates.

stabilisieren. Im Sommer 1985 förderte Saudi Arabien lediglich noch 2 mbd, wovon allein 0,8 mbd für den heimischen Bedarf benötigt wurden. Mit dem Rücken zur Wand entschloß sich Saudi Arabien, allen Beteiligten auf dem Energiemarkt eine Lektion in Angebot und Nachfrage zu erteilen. Der wichtigste Ölexporteur gab in der Folge seine Rolle als *Swing Producer* auf. Die Folge war ein Verfall des Ölpreises im Jahr 1986 bis auf 11$/b. *Zaki Yamani* wurde als Ölminister abgelöst, und der Planungsminister *Hisham Nazer* trat die Nachfolge an.

Wichtig – wohl auch für die zukünftige Ölpolitik – war, daß die OPEC in dieser Situation eine neue Strategie formulierte, die bis heute wirksam ist. Im Mittelpunkt der heutigen Ölpolitik der OPEC steht die Strategie, verlorene Marktanteile zurückzugewinnen. Deshalb wurden für alle Mitglieder der OPEC – auch für Saudi Arabien – *feste Quoten* vereinbart, die zugleich einen Ölpreis von etwa 18$/b sichern sollten. Mangelnde Förderdisziplin bewirkte jedoch in der Folgezeit, daß der Ölpreis 1988 auf 15$/b fiel.

Der jeweilige OPEC-Richtpreis ist aber eher als ein *Referenzpreis* zu verstehen, da die OPEC gewillt ist, die Höhe des Ölpreises mehr den Marktkräften zu überlassen als in der Vergangenheit. Die *reale Kauf-*

Abbildung 7: Ölverbrauch und Bruttoinlandsprodukt

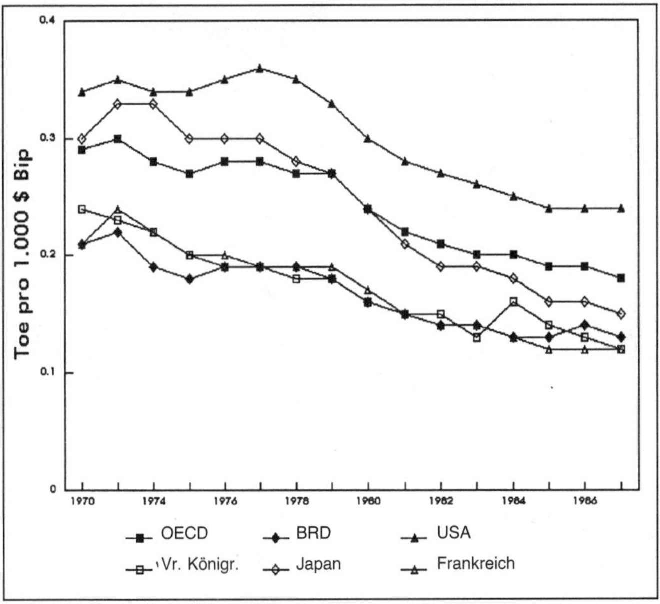

Quelle: International Energy Agency; Arthur Anderson & Co, Cambridge Energy Resarch Associates.

kraft der Ölexporte ist aber für die wirtschaftliche Entwicklung der OECD-Staaten von entscheidender Bedeutung. Deshalb ist die OPEC bemüht, Quoten und Fördermengen zu vereinbaren, die einen Ölpreis sichern, der die Kaufkraft erhält, zugleich aber Neuerschließungen und Substitution von Energieträgern in Grenzen hält. Zur Zeit beträgt dieser Referenzpreis 21$/b.

Zu Jahresende 1990/91 wurde das Förderquotensystem der OPEC bis zum Ende der Golfkrise außer Kraft gesetzt. Darauf einigten sich kürzlich die Minister der erdölexpandierenden Staaten (OPEC) in Wien. Anfang März 1991 soll die Lage bei einer Sondertagung des Überwachungsausschusses überprüft und möglicherweise die Förderpolitik geändert werden. Auch in dieser Situation will aber die OPEC weiterhin den Referenzpreis von 21 Dollar je Barrel verteidigen.

Ausgelöst durch die Kuwaitkrise, bewegt sich der Ölpreis zur Zeit zwischen 27 bis 30$/b. Nach Beendigung der Krise ist ein Preisniveau zwischen 15 bis 20$/b zu erwarten. Nicht nur die OPEC-Staaten, sondern auch die Industriestaaten und Entwicklungsländer müssen lernen, mit den Schwankungen der Energiepreise zu leben. Über viele Jahrhunderte sind Rohstoffpreise erheblichen Schwan-

Abbildung 8: Ölpreis

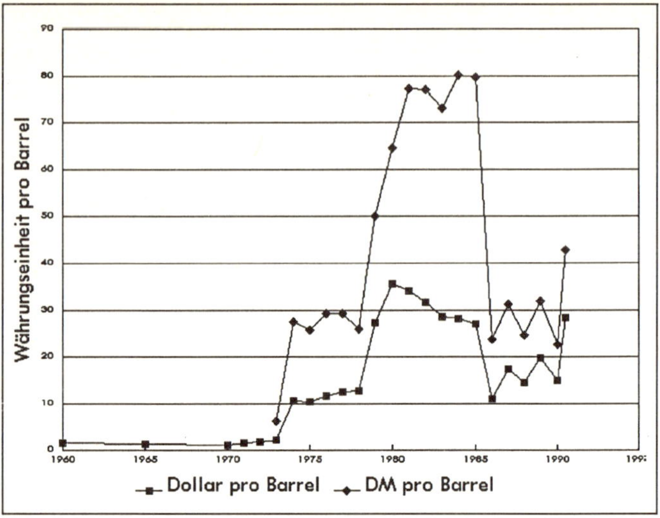

Quelle: International Energy Agency; Arthur Anderson & Co, Cambridge Energy Resarch Associates.

kungen ausgesetzt gewesen, und es ist kein Grund in Sicht, warum diese Schwankungen nicht auch in Zukunft auftreten sollten. Deshalb ist es außerordentlich spekulativ, langfristige Prognosen zukünftiger Energiepreise abzugeben.
Verläßlicher scheint eine mittelfristige Prognose bis 1995. Alle wichtigen Prognosen gehen davon aus, daß Öl bis in die Mitte der 90er Jahre relativ *billig* bleiben wird, wenn die Weltvorräte nicht in einseitige Kontrolle geraten. Noch immer beeindruckt von den erheblichen mittelfristigen Auswirkungen überzogener Energiepreise auf Angebot und Nachfrage, wird die OPEC ihre Strategie zunehmend an *Grenzproduzenten* auf dem Energiemarkt ausrichten. Insofern ist es nicht verwunderlich, daß der heutige Richtpreis bei 21$/b liegt, weit niedriger in realer Kaufkraft als der Ölpreis in der Zeit 1979 bis 1985.

Der Weltölverbrauch wird bis 1995 voraussichtlich um 1,4% pro Jahr steigen

Der Weltenergiebedarf in den neunziger Jahren wird entscheidend von der Dynamik und dem strukturellen Wandel der Weltwirtschaft bestimmt. Aus dem Kreis der zahlreichen Einflußfaktoren sei hier auf sechs besonders wichtige Größen verwiesen, die die folgende Ener-

Tabelle 5: Wirtschaftswachstum

Reale Wachstumsrate des Bruttosozialprodukts		
Region	1985–1990	1990–1995
Nordamerika	2,7	2,6
Westeuropa	1,9	1,9
Japan	3,2	2,9
Lateinamerika	3,0	4,0
Mittlerer Osten	2,0	4,0
Afrika	3,0	3,0
Asien, Ozeanien	4,2	4,2
UDSSR	2,3	2,5
Osteuropa	1,5	1,7
China	7,0	6,0
Welt insgesamt	2,7	2,8

Quelle: Eigene Schätzungen.

giebedarfsprognose für die Jahre 1990 bis 1995 bestimmen:

Wirtschaftswachstum

Die sicherlich immer noch wichtigste ökonomische Größe, die die weltwirtschaftliche Entwicklung kennzeichnet, ist das zu erwartende reale Wachstum des Bruttosozialproduktes. Für die Weltwirtschaft wird erwartet, daß das reale Wachstum 1990 bis 1995 2,8 Prozent pro Jahr beträgt.

Inflation

Die *Inflationsraten* waren in den letzten vier Jahren in den meisten Industriestaaten erfreulich niedrig. Nach zwei Runden beschleunigter Inflation in den siebziger Jahren, die beide von plötzlichen Ölpreiserhöhungen ausgelöst wurden, sind Inflationsgefahren heute geringer. Rohstoffpreise sind niedrig, hohe Arbeitslosigkeit dämpft die *Lohn-Preis-Spirale* und eine erfolgreiche Geldpolitik tragen dazu wesentlich bei.

Ölpreis

Bis zum Jahr 1995 wächst die Nachfrage nach Öl in *bescheidenem* Ausmaß. Es wird erwartet, daß die Ölproduktion der OPEC-Staaten von gegenwärtig 18 mbd im Jahr 1988 auf 21 mbd im Jahr 1995 ansteigen wird, die Ölproduktion der übrigen Staaten dagegen kaum zunehmen wird. Man geht davon aus, daß der Ölpreis sich in der Periode 1990 bis 1995 in dem Bereich 18 bis 23$/b bewegen wird.

Wechselkurse und Zinsen

Obwohl die internationalen Finanzmärkte zur Zeit von zunehmender Nervosität geprägt sind, ist ihre Funktionsfähigkeit nicht gefährdet. Die *Zinsen* werden weiterhin hoch bleiben und zunehmende Inflationsgefahren Einfluß auf die Zinsen nehmen. Die *Wechselkurse* werden weiterhin erheblichen Schwankungen unterworfen sein. Für den US-Dollar wird eine moderate Erholung erwartet.

Tabelle 6: Wachstum des Primärenergiebedarfs

Reale Wachstumsrate des Primärenergiebedarfs		
Region	1985–1990	1990–1995
Nordamerika	1,4	1,3
Westeuropa	1,3	1,3
Japan	1,4	1,3
Lateinamerika	4,2	4,4
Mittlerer Osten	5,0	8,0
Afrika	6,0	4,5
Asien, Ozeanien	4,6	4,6
UDSSR	3,0	3,0
Osteuropa	2,0	2,0
China	5,6	5,4
Welt insgesamt	2,7	2,8

Quelle: Eigene Schätzungen.

Handelsprotektionismus
Es wird erwartet, daß der Höhepunkt der *Spannungen* zwischen *Japan, den Vereinigten Staaten* und *Europa* erreicht ist und *Handelshemmnisse* langsam abgebaut werden können. Dennoch stellt *Protektionismus* weiterhin eine deutliche Beschränkung für die *Liberalisierung des Welthandels* dar. Entwicklungsländer werden zunehmend Schwierigkeiten haben, ihre Produkte in die Industriestaaten zu exportieren.
Primärenergiebedarf
Die Relation der Wachstumsraten von Primärenergiebedarf zu Bruttoinlandsprodukt (TPE/GDP) wird sich in den Jahren 1985 bis 1992 wieder einem Wert von 1,0 annähern. Dieser globale Wert für die Weltwirtschaft errechnet sich aus getrennten Schätzungen für die verschiedenen Regionen der Welt. Dabei wird angenommen, daß sich die Werte für die Industriestaaten (Nordamerika, Westeuropa, Japan) deutlich unter 1,0 bewegen, die Entwicklungsländer und die bisherigen sozialistischen Staaten aber Werte über 1,0 erreichen.
In den kommenden fünf Jahren werden weitere Effizienzsteigerungen im Energiebereich realisiert werden, die Zunahmen dieser Steigerungen gegenüber der Vergangenheit wird jedoch abnehmen. Dies wird als eine wesentliche Ursache genannt, warum voraussichtlich mit einer erneuten Zunahme des relativen Primärenergiebedarfs zu rechnen ist. In der Zeit von 1970 bis 1985 sind in diesem Bereich erhebliche Verbesserungen erreicht worden, die so leicht nicht zu wiederholen sind. Selbst wenn die Enrgiepreise relativ hoch bleiben, kann nicht erwartet werden, daß im gleichen Ausmaß Energieeinsparungen realisiert werden können. Der Grund ist, daß bereits heute in erheblichem Umfang ältere energieintensive Anlagen durch neue sparsame Anlagen ersetzt wurden. Zudem ist zu vermuten, daß der

Tabelle 7: Öl und Primärenergieverbrauch

Ölanteil am Primärenergieverbrauch in Prozent

Region	1985	1990	1995
Nordamerika	39,7	40,0	38,0
Westeuropa	43,4	43,0	40,0
Japan	55,5	54,0	51,0
Lateinamerika	60,8	57,0	54,0
Mittlerer Osten	78,4	80,0	78,0
Afrika	53,2	55,0	50,0
Asien, Ozeanien	43,8	40,0	37,0
UdSSR	33,6	30,0	28,0
Osteuropa	20,5	20,0	19,0
China	16,8	12,0	11,0
Welt insgesamt	40,1	38,7	36,4

Quelle: Eigene Schätzungen.

strukturelle Wandel weniger energieintensive Sektoren begünstigt, so daß ein geringerer Spielraum für Effizienzsteigerungen gegeben ist.

Daß die Dynamik für weitere Energieeinsparungen zunächst gebrochen scheint, ist mit der Vermutung verbunden, daß in den Jahren 1990 bis 1995 das Energieangebot groß ist und Öl und damit Energie wohl relativ billig bleiben wird. Dennoch nehmen wir nicht an, daß in dieser Zeit keine weiteren Energieeinsparungen realisiert werden. Aber die Wachstumsraten dieser Verbesserungen werden abnehmen.

Ölbedarf

Die Verfügbarkeit von preisgünstigem Erdgas und Kohle, verbunden mit nationalen Vorgaben der Wirtschaftspolitik, die Abängigkeit vom Öl weiter zu verringern, wird dazu führen, daß der Anteil des Öls am Primärenergiebedarf weiterhin abnehmen wird, wenn auch zu verringerten Raten als in der jüngsten Vergangenheit.

Nach diesem Szenario wird erwartet, daß der Weltölverbrauch im Zeitraum 1990 bis 1995 um durchschnittlich 1,4 Prozent pro Jahr zunehmen wird, etwas geringer als in der Vorperiode 1985 bis 1990 (+1,7%), aber erheblich mehr als in der Periode der Energieeinsparungen 1980 bis 1985 (–0,8%).

Die Ölproduktion wird der Nachfrage ohne Schwierigkeiten nachkommen können, mit zunehmendem Anteil der Golfstaaten

Um den *prognostizierten Ölverbrauch* zu decken, wird erwartet, daß die Rohölproduktion von 58,6 mbd im Jahr 1990 auf 63,4 mbd im Jahr

Tabelle 8: Ölverbrauch 1985–1995

	Ölverbrauch			Wachstumsrate	
	mbd 1985	mbd 1990	mbd 1995	% 85–90	% 90–95
Nordamerika	17,5	18,9	19,2	1,50	0,27
Westeuropa	11,7	12,4	12,3	1,12	−0,13
Japan	4,4	4,6	4,6	0,88	0,15
Lateinamerika	4,4	5,1	6,0	2,87	3,28
Mittlerer Osten	2,4	3,1	4,4	5,43	7,45
Afrika	1,7	2,3	2,7	6,68	2,53
Asien, Ozeanien	4,1	4,7	5,5	2,73	3,00
UDSSR	9,0	9,3	10,1	0,69	1,59
Osteuropa	2,5	2,7	2,9	1,47	1,00
China	1,8	1,7	2,0	−1,27	3,58
Welt insgesamt	59,6	64,9	69,6	1,70	1,42

Quelle: Eigene Schätzungen.

1995 steigen wird. Diese Angaben schließen keine Natural Gas Liquids (NGL) ein. Ihre Produktion wird auf 5,0 mbd im Jahr 1990 und 5,8 mbd im Jahr 1995 geschätzt.

Die Ölförderung der Nicht-OPEC-Staaten reagiert nur relativ geringfügig auf Veränderungen des Ölpreises, weil die variablen Produktionskosten in den meisten Ländern unter 10$/b liegen, nicht dagegen die Kosten von Neuerschließungen. Auch in alternativen Szenarien ist davon auszugehen, daß in den *Vereinigten Staaten* die Ölproduktion weiterhin zurückgehen wird von 10,4 mbd im Jahr 1985 auf 8,7 mbd im Jahr 1990 und 7,5 mbd im Jahr 1995. Die Ölproduktion von *Norwegen* wird dagegen von 1,3 mbd im Jahr 1990 nur leicht auf 1,4 mbd im Jahr 1995 ansteigen, da dieses Land versucht, eine konstante Produktion unbhängig von Preisfluktuationen zu realisieren. Das *Vereinigte Königreich* hat offensichtlich den Höhepunkt seiner Produktion bereits überschritten. Nach 2,5 mbd im Jahr 1985 werden nach 2,2 mbd im Jahr 1990 nur 1,8 mbd für das Jahr 1995 erwartet.

Wenn die Ölpreise nach der Kuwaitkrise einem moderaten Pfad folgen, wird für die Nicht-OPEC-Staaten in der Periode 1990 bis 1995 eine Produktionssteigerung um 0,3 mbd erwartet. Zunahmen der Produktion verzeichnen insbesondere *Norwegen, Brasilien, Kolumbien, Mexiko, Jemen, Oman, Angola, UdSSR und China.*

In dem hier vorgestellten Szenario (Ölpreise 1990 bis 1995 zwischen 18 bis 23$/b) gewinnt die OPEC verlorene Marktanteile zurück und verzeichnet kräftige Produktionssteigerungen von 16,1 mbd im Jahr 1985 auf 20,3 mbd im Jahr 1990 und 24,7 mbd im Jahr 1995. Dabei

Tabelle 9: Ölproduktion 1985 bis 1995

	Produktion			Wachstumsrate	
	Mbd 1985	Mbd 1990	Mbd 1995	% 1985-90	% 1990-95
Nordamerika	10,4	8,7	7,5	-3,5	-2,9
Westeuropa	3,8	4,0	3,7	1,5	-1,7
Lateinamerika	4,4	4,8	5,3	1,9	2,2
Mittlerer Osten	0,7	1,5	2,0	17,7	6,5
Afrika	1,5	1,8	2,0	3,8	2,2
Asien, Ozeanien	1,9	1,9	1,9	0,2	-0,1
UdSSR	11,4	12,2	12,4	1,5	0,3
Osteuropa	0,4	0,4	0,4	-1,6	-0,6
China	2,5	3,0	3,4	3,7	2,5
Nicht-OPEC insgesamt	36,8	38,3	38,7	0,8	0,2
Iran	2,3	2,5	3,0	2,0	3,7
Irak	1,4	2,2	2,7	8,8	4,2
Kuwait	1,0	1,4	1,9	6,1	6,3
Qatar	0,3	0,4	0,4	5,9	0,0
Saudi Arabien	3,5	5,0	6,8	7,4	6,5
Verein. arab. Emirate	1,2	1,7	2,0	8,1	3,3
OPEC-Golfstaaten	9,7	13,2	16,8	6,4	5,0
Algerien	0,7	0,7	0,6	0,0	-1,6
Ecuador	0,3	0,3	0,3	1,4	0,0
Gabun	0,2	0,2	0,2	5,9	0,0
Indonesien	1,2	1,3	1,3	0,2	0,8
Libyen	1,1	1,3	1,5	4,0	2,9
Nigeria	1,5	1,4	1,6	-0,8	2,7
Venezuela	1,6	2,0	2,4	4,3	3,7
Andere OPEC-Staaten	6,5	7,1	7,9	1,9	2,2
OPEC insgesamt	16,1	20,3	24,7	4,7	4,0
Welt insgesamt	53,0	58,6	63,4	2,0	1,6
Marktanteile in %					
Golfstaat. der OPEC	18,2	22,5	26,5		
Übrige OPEC	12,2	12,1	12,5		
OPEC	30,5	34,6	39,0		
Nicht-OPEC	69,5	65,4	61,0		

Alle Angaben ohne Natural Gas Liquids.
Quelle: International Energy Agency, Arthur Anderson & Co/Cambridge Energy Research Associates: World Oil Trends, 1988-89 edition.
Eigene Schätzungen.

wird der weitaus größte Teil dieser Produktionssteigerungen in den Golfstaaten realisiert.

Tabelle 10: Primärenergiebedarf in der Bundesrepublik Deutschland 1988–2010

	Mio. t SKE 1988	Mio. t SKE 2010	Anteilswerte % 1988	% 2010
Steinkohle	75,0	61,1	19,2	16,3
Braunkohle	31,4	25,6	8,1	6,8
Mineralerzeugnisse	164,0	136,9	42,1	36,4
Naturgase	63,3	86,3	16,2	23,0
Wasserkraft, Nettoimportstrom	5,9	15,4	1,5	4,1
Kernenergie	46,9	43,6	12,0	11,6
Sonstige	3,5	6,8	0,9	1,8
Insgesamt	390,0	375,7	100,0	100,0

Quelle: Prognos AG und Fraunhofer-Institut für Systemtechnik und Innovationsforschung.

Zur Zeit verfügt die OPEC über Produktionskapazitäten von 30 mbd, die Nachfrage nach OPEC-Öl beträgt dagegen nur 20,3 mbd, wenn man von kurzfristigen Spitzen in der Kuwait-Krise absieht. In einem Szenario relativ niedriger Ölpreise um 13$/b dagegen wird 1995 eine Produktion von 30,5 mbd erreicht. In einem Szenario relativ hoher Ölpreise (1990 bis 1995 zwischen 19 und 29$/b) wird dagegen im Jahr 1995 eine OPEC-Ölproduktion erwartet, die der gegenwärtigen Förderung entspricht. Mit oder ohne Kuwaitkrise ist deshalb Anfang der 90er Jahre ein moderater Anstieg des Ölpreises zu erwarten, wenn die OPEC eine Gesamtförderung von 25 mbd erreicht hat.
Noch bedeutsamer ist jedoch die Entwicklung am Golf. Bis zum Jahr 1995 werden diese OPEC-Staaten einen Anteil von 26,5 mbd an der Gesamtproduktion erreicht haben und damit zu den mit weitem *Abstand führenden Ölexporteuren* der Welt zählen. Aufgrund der enormen Reserven in dieser Region (63% der Weltvorräte) wird dieser Anteil bis zur Jahrtausendwende kräftig zunehmen.

Ein Ausblick auf die energiewirtschaftliche Entwicklung in Deutschland

Die *Prognos AG* hat in Zusammenarbeit mit dem *Fraunhofer-Institut für Systemtechnik und Innovationsforschung* für das Bundesministerium für Wirtschaft vor der Wiedervereinigung und Kuwait-Krise eine *Prognose der energiewirtschaftlichen Entwicklung in der Bundesrepublik Deutschland bis zum Jahr 2010* erstellt.

Nach den Ergebnissen wird der *Primärenergieverbrauch*bis zum Jahr 2010 um 3 Prozent *sinken.* Zwischen 1988 und 1995 wird ein *leichter Anstieg* um 1,0 Prozent erwartet. Gegenüber 1988 *verlieren* Mineralölerzeugnisse im Zeitablauf zwar *an Bedeutung,* dennoch ist Öl auch im Jahre 2010 nach dieser Prognose der mit Abstand *bedeutendste Energieträger.*
Die wesentlichen *Determinanten der Energiebedarfsentwicklung* sind hierbei die *Verfügbarkeit von Energiereserven, die Energiepreise, die Bevölkerungsentwicklung, das Wirtschaftswachstum, der technische Fortschritt, die Ausschöpfung von Energieeinsparpotentialen und die Umweltressourcen.* Die Untersuchung geht davon aus, daß die Verfügbarkeit fossiler Energieträger für die nächsten 20 Jahre *nicht* gefährdet ist. Im Durchschnitt der Jahre wird das reale Wirtschaftswachstum 2,3 Prozent betragen.
Nach Einschätzung dieser Experten wird der Ölpreis von 15$/b im Jahr 1988 auf real 17$/b im Jahr 2000 und 25$/b im Jahr 2010 ansteigen. Lediglich in einem zweiten Szenario erreicht der Ölpreis im Jahr 2010 mit 35$/b erneut das Niveau von 1980. Dazu trägt auch eine höhere Besteuerung der Energieträger bei. Innovation und Verfahrensverbesserungen führen zu erheblichen Energieeinsparungen. Zudem fördert der strukturelle Wandel der Wirtschaft weniger energieintensive Industrien (Grundstoffindustrie vs. Dienstleistungen).
Zum ersten Mal in einer Energiebedarfsprognose für die *Bundesrepublik Deutschland* wird die Einführung einer EG-weiten *Energiesteuer* simuliert und eine Prognose energiebedingter *Schadstoffemissionen* abgegeben. Bei einer Zunahme der Energiesteuer im Zeitraum 1990 bis 2010 von 5 auf 20 Prozent und der Ölpreise von 15 auf 25$/b kann lediglich erwartet werden, daß die Kohlendioxidemissionen um 7 Prozent zurückgehen. Erst bei entschlosseneren Maßnahmen (Energiesteuer 10 bis 40%) und höheren realen Ölpreisen (15 bis 35$/b) wird ein Ziel erreicht, das Klimatologen fordern. In diesem Fall mag es gelingen, die Kohlendioxidemissionen um 17 Prozent zu reduzieren.
Wir teilen nicht ganz diese Einschätzung über die Ölpreisentwicklung. Sie scheint am *unteren Rand* der ernsthaft zu diskutierenden Bandbreite zu liegen. Nach unserer Einschätzung wird Öl bis zum Jahr 1995 *relativ billig* bleiben. Für die Zeit danach ist mit einem *kräftigen realen Anstieg* der Ölpreise zu rechnen. Wie hoch diese Anstieg ausfallen wird, kann heute niemand vorhersagen. Der Schlüssel zu dieser Antwort liegt in der Golfregion.

Ein Fazit

Die folgende kurze Zusammenfassung faßt die wichtigsten Aussagen und Thesen zusammen:

1. Öl ist zumindest bis zum Jahr 2000 *kein* knappes Gut.
2. Die Ölvorräte sind *begrenzt,* die Größe der wirtschaftlich zu erschließenden Vorräte wird auch vom Preis bestimmt.
3. Der weitaus größte Teil der zu heutigen Preisen wirtschaftlich erschließbaren *Ölvorräte* lagert in der *Golfregion.*
4. Die Ölpolitik der Golfstaaten wird sich mehr als in der Vergangenheit an Grenzproduzenten und alternativen Energieträgern orientieren. Dennoch werden auch in Zukunft die Ölpreise *starken Schwankungen* unterliegen.
5. Die Einführung einer *EG-weiten Energiesteuer/Emissionssteuer* sollte zur Bewältigung der *Umweltprobleme* vorangetrieben werden.
6. Die *Mineralölsteuersätze* und andere *Energiesteuersätze* der Industriestaaten sollten zum Ausgleich von Ölpreis- und Wechselkursschwankungen einem gleitenden 5-Jahresdurchschnitt realer Ölpreise folgen.
7. Die Ausgabenpolitik der Ölstaaten sollte ebenfalls einem gleitenden 5-Jahresdurchschnitt der realen Öleinnahmen folgen. Nur so können *Konjunkturzyklen* und plötzliche *Verschiebungen* der *internationalen Kaufkraft* vermieden werden.
8. Die *GCC-Staaten (Gulf Cooperation Council)* können den Nukleus einer künftigen arabischen Wirtschaftsgemeinschaft bilden.

Literaturhinweise

Prognos AG, Fraunhofer Institut für Systemtechnik und Energieforschung: Die Energiewirtschaftliche Entwicklung in der Bundesrepublik Deutschland bis zum Jahr 2010, Untersuchung im Auftrag des Bundesministeriums für Wirtschaft, Basel, 1989.
Arthur Andersen, Cambridge Energy Research Associates: World Oil Trends, 1988 bis 1989 Edition, Huston 1989.
OECD, Energy Balances of OECD countries, Paris 1988.
OECD, World Energy Statistics and Balances 1985 bis 1988, Paris 1990.

Anmerkungen

[1]) Prognos AG, Fraunhofer-Institut für Systemtechnik und Innovationsforschung: Die Energiewirtschaftliche Entwicklung in der Bundesrepublik Deutschland bis zum Jahr 2010, Basel 1989, S. 11

Thomas Bierschenk

Die Golfstaaten: politische Stabilität trotz ökonomischem Wandel

Gesellschaftliche Entwicklung und Staatsformation in der Golfregion

---

Stillstand oder gesellschaftlicher Wandel: Stützt das Erdöl die Herrscher am Golf?

Die Staaten des *Arabischen Golfes* – gemeint sind hier *Kuwait, Saudi-Arabien, Bahrain, Qatar,* die *Vereinigten Arabischen Emirate* und *Oman* – konfrontieren den Betrachter mit einem offensichtlichen Paradox: *Einerseits* hat dort seit Ende der 1950er Jahre unter dem Einfluß der Erdölproduktion ein schwindelerregender ökonomischer und gesellschaftlicher *Wandel* stattgefunden; *andererseits* sind die politischen Regimes, wie das Auge im Inneren eines Tornados, überraschend *stabil* geblieben. Zum Teil *seit Jahrhunderten* finden wir dort die *gleichen Familien* an der Spitze eines Systems monarchischer Herrschaft, das in der modernen Staatenwelt zunehmend *anachronistisch* wirkt und in den Medien gelegentlich auch als „mittelalterlich" bezeichnet wird.

Wie ist dieses Beharrungsvermögen der politischen Regimes der Golfstaaten zu erklären? Auf den ersten Blick scheint es sich hier tatsächlich um einen Fall *„struktureller Innovationsunfähigkeit"* zu handeln, wie sie für die Gesellschaften des Nahen Ostens in der letzten Zeit des öfteren behauptet wurde, oder, *modernisierungstheoretisch* gesprochen, um ein *Nachhinken* des politischen Subsystems gegenüber dem Rest der Gesellschaft. Im Gegensatz zu diesen Auffassungen ist es die These meines Beitrags, daß diese Regimes *nicht trotz,* sondern *gerade wegen* der Erdölproduktion und des von ihr verursachten sozialen Wandels stabil geblieben sind. In der Form des *Rentier-* und *Verteilungsstaates* stellten die Einnahmen, die die Golfstaaten aus der Erdölproduktion zogen, die monarchische Herrschaft auf Dauer. Stabil blieb dabei aber nur die Oberfläche. *Unterhalb* der Kontinuität der Herrscherfamilien wandelten sich institutionelle Strukturen, traten neue, politische Herrschaft abstützende gesellschaftliche Koalitionen an die Stelle der alten.

Die Entstehung des modernen Staatensystems, seit seinem Beginn im europäischen Spätmittelalter, drehte sich immer um *zwei* institutionelle Angelpunkte: die Entwicklung einer systematischen Kapazität zur *Eintreibung von Abgaben* von der Bevölkerung und, als Voraussetzung dazu, die *Herausbildung* eines *repressiven Apparates,* der innergesellschaftliche Gewalt zunehmend monopolisierte. Die gesellschaftliche Basis dieser Entwicklung war *Koalitionsbildung,* d. h. ein Prozeß, in dem *alte Eliten* entweder *unterdrückt* oder in *neue Koalitionen* staatstragender Eliten *kooptiert* wurden *(Tilly 1975).* Anhand südostasiatischer Beispiele ist dieser Prozeß der Koalitationsbildung und Staatsformation in jüngster Zeit unter dem Begriff der Strategischen Gruppen modelliert worden *(Evers/Schiel 1988).*

Erdöl und die Entstehung eines Rentierstaates

Unter dem Gesichtspunkt der Gewinnung von Staatseinnahmen bilden die ölexportierenden Golfstaaten einen *historischen Sonderfall.* Die Erdölindustrie, die fast *ausschließlich* Quelle der Staatseinnahmen ist, bleibt aufgrund ihrer technologischen Struktur und der Tatsache, daß sie fast nur für den Export produziert, eine *Weltmarktenklave* in den lokalen Ökonomien der Golfstaaten. *Monopoleigentümer* des Erdöls sind die jeweiligen *herrschenden Gruppen,* die sich, wie jeder Landbesitzer in ähnlichen Fällen, für das Recht zur Rohstoffgewinnung bezahlen lassen, *ohne* daß zunächst irgendwelche *produktiven Investitionen* erforderlich sind. Diese Zahlungen lassen sich daher ökonomisch als *Rente* definieren. Die *Rentenzahlungen* entheben die jeweiligen Herrscher der Notwendigkeit, ihre eigene Bevölkerung mit Abgaben zu belegen. Die Golfstaaten sind somit *Rentierstaaten.* (Vgl. den Beitrag von *Peter Pawelka* in diesem Band und *Bierschenk* 1984); in einer Systematik von – in bezug auf ihre Revenuebasis – *innenabhängigen* und *außenabhängigen* Staaten gehören sie eindeutig in die letztere Kategorie. Da es bei ihnen weniger um die Gewinnung als um die *Verausgabung von Staatseinnahmen* geht, können wir sie auch als *Verteilungsstaaten* bezeichnen *(Delacroix 1980).*

Damit sind zunächst die allgemeinen Merkmale benannt, die für alle *Rentierstaaten* gelten (also auch etwa für die weitgehend von *Entwicklungshilfe* lebenden armen Staaten Afrikas.) Die spezifischen *politischen Strukturen* bestimmter Länder werden darüber hinaus von den jeweiligen *sozialen Gruppen* bestimmt, die in Koalition oder in Streit miteinander um die *Aneignung* der *Ölrente* kämpfen. Auf dieser Ebene scheinen die *Golfstaaten* einen *abgrenzbaren Typus* zu bilden, der durch gemeinsame Elemente gekennzeichnet ist, und zwar sowohl vor, als auch nach Beginn der Erdölförderung.

Die Golfstaaten vor dem Ölboom

Die gesellschaftliche Situation vor Beginn der Erdölförderung war in *allen* Golfstaaten durch vergleichbare soziale Verhältnisse bestimmt: An der *Küste* lagen *Hafen-* und *Perlenfischerstädte* mit einer kosmopolitischen Bevölkerung, weiter *landeinwärts* zog sich eine Reihe größerer *Oasenstädte* parallell zur Küste hin. Sowohl die *Oasen-* wie die *Küstenstädte* waren der *Sitz lokaler Herrscher,* die in den *Oasen* zusammen mit den großen *Grundbesitzern,* an der *Küste* mit *Kaufleuten* die jeweilige Elite bildeten; diese *Kaufleute* waren in der *Perlenfischerei* und im *Regional-* und *Fernhandel* engagiert. Von dieser Elite war eine städtische Bevölkerung abhängig, die an der *Küste* vor allem von *Perlenfischerei, Seefahrt und Bootsbau,* in den *Oasen* von der *Landwirtschaft* (vor allem dem Dattelpalmenanbau) lebte. Diese seßhafte Bevölkerung war entgegen landläufigen Vorstellungen weitaus zahlreicher als die *Beduinennomaden,* die außerhalb der Städte *Tierzucht* und *Karawanenhandel* betrieben, immer eine potentielle *Gefahr* für die Städte bildeten, den Städtern aber oft durch *Stammesbeziehungen* verbunden waren und mit ihnen häufig *ökonomische Beziehungen* und *politische Allianzen* eingingen. Einfluß auf die gesellschaftliche Situation hatten auch eine Reihe von äußeren Mächten, vor allem das *Osmanische Reich* und Großbritannien.

Diese Gesellschaft der *westlichen Golfregion* und *Innerarabiens* war stark nach außen orientiert; seit alters her spielte sie eine wichtige Rolle im *Fernhandel* zwischen *Europa, Asien und Afrika.* Die Außenorientierung wurde dadurch verstärkt, daß die Produktion wichtiger Grundnahrungsmittel – vor allem Getreide, später Reis – den lokalen Bedarf nicht deckte und durch Importe ergänzt werden mußte. *Geographische* wie *soziale (horizontale) Mobilität* waren hoch; in Abhängigkeit von klimatischen Entwicklungen und langfristigen ökonomischen Konjunkturen wanderten einzelne Bevölkerungsgruppen immer wieder dahin, wo sie sich bessere Überlebenschancen erhofften. Die *Hauptwanderungsrichtung* scheint dabei langfristig von *Südwesten,* aus dem Inneren Arabiens, nach *Nordosten* und an die Golfküste gewesen zu sein. Im Verlaufe dieser Wanderungen konnten Beduinen ohne weiteres zu Fischern, zu Perlenfischern oder zu Oasenbauern werden; aber auch die umgekehrte Entwicklung war denkbar. Dieser langfristige Wanderungstrend an die Küste wurde im 18. Jahrhundert verstärkt, als mit der Durchsetzung der *Pax Britannica* in *Indien* dort ein langanhaltender ökonomischer Boom einsetzte, der, auf dem Hintergrund verbesserter Kommunikationswege zwischen dem Golf und Indien, die Nachfrage nach Perlen stark erhöhte. Die *Perlenfischerei* wurde zum Hauptexportsektor des *Arabischen Golfes; Kuwait, Bahrain, Oatar* und die *VAE* lebten alle bis weit in die erste Hälfte dieses Jahrhunderts vom Perlenexport.

Die Größe macht den Unterschied: Kuwait und Saudi-Arabien

Auch nach dem Beginn der *Erdölförderung* gegen Mitte des 20.

Jahrhunderts ist die *Sozialstruktur* in allen Golfstaaten aus den *gleichen Elementen* zusammengesetzt: Die Herrscher und großen Kaufleute stammen zum großen Teil immer noch aus denselben Familien wie früher. Daneben finden wir eine *einheimische Bevölkerung,* die zunehmend durch *staatliche Beschäftigung* ihren Lebensunterhalt verdient, eine sich rapide vergrößernde Zahl *einheimischer Bürokraten* und *Technokraten* und einen beträchtlichen Anteil *ausländischer Arbeitskräfte*, die vom politischen Prozeß *ausgeschlossen* bleiben. Als Einfluß nehmende äußere Mächte wurden *Großbritannien* und das *Osmanische Reich* durch die *USA, Irak* und *Iran* abgelöst. Die Beziehungen zwischen diesen vergleichbaren Elementen der gesellschaftlichen Struktur sind jedoch in den einzelnen Golfstaaten durchaus unterschiedlich; *ein wesentlicher Unterschied* besteht dabei zwischen den *Stadtstaaten (Kuwait, Bahrain, Qatar, Emirate)* und den *Flächenstaaten Saudi-Arabien* und *Oman.*
Die Form der *Revenuegewinnung* und *-verausgabung* sowie die Frage nach den die politische Herrschaft abstützenden politischen Koalitionen und deren Beziehungen zu anderen sozialen Gruppen bilden somit ein *begriffliches Raster,* mit dem die gesellschaftliche Entwicklung und der Prozeß der Staatsformation in den Golfstaaten im 20. Jahrhundert in vergleichender Perspektive analysiert werden können. Ich werde mich hier jedoch auf die Entwicklung in Kuwait beschränken, die aus aktuellem Anlaß von größtem Interesse sein dürfte.[1]) Daran werde ich abschließend einige nur sehr kurze vergleichende Bemerkungen zu Saudi-Arabien anschließen, um die wesentlichsten Unterschiede in der gesellschaftlichen Situation aufzuzeigen.

Machtbalance zwischen Herrscher und Kaufleuten: der Fall Kuwait[2])

Kuwait (auf *Arabisch* die Verkleinerungsform von *kut – Burg*) liegt am Südufer einer Bucht, die am Nordwestende des Arabischen Golfes einen großen natürlichen Hafen bildet. Die Stadt wurde zu Beginn des 18. Jahrhunderts von einer Gruppe von Beduinennomaden gegründet (den *Bani Utub*), die während einer langen Trockenperiode aus Zentralarabien an den Golf gewandert waren, wo aufgrund der steigenden indischen Nachfrage nach Perlen Arbeitskräftebedarf bestand. *Großbritannien* war zu dieser Zeit zwar schon die führende europäische Handelsmacht am Golf, doch war seine Präsenz auf einige wenige Vorposten beschränkt. Auch der Einfluß der *Osmanen* war durch häufige Kriege mit den *Persern* und durch ihre Unfähigkeit, ihre administrative Peripherie zu kontrollieren, begrenzt. Das dadurch begründete *Machtvakuum* wurde durch eine Anzahl von Protostaaten in der Form von *Stammesföderationen* an der *westlichen Golf-*

küste (den *Qawasim* und *Bani Yas* in den heutigen *Vereinigten Arabischen Emiraten*, den *Bani Khalid* und später den *Bani Utub* in *Kuwait, Bahrain* und *Qatar*) gefüllt.
Kuwaits geographische Lage und der Schutz der *Bani Khalid* ließen es bald zu einer *Drehscheibe* des *Karawanenhandels* mit *Aleppo* und *Bagdad* und des *Seehandels* im *Arabischen Golf* und darüber hinaus werden. Die *Bani Utub,* ursprünglich Beduinen, wandten sich in Kuwait bald der See zu. Im Sommer trieben sie Perlenfischerei, im Winter Seehandel. Dadurch wurden sie zum Kern einer *homogenen städtischen Elite* von wohlhabenden Kaufleuten und Schiffseignern, die sich durch ihre kollektiven ökonomischen Interessen, durch Heiratsbeziehungen und durch ihre gemeinsame Abstammung von den ursprünglichen Siedlern *deutlich* von der übrigen städtischen Bevölkerung (Kapitänen, Perlentauchern, Seeleuten, Bootsbauern etc.) abhoben. Sowohl der Fernhandel wie auch die Perlenfischerei waren durch starke *Konzentration von Kapital* an der Spitze des Systems gekennzeichnet. Die Perlentaucher waren, in einem *System permanenter Voraus- und Rückzahlungen,* meist durch erbliche *Schuldknechtschaft* fest an einen Schiffseigner gebunden. Daneben gab es eine bedeutende Gemeinschaft von *Shiiten* – Einwanderer aus Ostarabien, meist aber aus Persien –, die sich durch Heiratsschranken und z. T. ökonomische Spezialisierung von der *Sunni*-Mehrheit abhoben. Außerhalb der Stadt lebten Beduinen, die ein zusätzliches Arbeitskräftepotential für die reichen Kaufmannsfamilien bildeten.
Innerhalb der Elite kam es bald zu einer deutlich ausgeprägten *Arbeitsteilung:* die politischen Funktionen wurden von der *Familie Sabah* monopolisiert, die, nicht zuletzt wegen ihres diplomatischen Geschicks im Umgang mit den mächtigeren politischen Einheiten im regionalen Umfeld, ab der zweiten Hälfte des 18. Jahrhunderts eine *dynastische Herrschaft* begründete. Ihr Einfluß blieb jedoch bis ins 20. Jahrhundert durch den der Kaufleute begrenzt. Anders als die Herrscher von *Qatar* und *Oman* engagierten sich die *Sabahs* nicht im Handel. Ihr Einkommen kam vor allem aus einer *Einfuhrsteuer;* größere Geldbedürfnisse wurden darüber hinaus durch *Kredite der Kaufleute* gestillt. Das gab den Kaufleuten einen beträchtlichen, wenn auch indirekten, *Einfluß* über den Herrscher; die bedeutendsten unter ihnen hatten aufgrund von Heiratsbeziehungen und durch die Institution des *majlis* (der täglichen Audienz) ständigen Zugang zum Herrscher. Dieser selbst hatte dagegen nur *begrenzten direkten* Zugang zur Bevölkerung; anders gesagt, wurden die politischen Beziehungen der Bevölkerung zum Herrscher weitgehend *durch* Kaufleute vermittelt. Eine strategische Möglichkeit, die die Kaufleute immer in der Hinterhand hatten, war die *Abwanderung* in eine andere Hafenstadt weiter unten am Golf – zusammen mit ihrem Kapital, ihren Schiffen und den ihnen klientär verbundenen Schiffsleuten und Perlentauchern. Das letzte Mal, daß die Kaufleute erfolgreich diese Taktik anwandten, war zwischen 1909 und 1911, in Protest gegen Steuererhöhungen und Preiskontrollen durch *Sheikh Mubarak.*

Die Gesellschaftsstruktur *Kuwaits* vor Beginn der Erdölförderung war also gekennzeichnet durch eine *Arbeitsteilung* zwischen *Herrscher* und einer einflußreichen Schicht von politisch gut organisierten *Kaufleuten* an der Spitze der städtischen Gesellschaft, darunter, in ökonomischer und politischer Abhängigkeit, eine städtische Bevölkerung, die direkt oder indirekt von der See lebte, schließlich außerhalb der Stadt die Beduinen, die jedoch soziopolitisch eine sekundäre Rolle spielten.

Das Erdöl und die Folgen: politische Mitsprache gegen ökonomische Privilegien – der kuwaitische „Oil pact"

Seit dem *Ende des zweiten Weltkrieges* wurde die gesellschaftliche Entwicklung in Kuwait zunehmend von der *Erdölproduktion* bestimmt, die zu einem *phänomenalen Anstieg* der Staatseinnahmen führte. Noch *1990 kamen 85%* aller Staatseinnahmen direkt oder indirekt aus der Erdölproduktion.

Die gesellschaftlichen und politischen Auswirkungen der Erdölproduktion ab den 1950er Jahren lassen sich in wenigen Punkten resümieren: *Konsolidierung* der Familie des Herrschers und *Verdrängung* der Kaufleute aus der Herrschaftselite, unter Beibehaltung gewisser ökonomischer Privilegien; Aufbau *direkter* Beziehungen zwischen Herrscherfamilie und Bevölkerung, durch die Entwicklung eines *Wohlfahrts-* und *Verteilungsstaates* und vor allem die zunehmende Beschäftigung von Kuwaitis im schnell wachsenden öffentlichen Sektor; *Privilegierung* von Kuwaitis in der Volkswirtschaft und die Entwicklung einer *Rentiergesellschaft;* Herrschauftsausübung mit Hilfe wechselnder Allianzen; die Zunahme der Bedeutung von *Auslandsinvestitionen* für den Staatshaushalt; und schließlich die Entwicklung einer staatlichen Bürokratie.

In der Vorölzeit war die Familie des Herrschers eine *schwache* politische Institution gewesen. Der Herrscher verließ sich *so wenig wie möglich* auf seine Familie und bevorzugte statt dessen einzelne Günstlinge und Kaufleute als Ratgeber. Dies änderte sich erst mit der sogenannten *majlis*-Bewegung von 1983, bei der die Kaufleute größeren, *institutionell abgesicherten* politischen Einfluß im Staatswesen forderten. Nach dem Scheitern der Bewegung ging der *Sheikh* dazu über, enge Verwandte in führende Staatsämter zu befördern. Dies leitete einen Prozeß der *Institutionalisierung* der politischen Funktionen der Herrscherfamilie und ihrer inneren Konsolidierung ein. Die weitgehend unabhängigen Herrschaftspositionen, die sich einzelne Mitglieder der Familie *Sabah* in bestimmten Branchen der Verwaltung zwischenzeitlich geschaffen hatten, wurden Anfang der 1950er Jahre unter Kontrolle gebracht. Dies wurde erleichtert durch die Einführung einer *Zivilliste,* auf der 200 bis 300 *Sheikhs* standen.

Gleichzeitig wurden marginale Fraktionen der Herrscherfamilie ausgeschaltet. Dieser Prozeß der *Fusion* von Verwandtschafts- und bürokratischen Positionen an der Spitze des politischen Systems führte auf Dauer auch zu stärkerer sozialer *Abschottung* der Herrscherfamilie, die nur noch selten Heiratsbeziehungen zu den Kaufleuten und den Beduinen-Sheihks einging. Andererseits gelang es *Abdallah,* biritsche Regierungsberater, die ihm Anfang der 1950er Jahre aufgezwungen worden waren, weitgehend zu neutralisieren. Im Unterschied zu den anderen kleinen Golfstaaten spielten Vertreter Großbritanniens in Kuwait auch schon vor der Unabhängigkeit *keine* nennenswerte innenpolitische Rolle.
Die Erdöleinnahmen *beseitigten* auf Dauer auch die Abhängigkeit der Herrscherfamilie von den Kaufleuten. Dies erlaubte es dem Herrscher, auch deren politische Rolle zu reduzieren. Da sie *im Gegenzug* eine Reihe *ökonomischer Privilegien* erhielten, wurden ihnen also ihr politischer Einfluß praktisch *abgekauft.* Anders gesagt, *verzichteten* die Kaufleute im Interesse ihrer Profitchancen auf politische Teilhabe. Dies ist in der Literatur (*Crystal* 1990) als *oil pact* beschrieben worden. Auch sonst sind die großen Kaufleute in Kuwait und anderswo am Golf gute Kapitalisten, die dort investieren, wo es profitabel ist: also vor allem in den *Bau-, Import-* und *Dienstleistungssektoren,* die ihnen weitgehend reserviert blieben. Durch eine Reihe von Gesetzen in den 1950er und 1960er Jahren wurden *ausländische Unternehmen* zunehmend vom kuwaitischen Binnenmarkt *ferngehalten* bzw. gezwungen, dort mit einem kuwaitischen Partner zu arbeiten. Bestandteil des *oil pact* war eine stillschweigende Zusage der Herrscherfamilie, sich *nicht* in der kuwaitischen Volkswirtschaft direkt zu engagieren. Ein beträchtlicher *Ressourcentransfer* an die Kaufleute – ebenso wie an einige Mitglieder der Herrscherfamilie – fand nicht zuletzt durch ein *Landerwerbsprogramm* statt, bei dem es Kuwaitis erlaubt wurde, Land von der Regierung billig aufzukaufen, um es wenig später zu vielfach höheren Preisen an die Regierung zurückzuverkaufen.
Auf diese Weise transformierte sich die alte *Bani Utub*-Handelselite in eine moderne Klasse von Importeuren, die bei schwindendem politischen Einfluß ökonomisch weiterhin erfolgreich war und auch ihre soziale *Kohäsion* und ihr korporatives Selbstverständnis weitgehend bewahrte.

Die Zwei-Klassen-Gesellschaft am Golf: Kuwaitis und rechtlose Gastarbeiter

Die politische *Ausschaltung* der Kaufleute gelang um so leichter, als die Einnahmen aus der Erdölförderung es der Herrscherfamilie erlaubten, *direkten Zugang* zur städtischen und Beduinenbevölkerung zu erlangen. Dies geschah durch einen *massiven Ausbau des Wohlfahrtsstaates:* freie schulische und Gesundheitsversorgung, freies Wasser und Elektrizität, subventionierte Wohnungen hoben den Lebensstandard aller Kuwaitis. Das wichtigste Mittel zu Verteilung der Ölrente war jedoch die *Beschäftigung im staatlichen Sektor.* Schon 1962 waren jeder zehnte Kuwaiti und 40% der Beschäftigten beim Staat angestellt. Ein Drittel davon waren Analphabeten, oft Beduinen, die mit Vorliebe als Wachmänner oder in ähnlich *unproduktiven* Positionen arbeiteten.

Die *produktiven* Arbeiten wurden dagegen eher von der wachsenden Zahl *ausländischer* Arbeitskräfte ausgeführt. Seit 1961, dem Jahr der Unabhängigkeit, sind Kuwaitis immer eine *Minderheit* im eigenen Land gewesen; die *Palästinenser,* als größte Gruppe von Ausländern, stellen 20% der Bevölkerung. Die zunehmende Beschäftigung von *Arbeitsmigranten* stellte ein wichtiges Mittel der Verteilung der Ölrente auch über die Staatsgrenzen Kuwaits hinweg dar. So ist beispielsweise die *ökonomische Situation der israelisch besetzten Gebiete* des Westjordanlandes in hohem Maße von den *Transferzahlungen* der in Kuwait beschäftigten Palästinenser abhängig. Strikte *Nationalitätsgesetze* begründeten jedoch, ebenso wie im Falle der Kaufleute, die ökonomische *Privilegierung* der *Einheimischen.* Die entstehende kuwaitische Rentiergesellschaft schottete sich auch politisch ab: *Ausländern* war die Teilnahme am politischen Prozeß, insbesondere den Wahlen zum Parlament, *nicht gestattet;* für Kuwaitis und Ausländer galt ein *unterschiedliches* Arbeitsrecht; selbst in den unter staatlicher Aufsicht stehenden Gewerkschaften waren sie nicht stimmberechtigt.

Das Parlament einigt die Nation

Die Einnahmen aus der Erdölförderung erlaubten es den regierenden *Al Sabah,* die Grenzen der ursprünglichen Herrschaftskoalition mit den Kaufleuten zu überschreiten. Obwohl die ökonomischen Interessen der Kaufleute immer von zentraler Bedeutung blieben, läßt sich die Kuwaiter Politik seit der Unabhängigkeit im Jahre 1961 durch eine Serie *wechselnder Allianzen* mit neuen, aufsteigenden Gruppen beschreiben, insbesondere mit den Beduinen, vorübergehend auch mit den *Shias* und konservativen *Sunniten.* Aufgrund eines massiven Einbürgerungsprogramms stieg der Anteil der Beduinen an der wahlberechtigten Bevölkerung von 21% im Jahre 1962 auf 45% im Jahre 1975. Beduinen erhielten subventionierte Häuser und Grundstücke sowie Posten in Polizei und Armee. Staatliche Leistungen wurden allerdings *individuell* vergeben, wodurch – anders als etwa in Saudi-Arabien – die traditionellen Beduinensheikhs ihren Einfluß weitgehend verloren. Eine wichtige Rolle spielte dabei das Kuwaiter Parlament. Es war die wichtigste Institution, die den Gruppen außerhalb der Herrscherfamilie eine politische Teilhabe ermöglichte. Die Regierung – oder ab den 1960er Jahren zumindest doch die wichtigsten Regierungsposten – waren für die Familie *Sabah* reserviert; das Parlament war für alle anderen vorgesehen: *Sabahs* waren in ihm nicht vertreten. Damit symbolisierte das Parlament gleichzeitig auch *die Trennung zwischen politischer Führung, die nach Verwandtschaftskriterien rekrutiert war, und ziviler Gesellschaft.* Die Wahlen zum Parlament waren *nicht* immer frei von *Manipulation;* es wurde auch mehrmals aufgelöst, das letzte Mal im Jahre 1986. Das Parlament diente den *Emiren* so als Vehikel, um verschiedene Gruppen gegeneinander auszubalancieren. Vor allem aber markierte das Parlament, von dem Ausländer ausgeschlossen waren, einen fundamentalen Aspekt der politischen Ökonomie des Landes: der Unterscheidung von Kuwaitis und Nicht-Kuwaitis. Das Parlament wurde damit zum Kristallisationspunkt *nationaler Identifikation* und zu einem wichtigen Bollwerk *gegen* den *arabischen Nationalismus,* in seiner *nasseristischen* oder in anderen Formen.

Das Geld machts: Kuwait – ein Staat ohne Land und Leute

Mit den gewaltigen Ölpreissteigerungen 1973 erreichte der kuwaitische Rentierstaat seine volle Blüte. Gleichzeitig erfuhr er zwei wichtige *Transformationen.* 1977 wurde – auf Betreiben des kuwaitischen Parlaments – der kuwaitische Staat alleiniger Eigentümer der *Kuwait Oil Company* (später *Kuwait Petroleum Corporation* genannt) und begann, die Erdölindustrie zu restrukturieren. Ziel war der Aufbau eines Unternehmens, das in *allen* Phasen der Erdölproduktion, von der *Prospektion* bis zum *Verkauf* von *Erdölprodukten* an die Endverbraucher, engagiert war und es damit mit den großen internationalen Erdölfirmen aufnehmen konnte. Diese Politik war schon Ende der 1980er Jahre erfolgreich: 1987 wurden nur noch 10 Prozent des kuwaitischen Erdöls als *Rohöl* verkauft (und unterlagen damit den Preisregulierungen der *OPEC*). Diese *Diversifizierungspolitik* und *massive Investitionen im Ausland,* von Immobilien in den USA bis zu Automobilunternehmen in Europa, gaben dem Begriff des Rentierstaates eine neue Bedeutung: Ende der 1980er Jahre verdiente Kuwait *mehr* durch seine *Auslandsinvestitionen* als durch die Erdölproduktion. Wie die Ereignisse nach der irakischen Invasion gezeigt haben, war hier ein Staat entstanden, der auch *ohne* sein *Territorium* und seine *Bevölkerung* weiterexistieren konnte, und sicherlich zahlungsfähig bleibt.

Die *irakische Invasion* im August 1990 unterbrach allerdings eine andere Entwicklung. Der Aufbau eines Wohlfahrts- und Verteilungsstaates hatte auch zu einem starken Anwachsen der staatlichen

Bürokratie geführt, in der die *Spitzenpositionen* immer für *Kuwaitis* reserviert waren. Bürokraten sind jedoch politisch *nie* neutral; sie haben ihre eigenen Möglichkeiten, soziale Beziehungen einzugehen, politische Ziele zu entwickeln, Macht auszuüben. Auf längere Sicht könnte diese zunehmende *Vermittlungsfunktion* der Bürokraten zu einem *Verlust* der direkten Kontrollmöglichkeiten der Herrscher über die Bevölkerung führen. Die bürokratische Elite besitzt starke verwandtschaftliche und andere soziale Beziehungen zur Kaufmannsklasse; das Wachstum des Wohlfahrtsstaates gibt somit dieser Gruppe, die durch den *oil pact* aus dem Zentrum des direkten politischen Einflusses ausgeschaltet wurde, eine Möglichkeit, die politische Arena gleichsam durch die Hintertür wieder zu betreten.

Eine Allianz von Politik und Religion: Die Familie Al Saud und Saudi-Arabien[3])

Saudi-Arabien ist im Gegensatz zu Kuwait ein *heterogener* Flächen- und Binnenstaat, dessen einzelne Regionen *(Hejaz, Najd, Asir, al-Hasa)* mit ihren je eigenen geographischen und soziologischen Charakteristika erst seit Beginn des 20. Jahrhunderts zu einer *politischen Einheit* zusammengefügt wurden.

Anders als in Kuwait basiert die Ausübung politischer Herrschaft in *Saudi-Arabien* nicht auf einem Pakt zwischen Herrschern und einer homogenen Klasse von Kaufleuten. Die *Al Saud* waren ursprünglich nur die *stärksten* einer *Vielzahl* von lokalen Herrschern in den Oasenstädten und unter den Beduinen Innerarabiens, die bei wechselnden Allianzen in dauernden Fehden miteinander lagen. Grundlage ihres politischen Aufstiegs wurde ihre Allianz mit einer Familie religiöser Führer oder *'ulama:* der Familie *Al Shaikh,* den sogenannten *Wahhabiten.* Diese für Saudi-Arabien bis heute typische enge *Allianz* von *politischer Herrschaft* und *religiösem „Fundamentalismus"*[4]) war also ein städtisches Phänomen; wie alle erfahrenen Wüstenpolitiker suchten die *Al Saud* unter den Beduinen nur Alliierte. Die durchaus bewußt eingegangene Verbindung des politischen Expansionswillens und der Fähigkeit zur Bildung strategischer Allianzen der *Al Saud* mit einer fundamentalistischen Version des Islam schuf die gesellschaftliche Dynamik, die im 18. und im 19. Jahrhundert jeweils zur Herrschaft der *Al Saud* über ganz Arabien führte, beidesmal aber an der Konfrontation mit dem *Osmanischen Reich* scheiterte.

Die *britische* Bereitschaft zu Beginn dieses Jahrhunderts, *Abd al-Aziz ibn Saud* als *Ordnungsfaktor* in Arabien gegen die Osmanen und lokale Rivalen zu unterstützen, schuf eine günstige Konjunktur für den *dritten* Anlauf der *Al Saud* zur Vereinigung des späteren Saudi-Aabiens unter ihrer Herrschaft. Neben den üblichen Methoden der Koalitionsbildung mit anderen Stämmen, die *ibn Saud* durch systematische Heiratsallianzen untermauerte, und dem erfolgreichen Einsatz militärischer Macht war auch diesmal die *Koalition* mit dem *Islam* ein wichtiges Mittel der Ausdehnung politischer Herrschaft: die *ikhwan,* jüngst zum Islam rekonvertierte und seßhaft gewordene Beduinen wurden zum erfolgreichsten militärischen Instrument *ibn Sauds.* Sie wurden allerdings, als sie für die Herrschaft *ibn Sauds* und das *britische Mandatsgebiet Iraq* zu einer Bedrohung wurden, Ende der 1920er Jahre auch schnell wieder unterdrückt. Daß die *Al Saud* ihre Herrschaft diesmal auf Dauer stellen konnten, lag jedoch nicht nur an der wohlwollenden Haltung Großbritanniens. Hinzu kam ein historischer Glücksfall. Bis zum zweiten Weltkrieg blieben die Einnahmen *ibn Sauds* (aus der Besteuerung der Pilgerfahrten nach *Mekka* und *Medina* und aus Zollabgaben der Handelshäuser im *Hejaz*) immer ungenügend, so daß er gelegentlich selbst Großbritannien um finanzielle Unterstützung – also eine Form der Rente – bitten mußte. Erst danach verschuf ihm die *Erdölproduktion* zu einer Einkommensquelle, die ihn *sowohl* von äußeren Mächten *wie* von seiner eigenen Bevölkerung *unabhängig* machte.

„Modernisierer" gegen „Traditionalisten" – Fraktionen in der Herrscherfamilie

Die oben für Kuwait festgestellten Merkmale des arabischen Rentierstaates gelten in ähnlicher Weise auch für Saudi-Arabien. Wesentliches Merkmal der gesellschaftlichen Integration ist auch hier die Verteilung der Ölrente durch eine massive Ausweitung der staatlichen Beschäftigung und der Leistungen des Wohlfahrtsstaates, die in *Saudi-Arabien* jedoch unter eine größere Bevölkerung aufgeteilt werden müssen. Auch die Herrschaftselite Saudi-Arabiens besteht aus ähnlichen sozialen Gruppen wie in Kuwait. Aufgrund seiner Entstehungsgeschichte kam es jedoch erst vergleichsweise *spät* zu einer *Konsolidierung* der Herrscherfamilie (im Gegensatz zur individuellen Herrschaft einzelner Könige); die Konsolidierung war nicht zuletzt deshalb schwierig, weil sich *ibn Saud* mit den führenden Gruppen fast aller Stämme durch Heiraten verbunden hatte, was eine *Fraktionsbildung* unter seinen über 40 Söhnen begünstigte. Nach einer schweren ökonomischen und wirtschaftlichen Krise ab 1958 setzte der Prozeß der institutionellen Verfestigung des Einflusses der *Al Saud* erst 1962 ein; daß der *Rat der Führenden Prinzen* nach der Ermordung *König Faisals* im Jahre 1975 innerhalb einer Stunde in der Lage war, einen Nachfolger zu ernennen, zeigt, daß die Konsolidierung zu diesem Zeitpunkt erfolgreich abgeschlossen war. Innerhalb der Herrscherfamilie gibt es jedoch immer noch deutlich erkennbare Fraktionsbildungen, insbesondere zwischen *Fahd* und seinen Brüdern (nach der Stammesherkunft ihrer Mutter auch die *Sieben*

Sudairis genannt), die als *ökonomische Modernisierer* gelten, und den eher *traditionell-religiös* orientierten Gruppen, die mit der Familie *Al Shaikh* und anderen islamischen Führern *('ulama)* alliiert sind. Diese Franktionsbildung spiegelt sich im militärischen Apparat wieder. Während die *„Modernisierer"* die *Armee* kontrollieren, untersteht den *„Traditionalisten"* die *Nationalgarde,* eine Nachfolgeorganisation der *„ikhwan".*

Ölrente und nationale Identität

Auch die Kaufmannsklasse ist in Saudi-Arabien weitaus *weniger homogen* als in Kuwait. Zu ihr gehören die traditionellen Handelshäuser im *Hejaz,* die noch am ehesten mit den kuwaitischen Kaufleuten zu vergleichen sind, aber auch kleine Geschäftsleute aus der Ostprovinz *(al-Hasa),* die von ihrer Beziehung zur *amerikanischen Erdölgesellschaft ARAMCO* profitiert haben, und – in weitaus stärkerem Maße als in Kuwait – die Nachkommen von individuellen Beratern und Günstlingen *ibn Sauds*, die, aus *Ägypten, Syrien* oder anderen arabischen Staaten nach Saudi-Arabien gekommen, ihren Zugang zum Hof erfolgreich geschäftlich vermarkteten. Am bekanntesten in dieser Gruppe ist wohl *Adnan Kashoggi,* der Sohn des Leibarztes von *ibn Saud.* Schließlich sind die *Saudi-Prinzen* selbst, anders als die *Sabahs* in Kuwait, oft bedeutende Unternehmer.
Elitepolitik besteht in *Saudi-Arabien* darin, die Interessen der beiden genannten Gruppen (der königlichen Familie und der Kaufleute) mit denen der Beduinensheikhs und der 'ulama *auszubalancieren.* Die Verteilung von *Subsidien* an Stammesführer, die eine wichtige Bedingung des Erfolgs *ibn Sauds* bei der Bildungs Saudi-Arabiens war, wurde von seinen Nachfolgern fortgesetzt. Damit haben die Beduinen-Sheikhs, aber auch lokale Führer in den Oasenstädten, weiterhin Einfluß. Die religiösen Führer ('ulama) schließlich sind nicht nur Bestandteil des *Gründungsmythos* Saudi-Arabiens; in einer Situation, wo die strukturelle Vernetzung der saudischen Gesellschaft per Verteilung der Ölrente geschieht, verschaffen sie – unter Ausnutzung ihres großen *Einfluß* im *Erziehungssystem* – dem heterogenen Land auch eine Form der *kulturellen Identität.* Daneben spielen die *'ulama* eine wichtige Rolle in der Vereinheitlichung juristischer Normen.

Die gekaufte Anerkennung: Ölrente und politische Legitimität

In der *Krise von 1958–1962* gab es neben dem sich schließlich durchsetzenden Programm einer *konservativen ökonomischen Modernisierung,* das wesentlich auf der gesellschaftlichen Umverteilung der Ölrente beruhte, noch eine weitere gesellschaftliche Option: das der politischen Reform und Demokratisierung, vertreten von der Gruppe der Liberalen Prinzen unter *Talal ibn Abd al-Aziz.* Daß diese Option – in Saudi-Aabien wie in allen Golfstaaten – scheiterte, lag *weniger* an *politischer Repression* durch die Herrschaftseliten, die zumindest bis in die 1980er Jahre relativ gering blieb. Das Problem der gesellschaftlichen *Legitimierung* von Herrschaft scheint sich vielmehr in Rentierstaaten *anders* zu stellen als in den Staaten, wo Herrschaft auf den *Abgaben* einer lokalen Bevölkerung beruht. Solche Abgaben sind zumindest in der Neuzeit auch immer die Basis für *Forderungen* nach *politischer Kontrolle* gewesen: *no taxation without representation* hieß ein zentrales Motto im *amerikanischen Unabhängigkeitskrieg.* In *Rentierstaaten* drehen sich die politischen Auseinandersetzungen dagegen immer um die *Verteilung* der *Ölrente;* diese Verteilung durch die Herrschaftselite schafft eine *materielle Legitimität,* die die Frage nach *formaler Legitimität* (durch demokratische Verfahren) und nach bürgerlichen Freiheiten weniger dringlich erscheinen läßt. Der *oil pact – das heißt, das Abkaufen politischen Einflusses durch die Gewährung ökonomischer Privilegien* – ist somit ein grundlegendes Strukturprinzip von Rentierstaaten; diese Form der Herrschaftssicherung war in hohem Maße für Kuwait kennzeichnend.

Grundsätzlich kann die Ölrente aber auch in einen Repressionsapparat investiert werden; das extremste Beispiel in dieser Hinsicht bildet gegenwärtig der *Irak* – wo allerdings auch auf dem Höhepunkt des Krieges gegen den *Iran* die *Umverteilung* der Ölrente immer ein wichtiges Mittel der Herrschaftssicherung blieb (vgl. den Beitrag von *Peter Pawelka* in diesem Band). Eine je unterschiedliche Kombination dieser beiden Strukturprinzipien – *Umverteilung* und *Repression, „kuwaitische“* und *„irakische“* Lösung – bestimmt die gegenwärtige gesellschaftliche Situation der Länder des Arabischen Golfes.

Literaturhinweise

Bierschenk, Thomas, 1984: Weltmarkt, Stammesgesellschaft und Staatsformation in Südostarabien (Sultanat Oman), Saarbrücken.

Crystal, Jill, 1990: Oil and politics in the Gulf: rulers and merchants in Kuwait and Quatar, Cambridge.

Delacroix, Jacques, 1980: The distributive state in the world system, Studies in Comparative International Development 15, 3–22.

Evers, H.-D. & T. Schiel, 1988: Strategische Gruppen. Vergleichende Studien zu Staat, Bürokratie und Klassenbildung in der Dritten Welt, Berlin.

Heard-Bey, Frauke, 1982: From Trucial States to United Arab Emirates, London.

Khuri, Fuad, 1980: Tribe and state in Bahrain, Chicago.

Lackner, Helen, 1978: A house built on sand. A political economy of Saudi Arabia, London.

Mansfield, Peter, 1990: Kuwait. Vanguard of the gulf, London.

Niblock, Tim (Hrsg.), 1982: State, Society and Economy in Saudi Arabia, London: Croom Helm.

Tilly, Charles (Hrsg.), 1975: The formation of national states in western Europe, Princeton.

Anmerkungen

[1]) Zu Bahrain siehe Khuri 1980, zu Qatar Crystal 1990, zu den VAE Heard-Bey 1982 und zu Oman Bierschenk 1984.
[2]) Die folgende Darstellung beruht im wesentlichen auf Crystal 1990 und Mansfield 1990.
[3]) Dieser Abschnitt beruht vor allem auf Lackner 1978 und Niblock 1982.
[4]) Mit dem Begriff „Fundamentalismus" sind hier religiöse Bewegungen gemeint, die eine Rückbindung an die frühe islamische Geschichte fordern. Vgl. zur Problematik der Verwendung des Begriffes Fundamentalismus in einem islamischen Kontext *Ende* (in diesem Band); der Begriff wird hier mangels einer überzeugenderen Alternative verwandt. Die Wahhabiten nannten sich selbst muwahhidun (also Leute, die auf der Einheit und Einzigartigkeit Gottes bestehen).

Peter Pawelka

Der Irak als „Rentierstaat“

Zur politischen Ökonomie des Vorderen Orients

Wie läßt sich das Verhalten des Irak und Saddam Hussains erklären?

Im August 1990 *annektierte* der Irak Kuwait und provozierte damit die seit dem Zweiten Weltkrieg *umfassendste* Koalitionsbildung in der Weltpolitik gegen einen internationalen *Aggressor.* In diese beinahe *totale Isolation* geriet ein relativ kleines Land (rd. 17 Mill. Einwohner), dessen Haupteinkommen aus der Erdöl-Produktion stammt und das eben erst einen achtjährigen Krieg überstanden hatte, alles Merkmale, die weit mehr für ein *angepaßtes Verhalten* sprechen würden als für *Abenteurertum.* Hinzu kommt, daß das irakische Regime eher *sozialrevolutionär* und *säkularistisch* orientiert ist als durch *religiösen Eifer* geprägt. Darüber hinaus ist aber auch seine innergesellschaftliche Position labil. *Brutale Repression* und Ausgrenzung markanter Teile der eigenen Gesellschaft *(Kurden, Schiiten, Arbeiterklasse)* charakterisierten seine interne Herrschaft. Alle diese Faktoren scheinen jenes Vorurteil in der westlichen Welt zu bestätigen, daß das politische Leben im Vorderen Orient *undurchsichtig, irrational,* ja *pathologisch* ist. Dementsprechend schrecken auch manche unserer ernstzunehmenden Massenmedien nicht davor zurück, die *Golfkrise und Saddam Hussain* mit dem *Zweiten Weltkrieg, Hitler und dem Völkermord an den Juden* in Beziehung zu setzen.

Selbstverständlich fühlt sich ein Sozialwissenschaftler, der sich mit dem Vorderen Orient beschäftigt, durch solche Interpretationen herausgefordert. Er muß seinerseits Erklärungen anbieten können. Dieser Beitrag versucht, das ungewöhnliche Verhalten des Irak mit *wissenschaftlichen* Mitteln zu deuten. Ein solches Vorgehen verläßt die vertrauten Pfade der Alltags-Argumentation; setzt allerdings die Bereitschaft voraus, sich auf eine neue und komplexe Beweisführung einzulassen.

Wir gehen davon aus, daß das *Rentierstaats-Konzept* für unsere Interpretation nützlich ist. Dieser Ansatz erklärt die *Reproduktion* einer Gesellschaft aus der *internationalen Verflechtung* und *extern bestimmten Akkumulation* seines politischen Systems. Die Einbindung in das *Weltwirtschaftssystem,* die *Weltpolitik* und das *regionale Umfeld* und der extrem hohe Anteil *externer Einkommen* am Staats-

budget bestimmen sowohl die *sozioökonomische* und *politische Transformation* im Innern einer Gesellschaft wie auch die Verhaltensmuster ihrer politischen Führung. Die Charakterzüge solcher Staaten führen in Krisenperioden zu ganz speziellen Reaktionsmustern. Wir behaupten nun, daß das Verhalten von *Rentier-Staaten* primär durch systemspezifische Normen, Regeln, Bedürfnisse und Rationalitäten geprägt ist. Solche Verhaltensmuster sind *in sich* stimmig und vernünftig, sie stammen nur aus *völlig anderen* sozioökonomischen und politischen Konstellationen als wir sie aus unserer kapitalistischen Industriegesellschaft kennen.
Unsere Analyse wendet sich aber nicht nur gegen das Alltagsverständnis des Vorderen Orients. Auch innerhalb des Wissenschaftsbetriebs und der ernstzunehmenden Publizistik wird Expertenwissen kolportiert, dessen Grundlagen durch die Entwicklung der Sozialwissenschaften längst fragwürdig geworden ist. Wir sind nicht der Ansicht, daß Faktoren wie *„staatlicher Expansionsbetrieb"* oder *„persönlicher Machtanspruch eines Diktators"* ausreichen, um das Verhalten des Irak zu erklären. *Unser Konzept geht von einer grundlegenden ökonomischen und sozialen Analyse im Kontext weltwirtschaftlicher Strukturen* aus. Fragen der politischen Herrschaft, der Religion und der Ideologie, der politischen Wahrnehmung und der gesellschaftlichen Emotionen sind an diese Strukturen rückgekoppelt und ohne dieses Fundament nicht zu verstehen. Wir leugnen demnach *nicht* die Relevanz akteursbezogener Analysen, behaupten jedoch, daß diese *ohne* ihre sozioökonomische Basis nur allzu leicht in Mystifikationen ausarten.
Über die erläuterte Fallstudie hinaus beinhaltet dieser Beitrag Interpretationen und Ansätze zur *Politischen Theorie, Internationalen Politik* und *Vergleichenden Systemanalyse* des Vorderen Orients, wie sie in den letzten Jahren am *Institut für Politikwissenschaft der Universität Tübingen* in Zusammenarbeit mit wissenschaftlichen Mitarbeitern, Doktoranden und Studenten erarbeitet wurden. Der *Politischen Ökonomie* verpflichtet, sollen sie mithelfen, der sozialwissenschaftlichen Forschung zum Vorderen Orient neue Impulse zu geben.
Unsere Analyse erfolgt in drei Schritten

- zuerst werden wir das *Rentierstaats-Konzept* erläutern und die Charakterzüge des Rentierstaats herausarbeiten,
- dann werden wir die *weltwirtschaftlichen* und *weltpolitischen Grundlagen* des orientalischen Rentierstaats darstellen.
- Und aus diesem Hintergrund erfolgt anschließend die Bezugnahme auf unseren Fall: *der Irak als Rentierstaat*.

Was sind Renten?

Rentierstaaten sind jene Staaten der Dritten Welt, die *regelmäßig in sehr hohem Umfang externe Rente oder Renten-Äquivalente bezie-*

hen und deren Verhalten als Funktion der Struktur dieser besonderen Staatsrevenuen und des mit diesem Einkommen betriebenen Politik-Managements nach innen begriffen werden kann. Renten und Renten-Äquivalente sind Einkommen, *die von außen einfließen und denen keine entsprechende gesellschaftliche Investitions- oder Arbeitsleistung gegenübersteht,* so daß sie der politischen Führung zur freien (politischen) Disposition stehen.

Der Renten-Begriff in der heutigen wissenschaftlichen Diskussion der Sozialwissenschaften[1]) ist *keine* moralische Kategorie. Ideologische Implikationen, die im allgemeinen Sprachgebrauch häufig mit Rentiers verknüpft werden (*Müßiggänger, Parasiten* etc.) sind in unserem Zusammenhang unangebracht. Wir können zwei ideengeschichtliche Traditionen der Rententheorie unterscheiden:

- In der *marxistischen Theorie* ist Rente ein Einkommen, das der *Grundeigentümer den Kapitalisten* entzieht, wenn er in der Lage ist, *beschränkte natürliche Ressourcen zu monopolisieren.* Rente ist also immer ein Produkt soziopolitischer Verhältnisse. *Marx* unterschied dabei die *„absolute Grundrente“,* die dann anfällt, wenn der Grundeigentümer unter bestimmten Marktbedingungen einen Anteil am Profit für die Nutzung seines Bodens erzwingen kann, und die *„Differentialrente“,* die sich aus dem Eigentum an Grund und Boden bei vergleichsweise ungewöhnlich günstigen natürlichen Produktionsbedingungen ergibt.
- In der *klassischen Nationalökonomie* impliziert das Zustandekommen von Rente *keine* speziellen gesellschaftlichen Verhältnisse, sondern wird über die *Bedürfnisstruktur* des Marktes bestimmt. Rente kommt zustande, wenn begehrte Waren *knapp* werden und ihre Anbieter aufgrund bestimmter Faktoren (Bodenbeschaffenheit, psychologische Manipulation, Monopolstellung) *überhöhte* Einkommen realisieren können. Vor allem wenn es über *politische Manipulationen* zu *Marktverzerrungen* kommt, entsteht hohe Rente. Unter solchen Bedingungen wird die Einflußnahme wirtschaftlicher Subjekte auf den Staat zum *zentralen* Mittel der Konkurrenz um Renteneinnahmen *(rentseeking-society).*

Wie funktionieren Rentierstaaten?

Diese *Rententheorien* sind nun in der sozialwissenschaftlichen Diskussion zur Dritten Welt durch Analogieschlüsse fortgeschrieben worden[2]). In der marxistischen Tradition entstand der Begriff der *„internationalen Rente“,* die sich souveräne Staaten (analog zum Grundeigentümer) aneignen, und zwar als Grund- und Differentialrente (Agrarerzeugnisse, mineralische Rohstoffe). Diese Interpretation eröffnete der Wahrnehmung des Staates in der Dritten Welt und der internationalen Wirtschafts- und Herrschaftsstrukturen neue Per-

spektiven. Der Staat in der Dritten Welt konnte als *Rentier* analysiert werden, der sich Rente aneignet und zu diesem Zweck günstige politische Bedingungen zu schaffen sucht (z. B. politische Organisation der nationalen Grundeigentümer). Dieser Dynamik nach außen steht ein enormer Handlungsspielraum (Autonomie) nach innen gegenüber, wenn es dem Staat gelingt, hohe internationale Renten einzutreiben. In den internationalen Beziehungen der Nord-Süd-Dimension ging es nun nicht mehr allein um einen Ressourcentransfer in die Industriestaaten, sondern auch um Rentenflüsse von Nord nach Süd. Und die staatliche Verfaßtheit der Weltgesellschaft bei einem einheitlichen Weltwirtschaftssystem gibt dem politischen System der Dritten Welt (aber nicht nur ihm) die Möglichkeit, durch *manipulative Eingriffe* in die wirtschaftlichen Austauschprozesse Verzerrungen herbeizuführen, die Renten schaffen (z. B. durch Wechselkursgestaltung). In dieser Interpretation spiegelt sich vor allem die Tradition der *nationalökonomischen Rententheorie* wider.
Seine weitestgehenden Folgerungen erzielte das Rentenkonzept in der Entwicklungstheorie von *H. Elsenhans*[3]). Hier wird der *Staat* in der Dritten Welt schlechthin als *rentenaneignende Instanz* gedeutet, wobei die durch das Weltwirtschaftssystem geschaffenen ökonomischen Verzerrungen *(strukturelle Heterogenität)* erst die Grundlage geschaffen haben für die Realisierung internationaler Renten. Dieses spezifische Einkommen prägt nicht nur den *Charakter* einer eigenen Gesellschaftsformation *(bürokratische Entwicklungsgesellschaft),* sondern auch den ihrer *politischen Führung (Staatsklasse).*

Der Rentierstaat im Vorderen Orient

In der sozialwissenschaftlichen Forschung zur Dritten Welt generell besitzt das Rentier-Konzept einen *wichtigen*, aber *keinen überragenden* Stellenwert. Die Relevanz internationaler Renten kann trotz ihrer Formenvielfalt *nicht* für alle Entwicklungsgesellschaften postuliert werden[4]). Wenn es jedoch eine Region der Dritten Welt gibt, in der Renten und Rentierstaaten in ihrer Bedeutung kaum zu überschätzen sind, so ist dies der *Vordere Orient.* Schon seine *Integration* in das Weltwirtschaftssystem im 19. Jahrhundert signalisierte mit der Rente aus agrarischen Rohstoffen (Baumwolle, Getreide, Südfrüchte) diesen Zusammenhang. Aber das *Erdöl* als *Hauptenergieträger* des Weltwirtschaftssystems räumte dem Mittleren Osten in diesem Jahrhundert einen *unangefochtenen Spitzenplatz* innerhalb der Dritten Welt ein. Seine *Zentralität für das Weltenergiesystem*, seine Bedeutung als *Randkernzone der Weltwirtschaft* und seine *Virulenz als Brennpunkt weltpolitischer Konflikte* führten zu einer Intensität der weltwirtschaftlichen Verflechtung (Kapital-, Waren- und Personentransfers), wie sie in *keiner* anderen Region der Dritten Welt existiert. Diese Einbindung der Erdöl-Staaten schloß aber auch ihre Nachbarstaaten ein, denn Sicherheits- und Solidaritätserwägungen ließen *Rentenströme zweiter und dritter Ordnung entstehen.* Damit konsolidierte sich im Mittleren Osten ein *ganzes Geflecht* von Rentierstaaten, deren sozioökonomische Strukturen über die vielfältigsten Penetrations- und Verwerfungsmuster verfügen[5]). Dieses Renteneinkommen stattete den Nationalstaat im Vorderen Orient mit z. T. ungewöhnlich hohen Ressourcen aus, machte ihn handlungsfähig und stark. Nach Jahrhunderten der Schwäche konnte er wieder an die Tradition der mächtigen bürokratischen Staatsapparate der Vergangenheit anknüpfen, *die ebenfalls, aber im Rahmen anderer Produktionsweisen,* auf der Basis von Renten existierten[6]). Dementsprechend hat sich die sozialwissenschaftliche Analyse des Vorderen Orients in jüngster Vergangenheit wieder auf den Staat und sein Verhalten konzentriert.

Die ersten Entwürfe eines Rentierstaats-Konzepts wurden am Beispiel des *Iran* verfaßt[7]). Erstmals wurde erkannt, daß ein Staat, der primär von externen Ressourcen lebt *(Ölrente), spezielle Charakterzüge* entwickelt: eine extreme soziale und wirtschaftliche Autonomie nach innen, eine Konzentration auf politisch bedingte Verteilungsmechanismen mit der Konsequenz gesellschaftlicher Transformation einerseits und der Herausbildung neuer Klientelstrukturen andererseits und die Gefahr pathologischer Verselbständigung der politischen Elite. In einem breit angelegten, internationalen Forschungsprojekt *(G. Luciani)* wurde schließlich der *Vielfalt und Widersprüchlichkeit* orientalischer Rentierstaaten Rechnung getragen[8]).

Definiert durch einen mindestens 40%igen externen Anteil am Staatshaushalt in Form von Rente lassen sich im Vorderen Orient grob zwei Arten von Rentiers unterscheiden:

- die *Rentiers ersten Grades* (reine Ölrentiers) verfügen über extrem hohe Einkommen aus der *Differentialrente* (ausgezeichnete Produktionsbedingungen) und aus *Effektenrenten* (Zinsen und Dividenden aus angelegten Kapitalien); man kann sie unterteilen in *bevölkerungsarme* und *-reiche* Staaten, wobei letzteren stets die besten Entwicklungschancen eingeräumt wurden.
- die *Rentiers zweiten Grades* (Semi-Rentiers) stützen sich auf hohe *Kapitalrenten* (Kredite, Entwicklungshilfe, Entschädigungszahlungen als *„Frontstaaten"*), die sie von den Ölrentiers und den Industriestaaten wegen ihrer besonderen strategischen Bedeutung erhalten (Renten-Äquivalente oder politische Renten), auf *Lage-Renten* (Gebühren für Pipelines und Kanalbenutzung) und manchmal auch unbedeutende Differentialrenten-Anteile. Eine *wichtige Rolle* für die Semi-Rentiers spielen *die Einnahmen ihrer Gastarbeiter* in den Erdölstaaten, aber diese Einkommen (ob sie Rentenanteile enthalten ist wissenschftlich umstritten) gehen *nicht* an den Staat, sondern seine Bürger und dies ist für den Semi-Rentier *gleichermaßen problematisch wie vorteilhaft* (mangelnde Autonomie vs. wirtschaftliche Stabilität).

Obwohl *wesentliche* Merkmale und Mechanismen bei beiden Rentier-Arten ähnlich sind[9]), gehört die erste Gruppe zu den *reichsten Ländern der Welt,* während die zweite zu den *ärmeren und ärmsten* gehört. Aus dieser Diskrepanz ergeben sich vielfältige Fragen, die wir hier aber nicht vertiefen wollen, weil es uns um die reinen Ölrentiers geht. Trotz ihres Reichtums und einer beeindruckenden statistischen Erfolgsbilanz (Wachstum, Einkommen, Investitionen, Importe) müssen aber auch diese bevorzugten Rentiers *als Entwicklungsländer* angesehen werden. Ihre *Entwicklungsbarrieren* sind beachtlich: *defekte Agrarsysteme* mit der Folge hoher *Nahrungsmittelabhängigkeit, verdeckte Arbeitslosigkeit, einseitig* ausgebaute *Wirtschaftssektoren, sowie Kapitalbewegungen und Arbeitskraftintegration* ohne integrative Wirkung. Darüber hinaus ist außerdem anzumerken, daß die gängigen Statistiken Erdöl-Staaten bezüglich ihres Sozialprodukts weit *überbewerten,* da sie *keine Abschreibung* nicht erneuerbarer Ressourcen (Erdöl) vornehmen, was im Kontext westlicher Industriestaaten ganz selbstverständlich wäre.

Die Grundlage des Rentierstaates: die Einkommensverteilung

Rentierstaaten (Schaubild 1) haben eine Reihe *gemeinsamer* Charakterzüge. Da ihr Einkommen nicht davon abhängt, daß sie es teilweise wieder produktiv anlegen (es ist ja ein Geschenk der Natur oder wirtschaftlicher/politischer Konstellationen jenseits ihrer Reichweite), unterliegt die *Verteilung des Einkommens nach innen,* soweit es nicht der Selbstprivilegierung der Eliten dient, *primär politischen Interessen.* Dies führt zur Herausbildung eines *Allokationsstaates,* der seine immensen Ressourcen zur Legitimation nach innen und Konsensbildung im regionalen Umfeld verwendet. Umgekehrt konkurrieren innergesellschaftliche Individuen, Gruppen und Klassen um die vom Staat als Subventionen, Kredite, Einkommen, wirtschaftliche Monopole, Landeigentum, Konsummöglichkeiten etc. verteilten Renten. Um einen möglichst hohen Anteil zu erhalten, sind dabei vor allem *politische Fähigkeiten* gefragt, die Zugang zur politischen Führung und Einfluß auf Mitglieder der Top-Bürokratie verschaffen. Individuelles Einkommen und wirtschaftlicher Erfolg hängen hier also *nicht* von produktiver Arbeit und wirtschaftlichem Mühen ab, *sondern* von Fähigkeiten, politische Konstellationen zu bewältigen, was keineswegs leichter ist, aber andersartige Aktivitäten erfordert (Werben, Schmeicheln, Kontakte knüpfen etc.). Da außerdem nur wenige Menschen mit der Schaffung des Renteneinkommens zu tun haben (geringer Beschäftigungsgrad der Ölindustrie), wird die (kapitalistische) *Kausalität von Arbeit und Belohnung* außer Kraft gesetzt. Entsprechend ist der Wirtschaftsgeist, der von einer Rentier-Mentalität geprägt ist.

Schaubild 1: Der Rentier-Staat

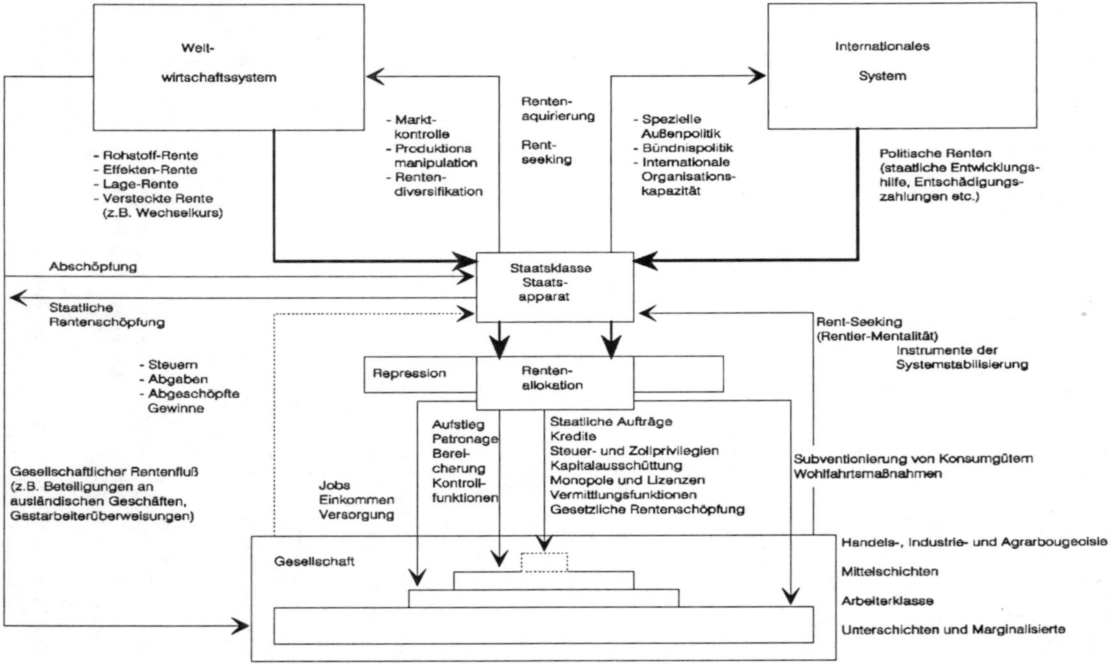

Des weiteren steht der Gesellschaft ein *abgehobener* und vorwiegend *verteilender Staat* gegenüber, der es sich leisten kann, auf Steuern und Abgaben weitgehend zu *verzichten.* Diese Beziehung hält Forderungen nach politischer Beteiligung innerhalb der Gesellschaft in Grenzen. *Ungleichbehandlung bei der Verteilung* dämpft Oppositionsgeist, während sie bei *Abschöpfungspraktiken* (Besteuerung) weit eher Reaktionen hervorrufen würde. Umgekehrt hält der Staat seine Allokation für *benevolent,* entwickelt *patriarchalische* Züge, ist aber im Falle gesellschaftlichen Widerstands gegen sich zu unnachsichtiger *Repression* bereit. Seine Verteilungspolitik ist jedoch widersprüchlich. Sie erfolgt überwiegend aus *politischen* Gründen, in geringerem Maße nach *ökonomischen* Interessen. Ihr Umfang jedoch löst *soziale Transformationen* aus, läßt alte Klassen untergehen und neue entstehen und diese wiederum versuchen ihrerseits den Staat zu beeinflussen und zu binden. Seine Fähigkeit aber, unabhängig zu bleiben, hängt davon ab, ob er sich auf einen *ungeschmälerten* Rentenzufluß verlassen kann.

Das Primat der Außenpolitik

Rentierstaaten sind zwar Nutznießer natürlicher Vorteile und weltpolitischer/wirtschaftlicher Marktbedingungen, aber das heißt *nicht,* daß sie dies zur Passivität verurteilt. Im Gegenteil. Auch sie sind im Rahmen ihres Potentials darum *aktiv bemüht,* ihre Ressourcenzuflüsse *stabil* zu erhalten und *auszubauen.* Da dies aber *jenseits* ihrer Territorialgrenzen erfolgen muß, haben für sie Außenpolitik und Außenwirtschaftspolitik Priorität. Rentiers suchen z. B. ihre Rentenarten zu diversifizieren, um ihre Einkommen sicherer zu machen (z. B. Transfer der Differentialrente in Effektenrente). Sie organisieren sich international, um bestimmte Renten zu erhöhen oder zu kontrollieren *(Organisation Erdölexportierender Länder = OPEC).* Sie gestalten durch Kapitalhilfen, Arbeitskräfte-Aufnahme und Diplomatie ihre regionale Umwelt. Und sie involvieren sogar die *Großmächte* in ihre Konflikte, um ihre Renteneinkommen zu erhöhen. In diesem Sinne waren zahlreiche Staaten des Mittleren Ostens seit dem letzten Jahrhundert darum bemüht, regionale Konflikte so zu steuern, daß sie weltpolitische Interessen berührten und damit Hilfsleistungen (Renten) der Großmächte zur Folge hatten. In dieser Politik ist *Ägypten* stets Meister gewesen. Aber noch erfolgreicher waren die *konservativen Erdölstaaten* zu Beginn der 70er Jahre, als es ihnen gelang, eine *Konvergenz* zwischen ihren ökonomischen Interessen und den Herrschaftsinteressen der *USA* herzustellen. Diese Konstellation führte zur größten Rentenaufstockung der Geschichte. Die Rentierstaaten des Vorderen Orients haben ein *völlig anderes* Verhältnis zur Außenpolitik als kapitalistische Industriestaaten. Sie betreiben sie *nicht* zugunsten ihrer gesellschaftlichen Interessenkonstellationen, *sondern* zur Sicherung ihrer Position in der eigenen Gesellschaft.

Das Dilemma des Rentierstaats: interne oder externe Krisenbewältigung?

Diese Charakterzüge des Rentierstaats stellen allerdings ein *Modellkonstrukt* dar. Reale Staaten entsprechen in ihrer Struktur und ihrem Verhalten lediglich *mehr oder weniger* starken Annäherungen an dieses Muster. Dies kommt daher, weil die ökonomische Basis der orientalischen Staaten aus einem *variablen Mix* aus Renten, Rentenäquivalenten, Steuereinnahmen und Abschöpfungen aus der Binnenproduktion besteht. Dementsprechend werden wir die skizzierten Verhaltensweisen in der Regel nur als Trends beobachten können. Und deshalb ist die reale Entwicklung der Rentierstaaten auch widersprüchlich.

- Zum einen drängen die Wirtschaftssektoren jenseits des Erdölsektors darauf, die Renten zugunsten der Diversifizierung und Vermaschung der Wirtschaftsstruktur (Homogenisierung) zu verwenden. Oft wurde diese Perspektive schon vor dem Rentensegen der 70er Jahre ideologisch und politisch festgelegt. Hinzu kommt jetzt der *Druck* der neuen bürgerlichen Schichten, die durch die Verteilung der Rente nach innen entstanden sind. Und nicht zuletzt ist es auch *die Furcht vor der Erschöpfung* der Erdöl-Lager, die den Staat zwingt, alternative Wirtschaftsprozesse zu forcieren.
- Zum anderen aber sinkt mit wachsenden Renteneinnahmen das Interesse des Staates an einer Homogenisierung der Wirtschaftsstruktur, da der Staat bei ökonomischen Wachstumsgesetzen folgender Investitionspolitik seine Rentenschöpfungs-Kapazität einschränken und seine *politische Autonomie* verlieren würde. Das Resultat wäre dann, daß er unter zunehmenden Druck seiner *Bourgeoisie* geriete und damit seine Hegemonie verlöre[10]).

Dieser Widerspruch führte im Vorderen Orient dazu, daß die Staatsbürokratien der Erdölstaaten *nur rhetorisch* auf eine Wirtschaftsstruktur ohne Erdöl hinarbeiten, in der Realität aber eher die *Einseitigkeit* der Rentenökonomie *zementieren.* Am deutlichsten treten die Charakterzüge des Rentierstaats in der Krise auf[11]). Sinken die Renteneinnahmen aufgrund von Veränderungen im Weltwirtschaftssystem oder in der Weltpolitik, dann steht der Staat vielfältigen sozialen Ansprüchen und Bedürfnissen gegenüber, die er durch seine Allokationspolitik geschaffen hatte, die er aber jetzt nicht mehr alle befriedigen kann. Verschärfte *Verteilungskämpfe* treten auf. Die Krise entsteht also nicht als *ökonomisches Phänomen,* sondern als *sozialpolitisches:* soziale Unruhen und Revolten, zunehmende Artikulation von Kritik, Kristallisation gefährlicher Widerstandskerne, selbst in Bürokratie und Militär, und allgemeiner Legitimationsverlust zwingen den Rentierstaat, zum letzten und einzig verfügbaren Mittel zu greifen: zur *Repression.* Aber über diese kurzfristige Eindämmung hinaus muß der Staat ein langfristiges Krisenmanagement entwickeln. Rentierstaaten stehen dabei Reaktionen in *zweierlei* Richtungen zur Verfügung:

- zum einen können sie versuchen, die Einkommensverluste durch *interne wirtschaftliche* und *fiskalische Maßnahmen* auszugleichen: durch eine Effektivierung und Mobilisierung der einheimischen Ressourcen, Drosselung der Staatsausgaben, Impulse für die produktiven Sektoren des Wirtschaftssystems (Landwirtschaft, Industrie) und Anpassungsmaßnahmen zugunsten alternativer Wirtschaftskräfte;
- zum anderen aber können sie *bessere Rahmenbedingungen* für einen effektiveren Rentenfluß schaffen (z. B. Manipulation der Produktion), neue Renten und Rentenanteile entwickeln, die politische Organisation der Rentenkontrolle verbessern (z. B. OPEC) oder sich Renten anderer Rentiers aneignen.

Krisenstrategien sind in der Regel ebenfalls *Mischreaktionen* aus Maßnahmen in beiderlei Richtung, aber ganz abgesehen von der Verträglichkeit spezieller Maßnahmen auf beiden Ebenen, neigen Rentierstaaten *zunächst* dazu, Krisen durch *Renteneffektivierung* zu bekämpfen. Dies ist verständlich, da dies der vertrautere Weg ist, weniger sozialpolitische Umwälzungen im Innern erfordert, weitaus schnellere Resultate verspricht und keine Selbstaufopferung der politischen Klasse beinhaltet. Diese Strategie erscheint also weniger riskant. Doch auch die reine Renteneffektivierung ist nicht unproblematisch. Sie kann das Regime unter Umständen in einen Aktionismus treiben, dem die *Wahrnehmung der politischen Realitäten* abhanden gekommen ist. Geht der Staatsklasse des Rentiersystems die Fähigkeit verloren, durch *interne Umgruppierungen* das *Krisenmanagement sozioökonomisch flexibel* zu gestalten, dann besteht die Gefahr der *Selbstzerstörung.* Rentiersysteme müssen über *konfligierende* Staatsklassen-Segmente verfügen, die *alternierend* Strategiewenden durchzuführen in der Lage sind. *Extreme* Machtkonzentration in Händen weniger *blockiert* das Krisenmanagement des Rentierstaats und führt zum Untergang des Regimes.

Politische Einflüsse internationaler Renten sind nur gegen den Hintergrund weltwirtschaftlicher Strukturen und Herrschaftsmechanismen zu verstehen. Der Vordere Orient wurde seit den 30er Jahren des 19. Jahrhunderts nach und nach in das Weltwirtschaftssystem integriert und seinen politischen Instrumentarien unterworfen. Wir können seither grob vier Perioden der Dominierung des Vorderen Orients unterscheiden:

Weltwirtschaftssystem und Vorderer Orient: die Zeit des Imperialismus und Neo-Kolonialismus

Bis zum Zweiten Weltkrieg wurde der Mittlere Osten unter der Hegemonie *Großbritanniens* durch militärische Präsenz, politischen Druck, europäische Administration und indirekte Manipulation einheimischer Regime kontrolliert. Das europäische Kapital interessierte sich vor allem für *agrarische Rohstoffe* (Baumwolle, Seide, Getreide etc.) und lokale Märkte, auf denen europäische Industriewaren verkauft wurden; der britische Staat für die *Aufrechterhaltung* von Einflußzonen und strategischer Kommunikationslinien. Die Wirtschaftssysteme der Region wurden unter dem Druck der überlegenen westlichen Ökonomien *verzerrt* (strukturelle Heterogenität) und *partiell ausgeplündert*. Doch schon damals traf das Klischee vom Ressourcentransfer in die Industrieländer nicht für alle Teile des Vorderen Orients gleichermaßen zu. Im Gegenteil. *Manche Staaten erblickten das Licht der Welt erst auf der Basis europäischer Hilfsgelder* (politischer Renten), die sie aus militärischen oder politischen Gründen erhielten *(arabische Halbinsel, Transjordanien).* Und das *Osmanische Reich* nutzte die Konkurrenz der Großmächte so geschickt aus, daß es trotz seiner Abhängigkeit und Erosion höhere Kredite erhielt als es an abgeschöpften Profiten abgeben mußte[12]). Schon damals begannen also moderne orientalische Staaten, sich auf der Basis politischer Renten zu stabilisieren[13]), auch wenn der *größte Teil* anfallender Profite und Renten aus der ökonomischen Durchdringung in die Hände des Auslandskapitals und der lokalen Handels- und Agrarbourgeoisie floß. Gegen Ende dieser Periode konzentrierte sich das wirtschaftliche Interesse der Industriestaaten immer mehr auf die Ölfunde des Mittleren Ostens (Iran 1908), aber dies leitete unter zunehmendem *amerikanischen Einfluß* bereits eine neue Ära ein.

Das transnationale Ölregime der Konzerne

Der Zweite Weltkrieg führte zum *Aufstieg der USA* in die Hegemonialposition des internationalen kapitalistischen Systems. Auch im Vorderen Orient verschoben sich die politischen Gewichte *zugunsten* einer amerikanischen Führung und damit *neuer* Methoden der Kontrolle. *Washington* ging es im Mittleren Osten bis Ende der 60er Jahre primär um die *Sicherung des Erdöls,* denn dieses war in den 50er Jahren zum *Hauptenergieträger* der industrialisierten Welt geworden, mit einem unangefochtenen Zentrum in diesem Raum. Die *ökonomische Kontrolle* der wichtigsten Erdöl-Produktionsstätten durch die führenden Ölkonzerne der Welt *(Exxon, Mobil, Socal,*

Schaubild 2: das transnationale Ölregime der Konzerne

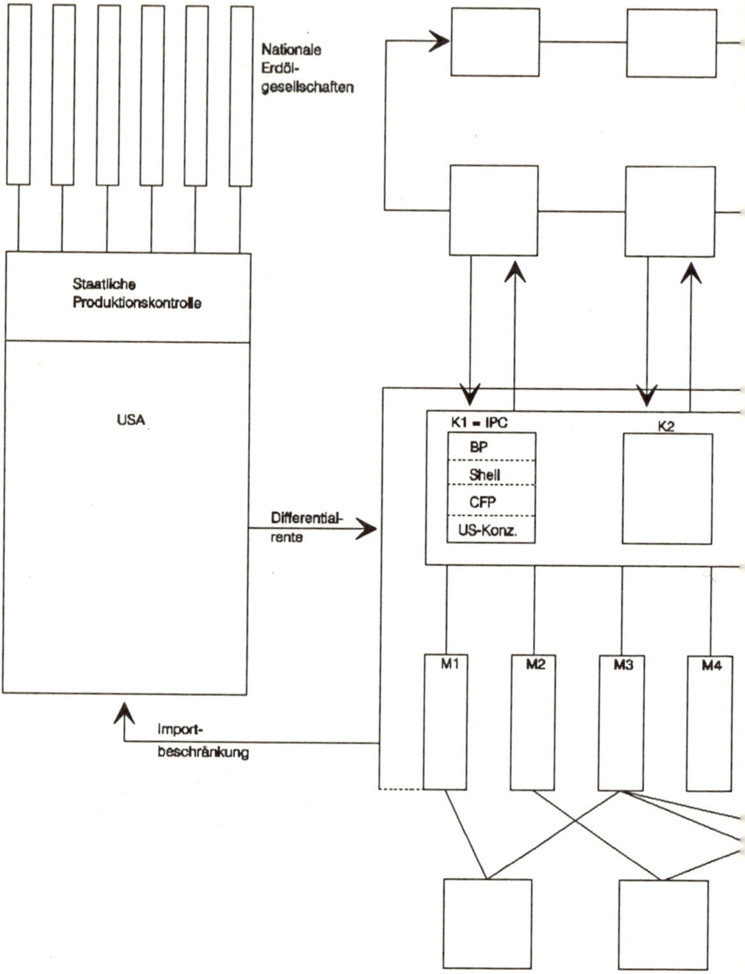

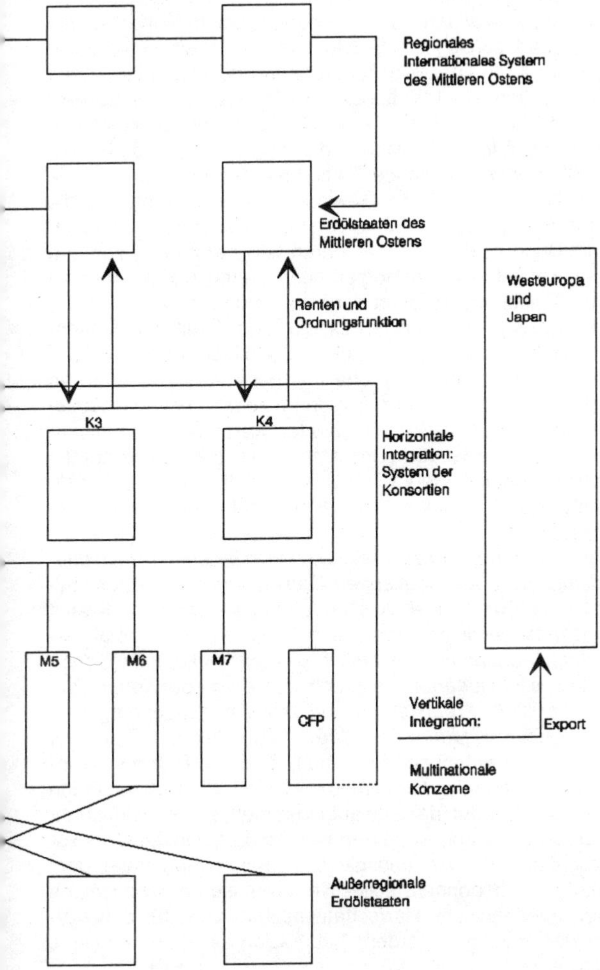
Regionales
Internationales System
des Mittleren Ostens
Erdölstaaten des
Mittleren Ostens
Westeuropa
und
Japan
Renten und
Ordnungsfunktion
K3
K4
Horizontale
Integration:
System der
Konsortien
M5
M6
M7
CFP
Vertikale
Integration:
Export
Multinationale
Konzerne
Außerregionale
Erdölstaaten

Texaco, Gulf, Shell und BP) wurde zum politischen Mechanismus[14]) regionaler Herrschaft (Schaubild 2).

Die Ölkonzerne schufen ein *kartellähnliches Gebilde,* dessen Mechanismen eine Regelung von Produktion, Preis und Investitionen beinhalteten. Über ihre gemeinsamen Produktionsmonopole im *Irak,* in *Saudi-Arabien, Kuwait und Iran* (Konsortien) kontrollierten sie die reichhaltigsten und günstigsten Erdölquellen der Welt. Gleichzeitig verhinderten sie durch spezielle *Absprachen* und *Firmenstrukturen* Überschußproduktion. Und sie banden mit Hilfe staatlicher Vorkehrungen der USA den Weltölpreis an die Ölproduktionskosten in Texas. Durch diesen Interessenverbund der Konzerne mit dem amerikanischen Staat waren *indirekte* Einflußnahmen der USA auf die Weltenergiepolitik möglich, hohe Gewinne (Differentialrente) für die Konzerne und eine politische Steuerung der mittelöstlichen Ölstaaten. Denn die Budgets der Ölländer waren *völlig abhängig* von den Abgaben der Konsortien. Die Regierungen hatten nur begrenzten Einblick in die Geschäftspraktiken der Konzerne und diese manipulierten die Produktion im jeweiligen Ölland (und damit das Renteneinkommen) nach politischem Gutdünken. Sie bildeten also *„Nebenregierungen“,* die das amerikanische Interesse vertraten und den wirtschaftlich wichtigsten Teil der Region im *konservativ-westlichen* Fahrwasser hielten. *Nutznießer* der Ölrenten waren die internationalen Konzerne, aber selbst die „Brosamen“, die sie den Ölstaaten davon abgaben, beeinflußten Klassenkonstellationen, wirtschaftliches Wachstum und sozialen Wandel und schürten soziale und politische Unruhe.

In den *Agrarländern ohne Erdöl* ereigneten sich indessen *Revolutionen* mit *radikalen sozioökonomischen Zielsetzungen (Ägypten, Syrien, Jemen),* die entwicklungspolitische Alternativen boten und damit auch das gesamte westliche Interesse im Mittleren Osten gefährdeten[15]). Die Auseinandersetzung zwischen *westlich-kapitalistischen* Interessen und *revolutionärem* Anspruch wurde von der *konservativen Allianz* aus *USA, Erdölstaaten* und *Israel* nur mühsam, d. h. militärisch, abgeblockt *(Juni-Krieg 1967).* Zur gleichen Zeit aber hatten sich auch die wirtschaftlichen und politischen Rahmenbedingungen des transnationalen Ölregimes verändert: die Konzentration der internationalen Ölindustrie hatte abgenommen, energiewirtschaftliche Veränderungen waren eingetreten, die Hegemonie der USA war erstmals erschüttert worden und die Ölstaaten hatten unter dem Einfluß *Venezuelas* begonnen, kollektive Interessen durchzusetzen (OPEC). Der amerikanische Herrschaftsmechanismus für den Mittleren Osten war brüchig geworden, Repression allein konnte keine Stabilität erzeugen.

Aus Eigentümern werden Nutznießer: Neue Bedürfnisse werden geweckt

Ökonomischer Wandel und politische Interessenverschiebungen führten in den *70er Jahren* zu einer neuen, allerdings labileren Regelung des Ölmarktes. Dieses *zweite Regime* (Schaubild 3) war auch das Resultat höherer *Organisationsmacht* der Erdölstaaten (OPEC), aber es wäre nicht zustandegekommen ohne die Dezentralisierung der Erdölindustrie und die politischen Interessen der USA im Mittleren Osten. In der *„Revolution" des Weltenergiemarktes 1973/74* setzten sich die Eigentümer der Öllagerstätten, also souveräne Staaten, als Hauptnutznießer der größten Preiseskalation der Geschichte durch. Die Konzerne verloren ihre zentrale Stellung, aber sie behielten eine wesentliche Funktion in der Regulierung des Erdölmarktes. Während die OPEC gewisse Preis- und Produktionskontrollen der Konzerne in staatliche Hände überführen konnte, garantierten die Ölfirmen mit ihren intakt gebliebenen Industriestrukturen (Förderung, Distribution, Verarbeitung, Vermarktung) marktgerechte Produktionssignale. Damit konnte *Saudi-Arabien* im Rahmen einer aufwendigen Konferenzdiplomatie Preise und Produktionsmengen politisch *einpendeln (swing producer).* Zusammen mit einer latenten Stützung des neuen Ölpreises durch die *Internationale Energieagentur (Industriestaaten-Organisation)* bildeten diese Mechanismen ein ineinandergreifendes Kontrollinstrumentarium, das den Energiemarkt mehrere Jahre stabil erhielt.

Die Restrukturierung des Erdölmarktes hatte ernorme politische Folgen. Die konservativen Ölstaaten wurden mit finanziellen Ressourcen ausgestattet *(Nord-Süd-Transfer),* die es ihnen ermöglichten, ihre *labilen Regime zu stabilisieren* und groß angelegte Entwicklungsprogramme einzuleiten. Iran und Saudi-Arabien übernahmen stellvertretend für die Konzerne als *Garanten westlicher Interessen* auch international die Aufgabe, durch Militärapparate und finanzielle Einflußnahme den Mittleren Osten politisch zu festigen. Die revolutionären Regime wurden zur Mäßigung und ideologischen Kehrtwendung gezwungen. Kapitalhilfen und Arbeitsplatz-Angebote schlossen Erdölländer mit Nichterdölländern zusammen. So erfaßte der wirtschaftliche Aufstieg die gesamte Region. *Westliche Normen, Bedürfnisse* und *Konsummuster* wurden geweckt und führten den Mittleren Osten in *neue Abhängigkeiten,* wie im Bereich von Nahrungsmitteln, Technologien, Rüstungsgütern etc. Und die reichsten der Erdölstaaten wurden *zusätzlich* in die Finanzzyklen des Weltwirtschaftssystems integriert: als Kapitalanleger, Garanten der internationalen Ordnung (Weltbank etc.) und in der Entwicklungspolitik der Dritten Welt. Diese *finanzielle Einbindung* in das Weltwirtschaftssystem an privilegierter Position bildete den Höhepunkt kapitalistischer Kontrolle im Mittleren Osten. Sie stützte sich auf ein ganzes Geflecht von Rentenflüssen

Schaubild 3: Das Ölregime der Eigentümer-Ära

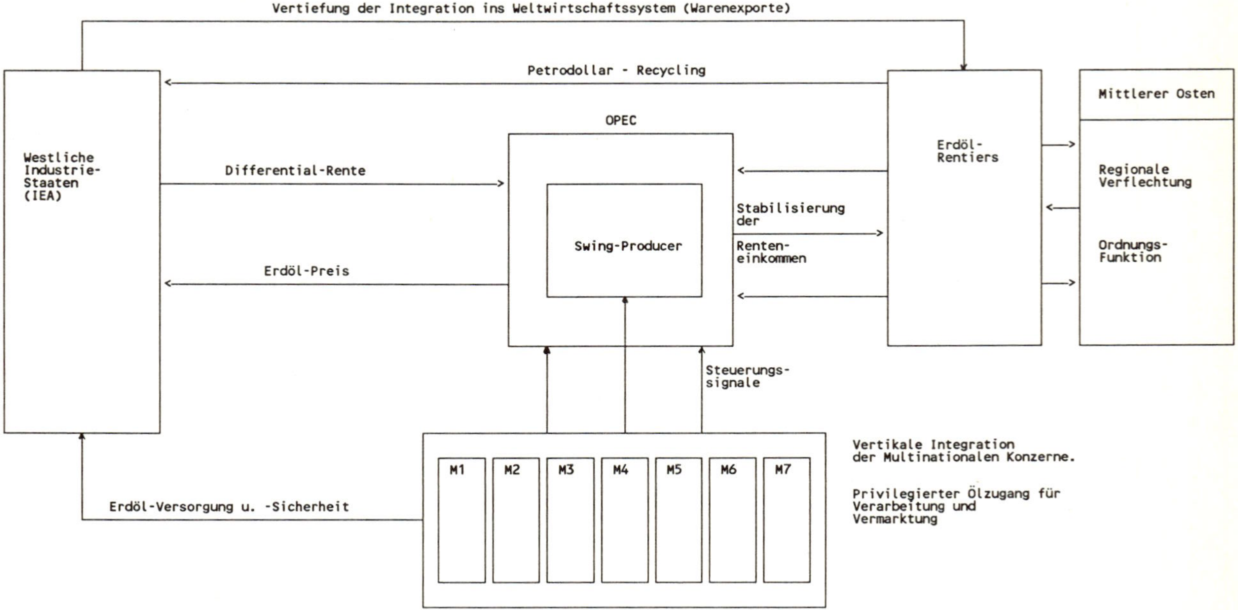

IEA=International Energy Agency

und schuf eine perfekte Pyramide von Rentiersystemen. Aber diese finanziellen Impulse bewirkten kein sich selbst tragendes Wachstum; sie *blockierten* vielmehr eigenständige kulturelle und entwicklungspolitische Bewegungen und suggerierten eine Bonanza-Perspektive, die auf tönernen Beinen ruhte.

Die Abhängigkeit der Ölstaaten vom Weltmarkt

In den *70er Jahren* war es den staatlichen Eigentümern der Erdöllager (Rentiers) gelungen, *Einfluß* auf die Regelung des Weltenergiemarktes zu gewinnen, und zwar auf Kosten des Kapitals (Konzerne) und seiner politischen Stützen (Industriestaaten). Diese Einbindung der Ölrentiers in die Kontrolle des Weltenergiemarktes ermöglichte es, den Mittleren Osten im westlichen Interesse politisch zu stabilisieren. Aber dies war durch eine höhere Labilität der Marktregulierung und vor allem extrem hohe Renten-Transfers von Nord nach Süd erkauft worden. In den *80er Jahren* erfolgte eine Korrektur dieses Arrangements. Die Ölrentiers wurden strukturell gezwungen, einseitig Regelungsfunktionen wahrzunehmen, die zwar kollektiven weltwirtschaftlichen Interessen zugute kamen (Versorgungssicherheit und Preisstabilität), den Eigentümerstaaten aber nur Rentenzuflüsse hart *an der Grenze zur politisch-sozialen Destabilisierung* beschieden. Die Regelung des Weltenergiemarktes beruht heute weitgehend auf einer Art *„Sisyphus"-Funktion* der Ölrentiers: ihre interne Struktur zwingt sie zur Wahrnehmung einer schier *aussichtslosen* aber lebensnotwendigen Aufgabe, deren Nutzen international höchst ungleich verteilt ist.
Die durch die Revolution in Iran 1979 verursachten Preisverzerrungen auf dem Ölmarkt zerbrachen die latente Interessenkonvergenz von Ölstaaten und Konzernen endgültig[17]). Beide Seiten nutzten die zweite Ölpreiseskalation, sich auf Kosten der Partner zu bereichern. Dieser Konflikt löste die *spezielle Beziehung* zwischen Ölstaaten und Großkonzernen weitgehend auf. Der Verlust eines privilegierten Zugangs zu den Ölquellen führte in der internationalen Ölindustrie zu Strukturreformen und ließ sie aus dem Regelungsmechanismus ausscheiden. Seit 1981 standen die Ölstaaten mit ihrer OPEC alleine einem Ölpreisverfall gegenüber, der das Resultat *weltweiter Überproduktion* einerseits und *alternativer Energien und Energieeinsparung* andererseits war und auf die extrem hohen Ölpreise der Vorjahre zurückging. Erst jetzt erkannte die OPEC, daß sie nur durch *Produktionsdrosselung* dem Preisverfall (und ihrem Einkommensverlust) entgegentreten konnte. Aber ohne die Daten und Signale der vertikal integrierten Ölindustrie (von der Produktion bis zum Vertrieb) war die OPEC technisch und politisch (interne Konflikte) zu *keiner* Produktionskontrolle in der Lage. Zahllose Krisen erschütterten die

OPEC. Saudi-Arabien verlor in dieser Phase beinahe seine Führungskapazität, da sein Produktionsvolumen und seine finanziellen Bedürfnisse Produktionsmanipulationen im Interesse der Führung ausschlossen. Seither ist die Führungsposition in der OPEC viel schwächer geworden. Dennoch mußte die Organisation Mitte der 80er Jahre unter dem Druck eines *existenzgefährdenden* Preissturzes *ohne* Hilfe der Industriestaaten, die sich versagten, technische und politische Kapazitäten zur Produktionskontrolle (Volumen und Quotierung) entwickeln.
Seither hält die einseitige Produktionsdrosselung der OPEC-Staaten, die zusammen nur noch rund ein Drittel des Welterdöls produzieren, einen Erdölpreis aufrecht, der einerseits weltweit kostspielige Ölproduktion und alternative Energieprogramme rentabel erhält, andererseits aber nur unzulängliche Renteneinnahmen für die Ölstaaten realisiert. Ein Ausbruch aus dieser Zwangssituation (Mehrproduktion oder höhere Produktionseinschränkung) wird jedoch durch die *Struktur* der Ölrentiers verhindert (Schaubild 4). Unter *„Struktur"* verstehen wir sozioökonomische und politische Mechanismen. Ölrentiers sind durch *„strukturelle Heterogenität"* gekennzeichnet, was ein *doppelt vermitteltes Produktionsgefälle* bedeutet. Zum einen verfügen sie (im Vergleich zu Industriestaaten) nur über *einen* international konkurrenzfähigen Wirtschaftssektor: die Ölindustrie. Zum anderen existieren intern zwischen dieser und anderen Branchen *so große Produktivitätsunterschiede,* daß an ökonomische Alternativen kurz- oder mittelfristig nicht zu denken ist. Ölstaaten verfügen also (im Gegensatz zu Industriestaaten mit Ölquellen) im Falle krisenhafter Entwicklungen auf dem Ölmarkt *weder* über Vorteile in anderen Wirtschaftsbranchen (geringere Energiekosten, Verschiebung wirtschaftlicher Dynamik), *noch* über alternative Strategien der Wirtschaftsförderung. Einzig und allein der Ölsektor garantiert nach marktwirtschaftlichen Kriterien adäquate Einkommen. Politisch wird diese Struktur durch den Herrschaftscharakter der politischen Elite gestützt. Das Staatsklassen-Regime bindet mit Hilfe seiner Renteneinnahmen verschiedene soziale Gruppen an sich. Sein politisches *standing* hängt also von sicheren, überdurchschnittlichen Einkommen ab, und die liefert ihm nur der Ölsektor. Dieser sozioökonomische Rahmen, der dem Regime in seiner Wirtschaftspolitik wenig Spielraum läßt, ist, wie wir gesehen haben, Resultat historischer Prozesse der Einbindung in das Weltwirtschaftssystem. Aber darüber hinaus ist diese Struktur in den 70er Jahren gerade durch den exzessiven Rentenfluß und neue Integrationsebenen erst vertieft worden. Insofern sind die Rentiers auch *Opfer* ihrer Privilegierung geworden, denn sie hat die sozioökonomischen Verzerrungen erst zementiert und in *entwicklungspolitische Sackgassen* geführt.

Schaubild 4: Die strukturelle Regulierung des Ölmarktes

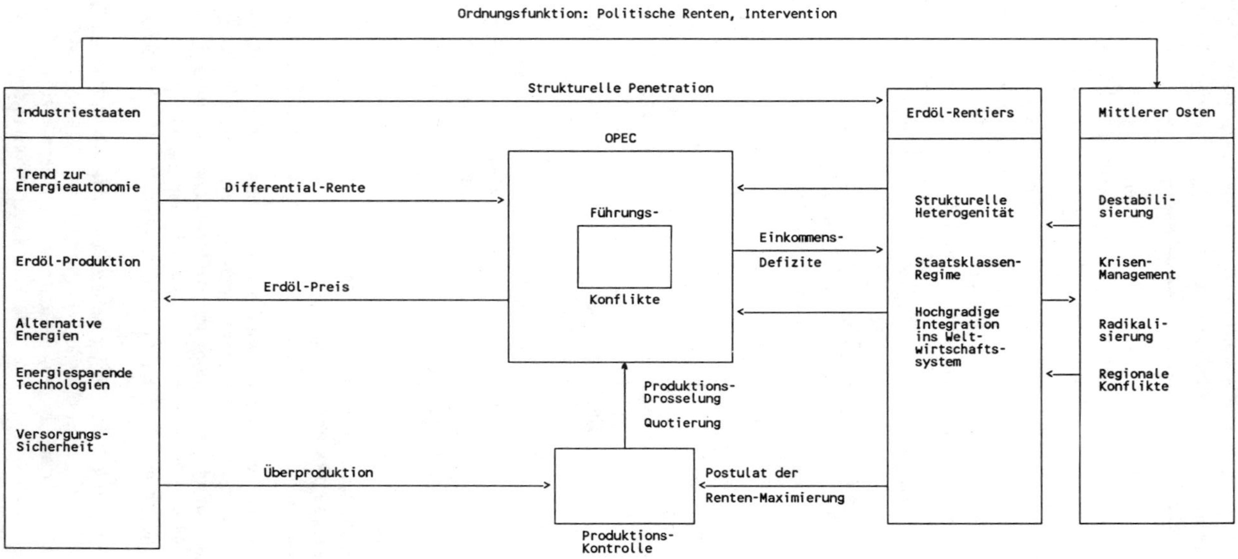

Rentenrückgang und Systemkrise

Implizierten die beiden ersten Regelungsmechanismen des Erdölmarktes Interessendivergenzen und Konflikte zwischen Kapital und Industriestaaten einerseits, sowie Eigentümern der Lagerstätten andererseits, so hängt die Wirksamkeit der Regelung und damit die Existenz der Ölstaaten heute weitgehend davon ab, wie es ihnen *untereinander* gelingt, sehr verschiedene Bedürfnisse und Interessen im Spannungsfeld von Produktionsvolumen und Ölpreis in Einklang zu bringen. Dies kann man aus ökonomischer Perspektive als *Entlastung* des Weltenergiemarktes, seiner führenden Akteure und der Verbraucher in den Industriestaaten interpretieren, doch ist der *Preis* dafür auf politischer Ebene zu entrichten. Der *Rentenrückgang* stürzte die Mehrheit der Staaten im Mittleren Osten in *innergesellschaftliche Krisen,* die indirekten regionalen Steuerungsmechanismen wurden stumpf, Destabilisierungstendenzen erforderten Stützungsmaßnahmen durch politische Renten. Hinzu kamen zwischenstaatliche Konflikte, die den Großmächten die Rückkehr zur *direkten militärischen Intervention* aufzwangen, während die regionale Ordnung der Staaten erneut zur Disposition steht. In Zukunft wird daher der politische und militärische Interventionismus der Großmächte im Mittleren Osten *eher zunehmen* als abnehmen. Und die *ungebrochene* Relevanz des Erdöls als Energieträger der industrialisierten Welt verurteilt jeden idealistisch geprägten Aufruf zur politischen Abstinenz im Vorderen Orient zum Scheitern. Im Kontext dieser internationalen und weltwirtschaftlichen Bedingungen ist heute nicht nur die regionale Politik des Mittleren Ostens zu interpretieren, sondern auch das Krisenmanagement der einzelnen Rentierstaaten. Und *nur* gegen diesen Hintergrund sind viele Prozesse überhaupt verständlich zu machen.

Die politische Ökonomie des Irak: die Phase des ancien régime

Wir werden im folgenden die Geschichte des Irak[18]) und den Wandel seiner politischen Ökonomie darstellen, eingebettet in das Strukturmuster seiner regionalen und weltpolitischen Umwelt. Dies ergibt eine Periodisierung, die nicht unmittelbar mit der politischen Geschichte harmoniert, aber manche ihr Widersprüchlichkeiten erklären hilft.

Der heutige *Irak,* im Osmanischen Reich ein uneinheitliches Gebilde von drei Provinzen *(Mossul, Baghdad, Basra),* geriet erst Mitte des 19. Jahrhunderts in den Strudel moderner Entwicklung[19]). Technische Innovationen (Suez-Kanal, Dampfschiffahrt) und politische Kon-

trollmaßnahmen Großbritanniens zur Sicherung der Golfregion schufen die Voraussetzungen zur Einbindung des Zweistromlandes in das Weltwirtschaftssystem. Eine *Agrar-Exportökonomie* (Getreide, Datteln) entstand, mit markanten sozialen Folgen: einerseits der *Transformation* großer *nomadischer Bevölkerungsteile* zu einer breiten Schicht seßhafter Bauern, andererseits der *Kristallisation* eines *Großgrundbesitzes* (Kaufleute, Stammesführer, ehemalige Steuerpächter), der bemüht war, Eigentumsrechte über Grund und Boden juristisch zu erwirken. Der Osmanische Staat versuchte seinerseits, die günstige wirtschaftliche Entwicklung steuerlich zu nutzen, stand aber strukturell und politisch *jeder* Herausbildung eines Großgrundbesitzes mit Eigentumsrechten feindlich gegenüber. *Privates Grundeigentum* im modernen Sinne gab es bis zum Ersten Weltkrieg relativ wenig, aber dies war das Resultat einer staatlichen Eindämmungspolitik, die der kapitalistischen Entwicklung im Wege stand.
Im 19. Jahrhundert galt das britische Interesse sowohl den Industriegüter-Importen des Landes wie seinem Export von Agrarerzeugnissen. Rund *zwei Drittel* des lokalen Außenhandels lagen in britischer Hand. Aber schon vor dem Ersten Weltkrieg beherrschte das Erdöl alle strategischen Überlegungen Großbritanniens[20]). Die Kriegsmaschinerie des *Empire* verlangte nach eigenen Erdölquellen, um von den Energieimporten aus Amerika *(USA, Mexiko, Venezuela)* unabhängig zu sein. Noch unmittelbar vor Kriegsausbruch sicherte sich in Istanbul ein *britisch-deutsches Konsortium* die Schürfkonzession für die Provinz *Mossul.* Der Erste Weltkrieg schaltete die deutschen Interessen aus, doch mußte Großbritannien jetzt die Expansion der amerikanischen Konzerne in den Mittleren Osten hinnehmen. 1929 etablierte sich im Irak nach langem diplomatischen Ringen das erste *britisch-französisch-amerikanische Konsortium* mit einem nationalen Schürf- und Produktionsmonopol *(Iraq Petroleum Company, IPC).* Aber noch dominierte London den Mittleren Osten.
Im Weltkrieg von Großbritannien erobert, war der Irak den Briten als *Völkerbunds-Mandat* zugesprochen worden. Das erste irakische Regime entsprach voll und ganz britischen Interessen und Praktiken. Seine sozioökonomische Struktur und seine politische Machtverteilung dienten der *indirekten, neokolonialen* Herrschaft. Als erstes verhalf Großbritannien einem *privaten Großgrundbesitz* zur vollen Entfaltung. Ihm wurden weitgehende *administrative und juristische* Rechte auf lokaler Ebene übertragen. Dieser *„herrschenden Klasse"* stellten die Briten aber einen Staatsapparat gegenüber, der von außen kam: eine *Dynastie aus dem Hedschas* und eine *osmanisch-arabische* Gruppe von Beamten und Offizieren. Um sich gegen die herrschende Klasse behaupten zu können, war diese Administration auf die politische Hilfe Großbritanniens und die finanzielle Stützung durch den Erdölkomplex angewiesen. Die internationale Rente, aus der die *IPC* etwas abgab, versetzte Herrscherhaus und Bürokratie in die Lage, auf die Besteuerung des Großgrundbesitzes und der Handelsbourgeoisie weitgehend verzichten zu können. Relativ *unabhän-*

gig voneinander, konnten sich herrschende Klasse und fremde Administration politisch arrangieren. Großbritannien nutzte die Machtbalance, um dem Regime eine Kontrolle aller wesentlicher Politikfelder (Außenpolitik, Sicherheit, Verteidigung, Wirtschaft) aufzuzwingen. Das Arrangement von Staat, herrschender Klasse und imperialistischer Kontrollmacht funktionierte aber bald so gut, daß Großbritannien den Irak 1932 in die formale Unabhängigkeit führen konnte. Dies änderte freilich an den Grundstrukturen des *„ancien régime"* bis 1958 nur wenig. Trotz Auseinandersetzungen um finanzielle Spielräume (mißglückter Versuch, konkurrierende Ölfirmen ins Land zu holen) und größere Eigenständigkeit in der Außenpolitik blieb die Interessenkonvergenz von Staat, herrschender Klasse und Hegemonialmacht weitgehend stabil.

Die revolutionäre Kraft der Rente

Am Ende des Zweiten Weltkriegs setzten die *USA* die Führungsrolle der amerikanischen Konzerne in der regionalen Erdölpolitik gegen die britischen Interessen durch. Washingtons politische Strategie führte zu einer weltweiten Vereinheitlichung der Beziehungen zwischen Konzernen und Ölstaaten[21]). Eine Gewinnaufteilung von *50:50* zwischen Kapital und Eigentümern der Ölquellen stockte die Renteneinnahmen der mittelöstlichen Ölstaaten beachtlich auf. Dieser Rentenfluß *veränderte* innerhalb weniger Jahre das sozioökonomische Profil des Irak und ließ ein *Konfliktpotential* entstehen, das 1958 in eine Revolution mündete.
Über zwei Drittel der Ölrente flossen jetzt in die Entwicklung der Landwirtschaft. Durch groß angelegte Bewässerungs- und Landgewinnungsprojekte sollte der Agrarsektor dynamisiert werden. Aber die Strategie konnte nur *langfristig* wirken und mußte einseitig dem Großgrundbesitz zugutekommen. Dieser hatte aber indessen aufgrund seiner politischen Macht, seines städtischen Charakters und extremer Landkonzentration die Landwirtschaft des Landes beinahe *ruiniert.* Das Resultat waren Produktivitätsverfall, Ertragsrückgänge, Verelendung der Landbevölkerung und Landflucht. Dieser Prozeß war unter dem soziopolitischen Status quo, wenn überhaupt, nur sehr mühsam zu stoppen. Die einseitige Konzentration der Rente in diesem Wirtschaftssektor spiegelte die gesellschaftlichen Machtverhältnisse wider und gleichzeitig die Unfähigkeit des Regimes, wachsenden Herausforderungen entgegenzutreten.
Ein wesentlich kleinerer, doch nicht unwichtiger Anteil an der Rente gab *Handel und Manufakturindustrie* neue Impulse. In den 50er Jahren entstand zwischen Handels- und Agrarbourgeoisie eine neue Klasse von Unternehmern (Textil- und Nahrungsmittelindustrie, Baumaterialien), die aufgrund *guter politischer Beziehungen* an staatli-

che Kredite herankam, und so einen Teil des Rentenflusses daran hinderte, wieder dem Auslandskapital zugutezukommen. Dieser Industrialisierung verdankte eine *kleine moderne Arbeiterschaft* ihre Existenz. Da sich der Staat jedoch im Spannungsfeld von Auslandskapital und Großgrundbesitz nur am Rande für die Industrialisierung einsetzte (Importsubstitution), blieb die Industriebourgeoisie in ihrer Entwicklung ebenso *blockiert,* wie die Arbeiterklasse, während das Wirtschaftssystem nicht in der Lage war, die wachsende Anzahl der *Landflüchtigen* in den Städten zu absorbieren. Noch folgenreicher war jedoch, daß der Staat im Kontext privatkapitalistischer Entwicklung nur geringe *Interventionsmechanismen* schuf, daher wenig Personal benötigte, und deshalb den expandierenden, gebildeten Mittelschichten *weder Unterkommen noch Perspektiven* bot. Die einseitige *Allokation* damals noch relativ begrenzter Renteneinnahmen nach innen ignorierte das Anwachsen einer *breiten sozialen Oppositionsfront* aus nationaler Bourgeoisie, Mittelschichten, Arbeiterschaft und Marginalisierten, die sich gewissermaßen als *„strategische Gruppen“* (Evers)[22]) herauskristallisierten, politische Organisationen und Ideologen entwickelten und das Regime in immer gewaltsamer werdende Auseinandersetzungen verwickelten.

Die Revolution „von oben“

Die Revolution von 1958 entsprach dem Modell einer *Revolution von oben*[23]). In einer durch internationale Konflikte (Baghdad-Pakt, ägyptische Revolution) ausgelösten *Regimekrise,* die den Staat einer breiten Massenbewegung auszuliefern drohte, putschte ein kleiner Teil des *Offizierscorps*, um den Systemwandel unter bürokratischer Kontrolle zu behalten. Das nun folgende Jahrzehnt war gekennzeichnet durch die Herausbildung einer *„Staatsklasse“* einerseits und die *Eindämmung* gesellschaftlicher Beteiligung an der Revolution andererseits. In diesen Prozeß eingewoben war die Auseinandersetzung um die geeignete Entwicklungspolitik für den Irak. Wir können die Periode der revolutionären Machtkonsolidierung in drei Phasen unterteilen.

Unter *General Qassem* (1958–1963) zerstörte das neue Regime die wirtschaftliche Macht des Großgrundbesitzes und brach mit den politischen Institutionen des *Neokolonialismus* (Monarchie, Parlamentarismus). Den Ölkonzernen wurde ein Reformprogramm signalisiert (Abbau der Monopolstellung), aber die Offiziere legten sich mit dem internationalen Kapital *nicht* an. *Weder* institutionell, *noch sozioökonomisch abgesichert, balancierte Qassem* zwischen den von der *Kommunistischen Partei* organisierten städtischen Massen einerseits, und dem progressiven, aber organisatorisch schwachen *Bürgertum* andererseits. Dies spiegelte sich wirtschaftspolitisch in einem

linken Programm wider (Landreform, Regelung der Arbeitsbeziehungen, Wohlfahrtspolitik), das nur unzulänglich realisiert wurde.
In der zweiten Phase (1963–1968) *liquidierte* das Regime die politische Organisation der städtischen Massen (Kommunistische Partei). Damit entledigte sich die Bürokratie der *einzigen gesellschaftlichen Konkurrenz,* die ihr den Besitz des Staatsapparates streitig zu machen drohte. Jetzt setzten sich Offiziere durch, die ihre persönliche Macht im Staatsapparat auf *Verwandtschaftsbeziehungen* und *kommunalistische Bindungen (Ethnien, Konfessionen* etc.) stützten *(Abdal-Salam und Abdal-Rahman Arif).* Damit waren sie von den gesellschaftlichen Teilen der Revolutionsbewegung unabhängiger und konnten diese etwas leichter steuern. Aber der Zwang zur *sozialen Absicherung* des labilen bürokratischen Regimes blieb. Daher stützte sich das Revolutionsregime in der *Arif-Periode* auch wieder auf zwei widersprüchliche Kräfte in der Gesellschaft – das Bürgertum und die gebildeten Mittelschichten. Während die Mittelschichten eine *Expansion* des Staatsapparates erwarteten, um als Staatsbedienstete in das Regime integriert zu werden, drängte das *Bürgertum* auf eine privatwirtschaftliche Industrialisierung des Landes, die über die Ölrente finanziert werden sollte. Daraus ergab sich ein *wirtschaftspolitischer Antagonismus.* Einerseits förderte der Staat das Privatkapital, versorgte es mit zusätzlichen Ressourcen, fror die Verteilung privaten Grundeigentums ein und akzeptierte das Bemühen des Bürgertums um politischen Einfluß (Ministerpräsident *al-Bazzaz*). Andererseits begann das Regime mit der *Verstaatlichung der Schlüsselindustrien* und großer Teile des Distributionssektors (Banken, Handel), sowie dem Aufbau einer staatlichen Planung, einen Interventionsmechanismus zu errichten, damals allerdings vorwiegend, um den Mittelschichten entgegenzukommen. An der *„Ölfront“* agierte das Regime nach wie vor vorsichtig. Der zunehmende Druck einer sich zersplitternden Erdölindustrie und die ersten Erfolge der 1960 gegründeten *OPEC* verdoppelten die irakischen Öleinnahmen in den 60er Jahren auch ohne daß sich das Revolutionsregime engagieren mußte. Diese Einnahmen gaben dem Staat bescheidene Handlungsspielräume, die dem Ausbau der Bürokratie (Mittelschichten), dem Privatkapital (Bürgertum) und der Wohlfahrt (städtische Massen) zugute kamen. Dennoch *stagnierte* die wirtschaftliche Entwicklung aufgrund des Widerspruchs von Staatsinterventionismus und privatkapitalistischer Interessen (Kapitalflucht, Erholung des Großgrundbesitzes), während die Vielfalt der aufgestauten Erwartungen auf der bestehenden Rentenbasis nicht erfüllt werden konnte.

Ba'th-Offiziere erobern die Macht

In dieser Situation rissen die radikalen *Ba'th-Offiziere* unter *al-Bakr*

1968 die Macht an sich. Ihr politisches Durchsetzungsvermögen beruhte einerseits darauf, daß sie ihren *verwandtschaftlich-lokalen Rückhalt (Takrit)* durch den *Aufbau eines zentralistischen Parteiapparates* erweiterten, andererseits, daß sich ihr *Entwicklungsprogramm* auf die Interessen der Mittel- und Unterschichten konzentrierte. Der *radikale* Flügel der Bürokratie (Offiziere, Beamte, Parteifunktionäre, Top-Manager der Staatsbetriebe) setzte auf eine *sozialistische* Strategie (1968–1974): die Vertiefung der Agrarreform, den Aufbau eines öffentlichen Wirtschaftssektors und den Kampf um höhere Rentenanteile zur Finanzierung wirtschaftspolitischer Impulse.

Im Gegensatz zu den *gemäßigten Bürokraten* strebten die Radikalen eine unmittelbare, institutionelle Kontrolle des Erdölsektors an. Zu dieser Zeit stammten bereits über 70% der Staatseinnahmen aus der Ölrente; das Regime erkannte, daß seine Existenz primär auf dieser finanziellen Basis beruhen mußte. Die anstehende Auseinandersetzung mit der *IPC* wurde sorgfältig vobereitet. Die Niederlage, die Iran unter *Mossadegh 1951* durch die Konzerne bezogen hatte, sollte sich nicht wiederholen. Mit Hilfe der Sowjetunion wurden die technischen Voraussetzungen für eine eigene nationale Ölproduktion geschaffen *(Rumaila im Südirak)*, mit französischer Hilfe gelang es, die *Blockierung* des Vertriebs zu verhindern. Mit dieser Rückversicherung wagte Baghdad die Eskalation des Konflikts mit den Konzernen um höhere Rentenanteile, die 1972 in der Verstaatlichung der IPC gipfelte. Auch wenn der Konflikt auf dem Hintergrund einer sich auflösenden internationalen Regelungsstruktur stattfand, waren der irakischen Staatsbürokratie *Mut und Geschick* nicht abzusprechen.
Parallel zum Rentenkonflikt strebte das *Ba'th-Regime* eine massenorientierte Entwicklung an. In der wissenschaftlichen Literatur zum Irak wird diese kurze Phase vor dem erneuten *Strategiewandel* nach 1974 meist übersehen. Sie ist jedoch wichtig, um den Charakter des Revolutionsregimes zu verstehen. *Trotz steigender Renten waren die Einnahmen des Staates immer noch bescheiden* (1972 rund 575 Mio. $). Das Regime setzte auf eine Wirtschaftsdynamik, die einer *neuen Agrarreform* und einem *staatlichen Industrialisierungsschub* entspringen sollte. Sozialpolitisch implizierte dies die *Abwendung* vom nationalen Bürgertum und die *Kooptation* der nunmehr organisatorisch (und physisch) geschwächten Kommunisten. Benevolent und nicht ohne Druck wurde die Linke zu einer *Koalition* gedrängt *(Nationale Patriotische Front)*, in der ihre intellektuellen, programmatischen und ideologischen Kapazitäten genutzt wurden. Dieser Kurs kam aber auch den Mittelschichten zugute, denn er sah einen rigorosen *Ausbau* des staatlichen Planungs- und Steuerungsinstrumentariums vor und damit vielfältige Anstellungsmöglichkeiten für die gebildeten, modernen Schichten. Das *Ba'th-Regime* leitete in der Landwirtschaft *tiefgreifende Strukturveränderungen* ein (staatliche Steuerung, Landverteilung, Wohlfahrts- und Infrastruktur, Investitionen), die zwar den mittleren Grundbesitz bevorzugten, aber

auch den armen Bauern zugutekamen (Lebensstandard). Gleichzeitig kümmerte sich der Staat um die Arbeits- und Lebensverhältnisse der städtischen Arbeiter (Regelung der Arbeitsbeziehungen, Minimallöhne, soziale Sicherheit) und legte mit dem Aufbau des öffentlichen Wirtschaftssektors die Grundlage für die weitere Stärkung der Staatsklasse (Management). Diese Konzentration auf eine *interne Transformation* der Wirtschaftsstruktur (zweifellos durch die Ölrente finanziert) lockerte auch die traditionellen Außenhandelsbeziehungen *(Diversifikation des Außenhandels)* auf und drängte den Irak in eine *regionale Außenseiterposition.* Zusammen mit *Syrien, Libyen* und der *PLO* löste sich der Irak aus dem *main stream* der regionalen Entwicklung, die einem *Ausgleich* mit den westlich-kapitalistischen Interessen entgegenstrebte. *Sozioökonomische Isolation und eigener Entwicklungsweg* führten zur Konsolidierung eines Staatsklassen-Regimes, das sich auf politischer Ebene durch *ungewöhnliche Brutalität und Machtkonzentration* auszeichnete, bei der Mehrheit der Bevölkerung dennoch nicht unpopulär war.

Die Rente als Entwicklungshemmnis

Die *Reorganisation* des Weltenergiesystems 1973/74 traf das irakische Regime mit seinem *sozialistischen* Entwicklungskurs ohne dessen Zutun. Auch als Außenseiter wurde der Irak zum Nutznießer der Renteneskalation. Hatte der irakische Staat 1972 Öleinnahmen im Werte von 575 Mio. $, so stieg dieses Einkommen auf 6 Mrd. 1974, 11,7 Mrd. 1978 und 26,5 Mrd. 1980. Die irakische Staatsklasse, die sich eben erst für einen langen, mühsamen Entwicklungsweg entschlossen hatte, wurde mit *märchenhaftem Reichtum* überhäuft. Dies löste sie aus der machtpolitisch notwendig erscheinenden *Verpflichtung* einer Kooperation mit den Unterschichten und einer binnenmarktorientierten Strukturtransformation. Das bürokratische Regime konnte auf der Basis schier unerschöpflicher Ressourcen darauf *verzichten,* Umverteilungen von Reichtum und sozialen Positionen vorzunehmen, nur um wirtschaftliches Wachstum in Gang zu setzen. Es konnte sich vielmehr darauf *beschränken,* durch *Ressourcenverteilung* wirtschaftliche Anstöße zu geben und *Legitimation zu „kaufen".* Als primär an der politischen Macht (Besetzung des Staatsapparates) interessierte Bürokratie ohne gesellschaftliche Bindung, war der sozioökonomische Gehalt der Entwicklung für die Staatsklasse sekundär. Deshalb war sie auch sehr schnell bereit, ihre Strategie zu ändern.

Schon bald nach 1975 zeigte das Revolutionsregime ein völlig *neues* sozioökonomisches Profil: die Koalition mit den Unterschichten wurde abgelöst durch ein Bündnis mit der Bourgeoisie. Als *Opfer* dieser Wende, fielen die Kommunisten erneut der Marginalisierung und

Vernichtung anheim. Gleichzeitig baute das Regime seinen Parteiapparat aus und damit seine *Kontrolle über alle Lebensbereiche der Gesellschaft* (Indoktrination, Mobilisierung von oben und Observation). Dies spiegelte die *Entfremdung einer Rentierklasse* wider, die auf *keine* politische Koalition mehr angewiesen war und sich in ihrer Beziehung zur Gesellschaft auf Allokation und Kontrolle *(Repression)* verließ. Dementsprechend beobachten wir auch eine *Kontraktion* politischer Macht auf einen winzigen Personenkreis innerhalb des Regimes; Nutznießer dieses Prozesses war *Saddam Hussein,* der langjährige Weggefährte und Adlatus *al-Bakrs.* Extern vollzog der Irak eine *Integration* in das kapitalistische Weltwirtschaftssystem, reduzierte seine Beziehungen zu den sozialistischen Staaten und paßte sich den regionalen Strukturen an, die weitgehend durch Rentenströme bestimmt wurden. Dies unterwarf den Irak erneut den *Normen und Mechanismen des Weltmarktes,* aber auf einer Ebene, die neue politische Reaktionsmuster schuf.

Der irakische Staat als Entwicklungsmotor: ein Opfer seiner Ansprüche

Der Rentensegen *(87% der Staatseinnahmen)* machte den irakischen Staat zum *zentralen Motor* der Wirtschafts- und Entwicklungspolitik. Sein Anliegen war, ein ambitiöses Entwicklungsprogramm möglichst schnell und auf der *höchsten technologischen Qualitätsebene* zu verwirklichen. Dies konnte mit Hilfe des öffentlichen Sektors allein aus strukturellen, ideologischen und praktischen Gründen nicht geschehen. So *öffnete* sich das Regime dem Privatkapital: dem nationalen, soweit wie möglich und dem internationalen soweit wie nötig. Aber der sich daraus ergebende Einbruch der westlichen kapitalistischen Großunternehmen in den Irak, führte in kürzester Zeit zur *Dominierung des Entwicklungsprozesses* durch das überlegene Auslandskapital, dessen technologische Standards alle Bereiche der Wirtschaft zu determinieren begannen. Der Staat *verlor* seine Steuerungskapazität in der Produktionssphäre und zog sich immer mehr auf die *Steuerung der Zirkulationsstruktur* zurück. Dies hing mit der Schwerpunktsetzung der Entwicklungspolitik zusammen.
Die *Prioritäten* der staatlichen Ausgaben lagen im Bereich der *Infrastruktur* (Bauwesen, Kommunikation, Transport, Lagerhaltung) und der *Industrialisierung.* Dabei wiederum war der Ausbau des *Erdölsektors* (Exploration, Entwicklung, Verarbeitung) und seiner abgeleiteten Industrien (Petrochemie, Kunststoff, Eisen und Stahl) vorrangig, dann Düngemittelproduktion und Nahrungsmittelindustrie. Wie die meisten Erdölstaaten, *vertiefte* auch der Irak durch diese Schwerpunktsetzung seine Abhängigkeit vom Erdöl. Zum einen diente sie nur der Erhöhung des Rentenflusses, zum anderen war sie allenfalls

auf der Basis massiver Rentensubventionen konkurrenzfähig. Noch wichtiger war jedoch, daß diese Industrialisierung hoch spezialisierter internationaler Konzerne bedurfte. Deren Technologie setzte Maßstäbe, erzwang weitere *Technologie-Importe,* verdrängte einfachere Technikstrukturen (auch die der sozialistischen Staaten), prägte die einheimische Allokation der Finanzressourcen und lenkte darüber hinaus durch ihre *Monopolpreise* beachtliche Teile der Rente wieder *zurück* in die Industriestaaten. Diese Prozesse hatten ganz zentrale Konsequenzen für die sozioökonomische Entwicklung der Gesellschaft.

Die Wende zum Privatkapital generell förderte nicht nur die Kooperation mit ausländischen Firmen, sie verlagerte vielmehr die Aufmerksamkeit des Regimes auf das irakische Bürgertum. Der Staat *konzentrierte* sich auf die öffentlichen Großbetriebe, die ohnehin nur durch ausländische Unternehmen ausgebaut werden konnten, und drängte die Privatwirtschaft zur Wahrnehmung einer aktiven Unternehmerrolle. Dies geschah durch die Vergabe von Aufträgen, äußerst günstiger Kredite, hohe Vorauszahlungen, extreme Steuerbegünstigung, subventionierte Rohstoffe und Maschinenimporte und die Vergabe von Lizenzen und Monopolen. Im Kontext einer allgemeinen Öffnung zum Weltmarkt und der staatlichen Allokationspraktiken konnte ein solches Bürgertum dennoch nur ein sehr *verzerrtes Profil* entwickeln.

Neben einer florierenden Handelsbourgeoisie, die den wachsenden Importbedürfnissen der Rentiergesellschaft entsprang, bildete sich im Irak eine Unternehmerschicht heraus, die ihre Existenz einerseits staatlichen Aufträgen und Kapitalimpulsen, andererseits der Kooperation mit ausländischen Unternehmen verdankte. Die wirtschaftlichen Hochburgen dieses neuen Bürgertums waren die Bauindustrie, das Transportgewerbe, die Leichtindustrie (Nahrungsmittel, Textil) und verschiedene handwerklich-industrielle Zulieferbetriebe. Sie expandierten in den 70er Jahren ebenso schnell wie der öffentliche Sektor und sie konkurrierten bald mit diesem um knappe Arbeitskräfte und staatliche Kapitalallokation. Soweit sich diese Unternehmerschicht jedoch höherwertigen Produktionen zuwandte, stieß sie auf die unüberwindliche Barriere ausländischer Importwaren und kam (ohne staatlichen Protektionismus) über eine perspektivlose *„Montageproduktion"* (Zusammensetzen importierter Einzelteile) nicht hinaus. Damit drängten die Unternehmer aber immer wieder zurück zu den staatlichen Mechanismen neuer Rentenschöpfungen. Um seine Unternehmer zu unterstützen, zwang der Staat ausländischen Firmen *Kooperationen* mit einheimischen Vermittlern, Juniorpartnern, Vertragsfirmen oder auch nur Strohmännern auf. Oder er verlangte von Unternehmen, die Großaufträge anstrebten, die Errichtung von Reparaturwerkstätten etc., die dann an irakische Aspiranten kostengünstig verkauft wurden. Damit expandierten neben einer *kleinen Schicht echter Unternehmer* zahllose *para-parasitäre Wirtschaftssubjekte*, deren Wohlergehen *primär* vom Anschluß an die staatlichen Rentenzyklen abhing. Denn nur durch die Politik des Staates wurden vielfältige und sichere Bereicherungsmöglichkeiten geschaffen.

Der Staat gibt die Zügel aus der Hand: Leidtragende sind die Bauern

Wie *stark* dieses neue Bürgertum mit der Staatsklasse liiert war, geht daraus hervor, daß große Teile dieser Schicht aus neureichen Aufsteigern bestanden, die aus den *gleichen Provinzen* kamen wie die Staatsbürokratie. Darüber hinaus waren aber auch erste *Verflechtungen* zwischen Staatsklasse und Bürgertum zu beobachten: private wirtschaftliche Beteiligungen von Top-Bürokraten an Unternehmungen, die von ihnen qua Amt Rentenzuweisungen erhielten. Inwiefern diese Tendenzen als *Klassenbildung (Hybridisierung)* zu werten sind[24]), müßte genauer untersucht werden. In den 70er Jahren diente der Aufbau des Bürgertums wohl *primär der Legitimation* des Regimes und der Klientelbildung. Allerdings wuchs das Selbstbewußtsein des Bürgertums und auch seine informelle Einflußnahme auf die Staatsbürokratie.
Die durch den Rentensegen bedingte Strategiewende *beendete* auch das landwirtschaftliche Engagement des Regimes. Zum einen war eine *binnenmarktorientierte Entwicklung* nicht mehr gefragt, zum anderen verhüllte die *neue Kaufkraft* des Staates alle Bedenken bezüglich der Nahrungsmittelproduktion. *Nahrungsmittel-Importe* ersetzten nicht nur die Ausfälle der eigenen Landwirtschaft, sondern erfüllten auch die gestiegenen Konsumbedürfnisse. Der *Rückzug des Staates aus der Steuerung der Produktionssphäre reduzierte auch seine Hilfestellung für die Landwirtschaft. Die Leidtragenden* waren einmal mehr die *armen Bauern,* die nun erneut in die Städte strömten, dort jetzt aber weitgehend durch den staatlichen Dienstleistungsbereich und die Privatwirtschaft aufgefangen werden konnten. Zweifellos blieb der *Lebensstandard der Massen* im Kontext wachsender sozialer Polarisierung *niedrig* (z. B. Wohnverhältnisse), doch gänzlich ausgegrenzt wurden sie nicht. Der Staat sorgte *direkt oder indirekt* für Arbeitsplätze, Nahrungsmittelsubventionen, Wohlfahrts- und Infrastrukturinvestitionen und (mäßige) Lohnerhöhungen. Verwerfungen auf dem Arbeitsmarkt erzwangen sogar einen *Gastarbeiter-Import,* der auch in die vernachlässigten Wirtschafts- und Lebensbereiche kanalisiert wurde. *Fast eine Million ägyptischer Bauern wurde im Irak angesiedelt.* Trotzdem blieb der Agrarsektor am Rande der Entwicklung. Im Zeichen der Rente war die Diversifikation des Wirtschaftssystems *pure Rhetorik;* Staat und Gesellschaft reflektierten immer deutlicher die Charakterzüge der Rentierökonomie.
Die neue sozioökonomische Politik des Irak veränderte auch seine

Außenbeziehungen. Die *Kooperation* mit dem westlichen Auslandskapital führte Baghdad aus seiner selbstgewählten Isolation und förderte seine *Anpassung* an das regionale Staatensystem, besonders an die *konservativen Golfstaaten.* Seit Ende der 70er Jahre strebte der Irak sogar eine *regionale Führungsrolle* an. In der *OPEC* begann das irakische Regime *eigenständige* Initiativen zu entwickeln (Rolle der Ölstaaten in der Weltwirtschaft und zwischen Inustriestaaten und Dritter Welt) und in der arabischen Politik war es bemüht, Ägypten aus seiner Vorrangrolle zu verdrängen. Der Krieg gegen das revolutionäre Iran ist primär unter dem Aspekt der *regionalen Machtkonsolidierung* zu interpretieren, die letztlich der Rentensicherung dienen sollte, den Irak jedoch in eine *Systemkrise* trieb.

Der Rentierstaat und sein Krisenmanagement

Die Revolution in Iran 1979/80 schien Bagdad Gelegenheit zu geben, zumindest in eine der *regionalen* Schlüsselpositionen aufzusteigen. Aber die Widerstandskraft des revolutionären Regimes in *Teheran* und die nationalen Potentiale Irans bändigten die irakische Dynamik[25]). Seit 1983 glitt der Irak in eine *ständig wachsende Verschuldung* (Militärkosten, Entwicklungsinvestitionen, Importe); das rasante Wirtschaftswachstum versiegte. Darüber hinaus hatte die Iranische Revolution aber auch das Weltenergiesystem verändert. Damit wurde Baghdad nicht nur mit der kriegsbedingten Erosion seiner Öleinkommen und steigenden Kriegsschulden konfrontiert, sondern ebenso mit einem *immer schwächer werdenden* Energiemarkt. In unserem Zusammenhang können wir auf den irakisch-iranischen Krieg nicht näher eingehen. Es genügt, daß das irakische Regime den *Jahrhundertkrieg* militärisch und politisch zwar überlebte, und dies mit hohem Selbstbewußtsein, am Ende der 80er Jahre sich jedoch mit rd. *70 Mrd. $ Schulden* (davon 20 Mrd. Handelsschulden gegenüber dem Westen) *ökonomisch in einer Existenzkrise befand.* Die zentralen Funktionen seines Rentiersystems waren blockiert: die distributive Kapitalinfusion, die Legitimationsbeschaffung, die Entwicklungssteuerung und die Kommunikation mit den gesellschaftlichen Rentenadressaten. *Alle wesentlichen materiellen Stabilisierungsmechanismen* des Regimes jenseits von Ideologie und Repression waren ausgefallen. Dies mußte die Staatsklasse zutiefst verunsichern. Zu Beginn der 80er Jahre hatte der Irak bei einer Förderkapazität von 3,3 Mio. barrel pro Tag (b/d) noch Einnahmen im Werte von über 26 Mrd. $. Zehn Jahre später besaß er zwar eine Förderkapazität von über 5 Mio. b/d, konnte aber laut *OPEC*-Quotierung nur 3,1 Mio. realisieren. Dies brachte ihm Einnahmen von rd. 10 bis 14 Mrd. $ pro Jahr. Die Rahmenbedingungen auf dem Weltenergiemarkt blockierten somit höhere Renteneinnahmen. Diesem Einkommen *(90% der Staatsein-*

nahmen) standen die Kosten der Verschuldung (zwischen 3 und 7 Mrd. Schuldendienst jährlich) und der essentiellen Nahrungsmittel- und Konsumgüter-Importe gegenüber, zusammen etwa 11 bis 13 Mrd. Trotz unterschiedlicher Datensätze, stimmen alle Schätzungen darin überein, daß der *sozialpolitische und ökonomische Spielraum des Regimes gegen Null geschrumpft war.* Während das ausländische Kapital in Wartestellung blieb, konkurrierten die verschiedenen Ministerien um immer knapper werdende Ressourcen; *entwicklungspolitisch schien der Irak wie gelähmt.* Aber das Regime reagierte auf diese Situation mit unterschiedlichen Strategien. Wir können dabei eine *externe* Krisenstrategie und eine *interne* unterscheiden.

Die interne Krisenstrategie

Zunächst versuchte es das Regime 1988 mit der *Mobilisierung der einheimischen Privatwirtschaft.* Schon während des Krieges war das Bürgertum ständig aufs neue privilegiert worden (Investitionsvorteile, Verpachtung von Staatsland). Je mehr sich der Staat auf den Krieg konzentrieren mußte, desto *größer* wurden die Spielräume der Privatwirtschaft. Soziopolitisch gesehen, waren *Bürgertum und Agrarkapitalisten* die Nutznießer des Krieges. Jetzt in der Systemkrise vertiefte das Regime diese Prioritätensetzung noch mehr. Der Staat baute systematisch Teile seines wirtschaftlichen Kontrollinstrumentariums ab (Auflösung von Wirtschaftsbürokratien, Aufgabe staatlicher Lizenzierung von Devisen und Importen) und privatisierte große Teile des öffentlichen Sektors: Leichtindustrie, Transportwesen, Staatsfarmen, Staatsland und Wohnungsbau. Damit sollten der Privatwirtschaft Impulse gegeben werden, die ehemals durch die Rentenallokation zustandekamen. Die Resultate dieser Politik waren nicht zu übersehen: im Bereich gehobener Nahrungsmittel *verbesserte* sich das Warenangebot, ebenso die Distribution der Güter; der mittlere Grundbesitz und einige Leichtindustrien erhielten Produktionsanreize. Der Staat verzeichnete Einsparungen von Importen und im Transport und schöpfte durch die Privatisierung kleinere Teile der in Umlauf gebrachten Rente wieder ab. Doch damit waren die *wirtschaftlichen Grenzen* der internen Strategie schon erreicht. Eine *Alternative* zum renteninduzierten Wachstum war so nicht zu erzielen. Ganz abgesehen davon, daß sich *Rentenaneignung und Förderung produktiver Wirtschaftssektoren* ausschließen, war das neue Bürgertum viel zu sehr an *staatliche Kapitalinfusionen* gewöhnt, um eigenständig in die Produktionssphäre vorzustoßen. Es strebte vielmehr politischen Einfluß an. Das Regime sah sich veranlaßt, Parteiapparat und Sicherheitsdienste anzuweisen, das Bürgertum von seiner Kontrolle auszunehmen. Und die Einführung eines *Mehrparteiensystems,* zugeschnitten auf die Beteiligung des Bürgertums, war

im Gespräch. Mit dem Versiegen der Renten drohte dem Regime nun auch ein Verlust an politischer Autonomie nach innen. Die ökonomischen Grenzen und sozialpolitischen Folgen der internen Problemlösungsstrategie gaben erneut der *externen* Strategie Vorrang.
Es ist nicht zufällig, daß der Erdölsektor im Rahmen des irakischen Krisenmanagements *absolute Priorität* gewann. Der intensive Ausbau der Exportkapazitäten (Produktion, Pipelines) und die Exploration und Aufbereitung neuer Ölfelder standen im Mittelpunkt des Problemlösungsprozesses. Dies war völlig rational und stimmig. Darüber hinaus entwickeln Rentierstaaten jedoch häufig auch ungewöhnliche Aktivitäten und Phantasien zugunsten weitergehender Strategien der Renteneffektivierung. Das irakische Beispiel bestätigt diese These, verdeutlicht aber mit seiner *aggressiven* Besessenheit auch eine Art *Verselbständigung der Rentenakquirierung. Der Rentierstaat steht in der Krise unter dem Druck innergesellschaftlicher Ansprüche,* die wenigstens teilweise befriedigt werden müssen, um das Regime stabil zu erhalten. Dieser *Zwang* zur Erfüllung hochgeschraubter Erwartungen trieb das irakische Regime angesichts *fehlender* ökonomischer Alternativen, aber gleichzeitiger Hochrüstung in eine *aggressive Politik des Rentenerwerbs,* die aus westlicher Sicht abenteuerlich erscheinen mußte. Im Rahmen des heutigen Regelungsmechanismus im Weltenergiesystem mit seinem *geringen* Nutzen für die *OPEC*-Staaten wird das streitbare Verhalten des Irak jedoch verständlicher. Den weltwirtschaftlichen Imperativen unterworfen und damit in der Existenzkrise *handlungsunfähig,* mündete die *wirtschaftliche Ohnmacht* des Rentiers in *politische Aggressivität.*
Der weitere Ausbau des Erdölkomplexes *downstream* (Petrochemie, Kunststoffindustrie, Grundlagenindustrie) *stagnierte* in den 80er Jahren, da die ausländischen Firmen nicht finanziert werden konnten. Eine Lösung der *Schuldenproblematik* war Voraussetzung für größere finanzielle Handlungsspielräume. Auch in dieser Frage wies der Irak ganz *eigene* Züge auf. Während die Gläubiger kollektive Umschuldungen, neue wirtschaftliche Prioritätensetzungen und Anreize für das Auslandskapital erwarteten, *setzte Baghdad seinerseits die Gläubiger unter Druck.* Die arabischen Schulden wurden als *politische Kompensation* für die Eindämmung der Iranischen Revolution ignoriert. Mit den westlichen Gläubigern verhandelte der Irak nur einzeln. Ihnen versuchte er neue Kredite (politische Renten) abzupressen, wenn sie weiterhin im Geschäft bleiben und auf Schuldentilgung nicht verzichten wollten. Dies führte, wenn auch begrenzt, zu einzeln ausgehandelten Moratorien, Umschuldungen und neuen Krediten. Doch die USA setzten den Irak jetzt unter noch größeren Druck. Dies geschah Anfang 1990 durch das *plötzliche Einfrieren ihrer Nahrungsmittel-Kredite* bei 500 und letztlich sogar nur 200 Mio. $, nachdem diese in den Jahren davor bereits auf über 1 Mrd. jährlich gestiegen waren. Damit versuchte Washington, das irakische Regime im *Gesamtinteresse der westlichen Gläubiger* in den *Schraub-*

stock des Internationalen Währungsfonds zu zwingen, obwohl die *amerikanische Agrarlobby* weitere Kreditvergaben forderte, um den irakischen Markt nicht zu verlieren. Hier wurde deutlich, wie die Einbindung des Irak als Ölrentier in das Weltwirtschaftssystem *zusätzliche* Abhängigkeiten schuf, die jetzt von den Industriestaaten systematisch genutzt wurden, das irakische Regime gefügig zu machen.

Die externe Krisenstrategie

Baghdad wollte sich jedoch *keine* finanziellen Fesseln aufzwingen lassen, fand aber auch *keinen Ausweg* aus der Ressourcenlücke. Abhilfe konnte nur durch eine Korrektur des Öleinkommens geschaffen werden. Auf der *OPEC*-Konferenz im Juli 1990 trat der Irak vehement für eine *geschlossene Preispolitik* ein und scheute sich nicht, Abweichlern mit *politisch-militärischen Sanktionen* zu drohen, was in erster Linie *Kuwait* und die *Vereinigten Arabischen Emirate* betraf. Doch die *Quotenregelung* der *OPEC* und der Zustand des Weltenergiemarktes blockierten die irakische Produktionsausweitung. In dieser Situation konnte die *Annexion Kuwaits* als *stringenter Schachzug* in der Strategie der Rentenakquirierung Erfolg versprechen, da sie in der *OPEC* (und darüber hinaus) ein *Revirement der Machtverhältnisse* und der Exportquotierung nach sich ziehen mußte – vorausgesetzt, der Irak konnte diese Politik international durchsetzen. Maßgeblich für diesen exzessiven Problemlösungsschritt waren die Militarisierung des irakischen Regimes (indirekte Folge weltweiter Rüstungs-, Kontroll- und Wirtschaftsinteressen) und der Strukturwandel des internationalen Systems nach dem *Zusammenbruch der sowjetischen Supermacht-Rolle,* letzteres wohl aber von Baghdad *falsch kalkuliert.* Diese situativen Einflüsse sind jedoch nur im Kontext ihrer sozioökonomischen Grundstrukturen angemessen zu bewerten.

Unser Anliegen war es, das Krisenmanagement des Irak, seine *interne Logik und Rationalität*, im Kontext seiner historischen Entwicklung und der regionalen und globalen Verflechtungen zu erklären. Das theoretische Konzept des Rentierstaats half uns dabei, Charakterzüge und Verhaltensweisen offenzulegen, die aus unserer westlichen Sicht *abartig und irrational* erscheinen mögen, aus der weltpolitischen und weltwirtschaftlichen Prägung der Ölstaaten heraus jedoch ihre *eigene Sinnhaftigkeit* beziehen. *Für die irakische Staatsklasse wäre ein Rückzug auf interne Problemlösungsprozesse gleichbedeutend gewesen mit dem Verzicht auf ihre wirtschaftlich-politische Vision, ihre autokratische Herrschaft und ihr soziales Profil.* Demgegenüber schien ihr der *Poker am Abrund* sein Risiko wert zu sein. Offen muß hingegen die Frage bleiben, inwiefern

die extreme Machtkonzentration des Regimes (Rentier-Despotismus) sozioökonomische Problemlösungsalternativen (Öffnung zum Bürgertum, Koalition mit den Unterschichten) in der Existenzkrise ausschloß.
Die Kenntnis der erläuterten Strukturen und Mechanismen erscheint uns nicht nur zum Verständnis der aktuellen politischen Ereignisse wichtig zu sein. Ihre Berücksichtigung ist auch *Voraussetzung* für eine wie auch immer geartete Problemlösung. Schon *Ibn Khaldun (1337–1406),* der orientalische *„Vater der Soziologie",* hat auf den zentralen Zusammenhang von sozioökonomischem Wandel, Herrschaftscharakter und dem Untergang des Staates hingewiesen[26]). Dieser Erkenntnis ist auch diese Analyse verpflichtet.

Anmerkungen

[1]) Die umfassendste und beste Diskussion des Rentenbegriffs und des Rentier-Konzepts findet sich in Schmid-Rathjen, C. 1990: Nahrungsmittelsicherheit und Krisenbewältigung in Ägypten. Der entwicklungs- und außenpolitische Wandel Ägyptens in den 70er Jahren als Krisenstrategie eines Semi-Rentier-Staates. Diss. Tübingen (unveröffentlichtes Manuskript).
[2]) Massarrat, M. 1976: Hauptentwicklungsstadien der Kapitalistischen Weltwirtschaft. Berlin. Mommer, B. 1983: Die Ölfrage. Baden-Baden.
[3]) Elsenhans, H. 1981: Abhängiger Kapitalismus oder bürokratische Entwicklungsgesellschaft: Versuch über den Staat in der Dritten Welt. Frankfurt, New York. Elsenhans, H. 1986: Dependencia, Unterentwicklung und der Staat in der Dritten Welt; in: Politische Vierteljahresschrift. S. 133 ff.
[4]) Ashoff, G. 1988: Rent-Seeking: Zur Relevanz eines relativ neuen Konzeptes in der ökonomischen Theorie der Politik und der entwicklungstheoretischen Diskussion; in: Vierteljahresberichte (122), S. 103 ff.
[5]) Pawelka, P. 1985: Herrschaft und Entwicklung im Nahen Osten: Ägypten. Heidelberg. Kap. 3.2.
[6]) Pawelka, P. 1981: Warum ist der Orient zurückgebliebebn? in: Der Bürger im Staat. S. 11 ff. (Brennpunkt Mittel-Ost. Stuttgart, Berlin. S. 33 ff.)
[7]) Mahdavi, H. 1970: The patterns and problems of economic development in rentier states: the case of Iran. In: Cook, M. (ed.): Studies in the economic history of the Middle East. London, New York, Toronto. S. 428 ff.
[8]) Beblawi, H. und Luciani, G. (eds.) 1987: The Rentier State. London, New York, Sydney.
[9]) Zum Vergleich die originellen Analysen Jordaniens und Syriens nach dem Rentierstaats-Konzept: Anderer, G. 1991: Die politische Ökonomie eines Allokationssystems. Jordanien und die Arbeitsmigration seit 1973. (Diss. Tübingen) Frankfurt, Bern. Zickler, C. 1991: Der syrische Rentierstaat 1973–1989. MA-Arbeit Tübingen (unveröffentlichtes Manuskript).
[10]) Dieser Konflikt ist heute in lateinamerikanischen Rentier-Staaten virulent. Boeckh, A. 1988: Die Schuldenkrise und die Krise des bürokratischen Entwicklungsstaates in Venezuela. In: Politische Vierteljahresschrift. S. 636 ff.
[11]) Schmid, C. und Pawelka, P. 1988: The Modern Rentier State in the Middle East and its Stretegies of Crisis Management. Paper prepared for delivery at the 22nd Annual Meeting of the Middle East Studies Association of North America, November 2–5, 1988 in Los Angeles, California. Dt. Fassung in: Pawelka, P. und Aves, A. M. (eds.) 1990: Arabische Golfstaaten in der Krise. Frankfurt. S. 91 ff.
[12]) Keyder, C. 1987: State and Class in Turkey. A Study in Capitalist Development. London, New York.
[13]) Vgl. Brown, L. C. 1984: International Politics and the Middle East. Old Rules, Dangerous Game. London.

[14]) Luciani, G. 1984: The Oil Companies and the Arab World. London, Canberra, New York.
[15]) Pawelka (1985), Abschnitt 2.
[16]) Schneider, St. A. 1983: The Oil Price Revolution. Baltimore, London.
[17]) Tétreault, M. A. 1985: Revolution in the World Petroleum Market. Westport, London.
[18]) Zur Geschichte und zur sozioökonomischen Analyse des Irak vgl. folgende wichtige Buchpublikationen:
- Batatu, H. 1978: The Old Social Classes and the revolutionary Movements of Iraq. Princeton UP.
- Guerreau, A. und Guerreau-Jalabert, A. 1978: L'Irak, développement et contradictions. Paris.
- Niblock, R. (ed.) 1982: Iraq: The Contemporary State. London, Canberra.
- Moss Helms, Ch. 1984: Iraq. Eastern Flank of the Arab World. Washington.
- Marr, Ph. 1985: The Modern History of Iraq. Boulder, London.
- Farouk-Sluglett, M. und Sluglett, P. 1987: Iraq since 1958. From Revolution to Dictatorship. London, New York.
- CARDRI (ed.) 1989: Saddam's Iraq. Revolution or Reaction. London.

[19]) Owen, R. 1981: The Middle East in the World Economy 1800–1914. London.
[20]) Vgl. zur Geschichte der Ölpolitik Mejcher, H. 1980/90: Die Politik und das Öl im Nahen Osten. 2 Bde. Stuttgart.
[21]) Mommer (1983).
[22]) Evers, H.-D. und Schiel, T. 1988: Strategische Gruppen. Vergleichende Studien zu Staat, Bürokratie und Klassenbildung in der Dritten Welt. Berlin.
[23]) Trimberger, E. K. 1978: Revolution from Above. Military Bureaucrats and Development in Japan, Turkey, Egypt and Peru. New Brunswick.
[24]) Evers und Schiel (1988).
[25]) Datenmaterial und Analysen zu diesem Abschnitt aus der internationalen und arabischen Presse. Zeitungsarchive der Stiftung Wissenschaft und Politik, Ebenhausen, und des Instituts für Politikwissenschaft, Tübingen.
[26]) Ibn Khaldun (1967): The Muqaddimah. An Introduction to History. London.

Helmut Hubel

Der Golfkonflikt als internationaler Konflikt

Die „neue Weltordnung" auf dem Prüfstand

Eine neue Epoche in der Weltpolitik

Am 2. August 1990 begann eine neue Epoche der Weltpolitik. In Europa war der Kalte Krieg mit dem Fall der Berliner Mauer zu Ende gegangen. Die internationalen Reaktionen auf die Einverleibung *Kuwaits* durch den *Irak* bewiesen nun, daß der *Ost-West-Konflikt* auch in der *„Dritten Welt"* nicht mehr existierte. Bereits einen Tag nach dem irakischen Truppeneinmarsch erklärten die Außenminister der *USA* und der *Sowjetunion* in Moskau, daß sie gemeinsam die Wiederherstellung des *status quo ante* und die Durchsetzung internationalen Rechts verlangten.[1]) Dank der Kooperation der Großmächte übernahm die Weltorganisation der *Vereinten Nationen* in den folgenden Wochen die Aufgaben, wovon ihre Gründungsväter 45 Jahre zuvor geträumt hatten. Der *Sicherheitsrat* verabschiedete in rascher Folge *ohne* Gegenstimmen der ständigen Mitglieder *zwölf Resolutionen,* verfügte harte *Sanktionsmaßnahmen* gegen den Aggressor und setzte ihm schließlich bis zum 15. Januar 1991 die Frist, sich aus Kuwait zurückzuziehen. Die neue Einmütigkeit zeugte von einer *„globalen Solidargemeinschaft".*[2]) Fraglich mußte dennoch bleiben, wie strikt die Sanktionen befolgt und ob sie rasch und umfassend wirken würden. Würden sie zur Folge haben, daß sich der Aggressor der Weltgemeinschaft beugt und von seiner Eroberung abläßt?
Zwar bewirkte die Unterbrechung des irakischen Ölexports und die Einschränkung seiner Importe Engpässe. Jedoch auch im Januar 1991, sechs Monate nach der Invasion in Kuwait, hatten die Sanktionen noch nicht soweit gegriffen, daß beispielsweise die irakische *Rüstungsproduktion* zum Erliegen gekommen oder im Land entscheidende Versorgungsengpässe aufgetreten wären. Trotz der UN-Resolutionen und einer einmaligen Einmütigkeit der Weltgemeinschaft bestand der irakische Diktator weiter darauf, daß er sich nicht zurückziehen werde. Die von Amerikanern, Russen und anderen so feierlich apostrophierte *„neue Weltordnung"*, in der das internationale Recht herrsche und Streitfragen mit politischen Mittel gelöst würden, hat so ihre Feuertaufe noch nicht bestanden.

Das Ende der sowjetischen Weltmachtrolle

Der *Irak-Kuwait-Konflikt* lieferte andererseits bereits den endgültigen Beweis dafür, daß die *Sowjetunion* unter *Michail Gorbatschow* aufgehört hat, die *USA* als weltpolitischer Rivale herauszufordern. Bis etwa Mitte der achtziger Jahre hätte eine sowjetische Führung für ihren langjährigen *Freundschaftsvertrags-* und *Rüstungspartner* in Bagdad möglicherweise Partei ergriffen und die amerikanischen Maßnahmen zu sabotieren versucht. Sie hätte zwar keine *direkte* militärische Konfrontation mit Washington riskiert, aber immerhin dem Irak rüstungstechnisch und diplomatisch den Rücken gestärkt.[3]) Ein amerikanischer Präsident, der unter solchen Umständen mehr als 400 000 amerikanische Soldaten nach Saudi-Arabien geschickt hätte, wäre das Risiko eines *Dritten Weltkriegs* eingegangen.
Präsident *Michail Gorbatschow* und sein Außenminister *Eduard Schewardnadze* hatten mit ihrer außenpolitischen *Perestrojka* zunächst den Ausbruch aus der weltpolitischen Isolation, die Befreiung von schweren internationalen Bürden, einen größeren internationalen Handlungsspielraum und die volle Integration ihres Landes in die Weltpolitik und -wirtschaft angestrebt. Fünf Jahre später hatten die verheerende *wirtschaftliche* und *soziale Krise* und der *innere Zerfall* der Sowjetunion ihre Außenpolitik immer mehr beeinträchtigt.[4]) Die Leistung *Gotbatschows* und *Schewardnadzes* hatte vor allem darin bestanden, aus der eigenen Not eine internationale Tugend gemacht zu haben.[5]) Sie haben bewußt die Rolle der Vereinten Nationen aufgewertet und sich darum bemüht, vor allem im *direkten* Dialog mit den USA die Interessen ihres Landes zu wahren. Jedoch hat die krisenhafte Entwicklung im Inneren der Sowjetunion immer mehr Architekten und Vollstrecker der *Perestrojka* zur Resignation und zum Abtreten veranlaßt. Bereits im Sommer 1990 hatte sich *Alexander Jakowlew,* einer der engsten Berater *Gorbatschows,* zurückgezogen. Der Rücktritt von *Außenminister Schewardnadze* am 20. Dezember 1990 war vor allem dadurch bedingt, daß die Kritik der konservativen Kräfte der alten *Kommunistischen Partei* und im Militär immer schärfer geworden war und er auf spektakuläre Weise vor einer bevorstehenden *Diktatur* warnen wollte. Die Vorgänge im *Baltikum*, als sowjetische Militäreinheiten im Schatten der Golfkrise am 13. Januar 1991 damit begannen, das *Unabhängigkeitsstreben der Litauer* blutig niederzuschlagen, haben sehr bald die Bedeutung von *Schewardnadzes* Warnung enthüllt.

Zwischen internationaler Solidarität und arabischer Freundschaft: Sowjetische Nah-Ost-Politik im Widerspruch

Das sowjetische Verhalten in der Irak-Kuwait-Krise war nicht frei von

gewissen Widersprüchen. Zwar verurteilten *Gorbatschow, Schewardnadze* und andere Spitzenpolitiker das irakische Vorgehen uneingeschränkt und forderten die strikte Durchsetzung der UN-Beschlüsse. In ihrem praktischen Verhalten machte die sowjetische Führung indes deutlich, daß sie Rücksicht nehmen wollte auf die *bisher engen* Beziehungen zum Irak. Ein wichtiger Aspekt war dabei, daß sich *trotz* intensiver diplomatischer Bemühungen und mehrerer Missionen von persönlichen Beauftragten des sowjetischen Präsidenten bis Anfang Dezember 1990 noch mehr als 3000 sowjetische Experten im Irak aufhalten mußten. Offensichtlich war die irakische Führung bemüht, mit Hilfe dieser Geiseln *sowjetisches Wohlverhalten* zu erzwingen. Dabei ging es nicht zuletzt um *Informationen über die irakische Armee,* in die sowjetische Experten Einblick besaßen und über die sich nun die Amerikaner von Moskau Auskunft zu verschaffen suchten. Erst nach dem 6. Dezember konnte auch der Rest der sowjetischen Staatsbürger – wie die übrigen westlichen Geiseln – den Irak verlassen.
Für die sowjetische Führung ging es nicht zuletzt darum, das politische Verhältnis zu Bagdad soweit wie möglich aufrechtzuerhalten, denn immerhin erhoffte man sich in Moskau eine spätere *Rückzahlung* der beträchtlichen *irakischen Schulden.* Dieses Interesse stand jedoch in Spannung mit der sich seit Beginn der Krise eröffnenden Chance, mit Saudi-Arabien und den anderen *„konservativen"* Golf-Staaten engere politische und damit wirtschaftliche und finanzielle Beziehungen anzuknüpfen.[6]) Schließlich machte die sowjetische Führung eindeutig klar, daß sie einen militärischen Konflikt zu vermeiden wünsche und sie sich wegen des *„Afghanistan-Traumas"* in der sowjetischen Bevölkerung[7]) – trotz ihrer Zustimmung zu einer entsprechenden UN-Resolution – an keiner Befreiung Kuwaits mit Gewalt beteiligen wolle.
Bislang spricht wenig dafür, daß sich unter dem Nachfolger von *Außenminister Schewardnadze,* dem Berufsdiplomaten *Aleksander Bessmertnych,* die sowjetische Politik in der Golfkrise rasch ändern könnte. Falls jedoch die inneren Entwicklungen in der Sowjetunion zu einer deutlichen Abkühlung der Beziehungen zu den USA führen sollten, so könnten sich sehr wohl in Moskau diejenigen Kräfte durchsetzen, die auch im Nahen Osten auf mehr *Eigenständigkeit* und *klare Distanz* zur amerikanischen Politik pochen. *Keine* sowjetische Führung dürfte sich jedoch auf absehbare Zeit angesichts der inneren Krise eine ambitionierte Außenpolitik erlauben.

Ein neues Feindbild zur rechten Zeit? Die USA und der Golf-Konflikt

Unter der Präsidentschaft *Ronald Reagans* hatten die Vereinigten

Staaten in den achtziger Jahren das Ziel verfolgt, die Sowjetunion aus der *„Dritten Welt“* zu *verdrängen.* Mit dem sowjetischen Truppenabzug aus Afghanistan und den Vereinbarungen zur Regelung verschiedener anderer Konflikte in Mittelamerika, Afrika und Asien sahen sie dieses Ziel im wesentlichen erreicht. Allerdings blieb dann Amerika nicht viel Zeit, um über die „Friedensdividende“ zu diskutieren. Als Präsident *Bush* im Frühjahr 1990 von Journalisten gefragt wurde, wer denn nun *„der Feind“* sei, wußte er damals nur die *„Instabilität“* und *„Ungewißheit“* zu nennen.[8]) Ein halbes Jahr später lieferte *Saddam Hussein* eine Antwort.
Befreit von der Sorge, eine weltpolitische Konfrontation zu riskieren, stationierten die *USA* als *einzig verbliebene Weltmacht* in den folgenden drei Monaten mehr als 200 000 amerikanische Soldaten auf der arabischen Halbinsel. Im November 1990 verfügte Präsident *Bush* eine weitere Verstärkung. Mitte Januar 1991 waren etwa 450 000 amerikanische Soldaten am Golf stationiert. Dies alles geschah in *enger Absprache* mit dem *saudischen Königshaus.* Die Stationierung amerikanischer Bodentruppen in Arabien ist um so bedeutsamer, als sich die USA zur selben Zeit anschickten, ihre Truppen in Europa erheblich zu vermindern.
Der Konflikt am Golf beschleunigte so eine Entwicklung, die sich seit Ende der achtziger Jahre abgezeichnet hatte: *Die USA begannen, für ihre militärische Macht neue Aufgaben zu definieren.* Nicht mehr die Abwehr der *„kommunistischen Expansion“*, sondern die *Kontrolle* von *Konflikten niedriger Intensität („low intensity conflicts“),* die *Bekämpfung des Drogenproblems* und der *Schutz der Rohstoffversorgung* und *Absatzmärkte* wurden nun als neue Herausforderungen genannt.[9]) Mit einem Schlag machte der Führer des Irak, *Saddam Hussein,* weiteren Zweifeln über die Rolle und den Umfang amerikanischer Macht ein Ende. An eine *„Friedensdividende“* war unter diesen Umständen nicht mehr zu denken, was die zahlreichen Beschäftigten in der *amerikanischen Rüstungsindustrie* und die davon betroffene Bevölkerung in einigen Regionen der USA wohl durchaus nicht bedauerten.

Das Erdöl – die „Achillesferse“ der Welt

Mit seiner *Besetzung Kuwaits* und der *Bedrohung Saudi-Arabiens* traf *Saddam Hussein* einen empfindlichen Nerv, wenn nicht die *„Achillesferse“*, der USA wie der Weltwirtschaft insgesamt. *Mehr denn je* waren die Vereinigten Staaten zu Anfang der neunziger Jahre auf die *Einfuhr von Erdöl* angewiesen: Im Jahr 1989 deckte die einheimische Ölproduktion nur noch 42 Prozent des Verbrauchs; *etwa die Hälfte* des hohen amerikanischen Handelsbilanz-Defizits ging auf die *Ölimporte* zurück.[10]) Angesichts der Öl- und Gasvorräte in der Golfregion, *der mit Abstand reichsten* der Erde, wurde in Washington die Vorstellung zu einem Alptraum, der irakische Diktator könnte mit physischer Macht und psychologischer Erpressung das Öl erneut zur *Waffe gegen* die *westlichen Industriestaaten* schmieden.

Führungsrolle oder Krisenstimmung? Eine Entscheidung mit weitreichenden Konsequenzen

Für den amerikanischen Präsidenten stand somit Außerordentliches auf dem Spiel: Ein *erfolgreicher Ausgang* der Krise würde die weltpolitische *Führungsrolle* der USA, militärisch und diplomatisch, bekräftigen; *ein Mißerfolg* könnte *Präsident Bush* jedoch in einen schweren Konflikt mit dem amerikanischen Kongreß verwickeln und ihn möglicherweise seine *Wiederwahl* im Jahr 1992 kosten. Auch die Position der USA im Nahen Osten wie das Verhältnis zu Westeuropa könnte durch einen ungünstigen Ausgang des Konflikts schwer *belastet* werden. Das Dilemma des amerikanischen Präsidenten bestand vor allem im Faktor Zeit: Die internationalen *Wirtschaftssanktionen* würden möglicherweise noch wesentlich länger durchgehalten werden müssen, bevor sie beim Irak greifbare Wirkung entfalteten. Eine militärische Durchsetzung der UN-Resolutionen konnten die USA dem irakischen Diktator jedoch nur bis zum Frühjahr 1991 glaubwürdig androhen. Danach würden *Sandstürme,* der *Fastenmonat Ramadan,* das *immer heißer* werdende Wetter und schließlich die *Pilgerfahrt nach Mekka* einen Angriff vom Land der *heiligen Stätten des Islam* aus immer riskanter oder gar unmöglich machen. Für das *saudische Königshaus,* das seine *wichtigste Legitimität* dem *Schutz der Heiligtümer von Mekka und Medina* verdankt, würde eine länger anhaltende massive amerikanische Militärpräsenz außerordentliche Probleme schaffen.[11])

Saddam Hussein der Taktierer

Saddam Hussein, der sich in seiner Beurteilung der internationalen Reaktionen auf seine Aggression *deutlich verschätzt* hatte, suchte demgegenüber auf Zeit zu spielen, die antiirakische Koalition zu spalten und die USA damit zum *„Papiertiger"* zu degradieren. Die mehreren Tausenden im Irak lebenden westlichen (und sowjetischen) Experten spielten für ihn eine besondere Rolle. Indem er viele der aus Kuwait verschleppten Ausländer als *„menschliche Schutzschilder"* für irakische Militäreinrichtungen benutzte, entwickelte er die *Geiselnahme* von *Zivilpersonen* zu einem besonders *zynischen* und *effektiven* Instrument seiner *Machtpolitik. Saddam Hussein* erwies sich hier als gelehriger Schüler der *islamischen Revolution* in *Iran,* aber auch *libanesischer Schiiten,* die durch ihre Geiselnahme amerikanischer Staatsbürger bereits die *Wiederwahl* eines amerikanischen Präsidenten *(Jimmy Carter)* verhindert und seinen Nachfolger *(Ronald Reagan in der Iran-Contra-Affäre)* beinahe gestürtzt hatten. Raffiniert war auch die Taktik des irakischen Diktators, die französischen, deutschen und andere Geiseln *gruppenweise* in gewissen Abständen ausreisen zu lassen. Er „belohnte" so nicht nur Bürger von Staaten, die ihn bei seiner Militärrüstung besonders unterstützt hatten; er säte auch *Mißtrauen* innerhalb der Anti-Irak-Front. Dies wiederum verstärkte den innenpolitischen Druck auf *Präsident Bush,* wo der *Kongreß* eifersüchtig über seine verfassungsmäßigen Kompetenzen wachte und in der *Öffentlichkeit* die Ungeduld und Kritik an der Regierung wuchsen.

Zum erstenmal gemeinsam: die UNO als Weltpolizist

In seiner am *29. November* verabschiedeten zwölften Resolution setzte der *UN-Sicherheitsrat* dem Irak eine letzte Frist bis zum 15. Januar 1991. Danach ermächtigte er seine Mitglieder, *„alle notwendigen Mittel"* zur Durchsetzung seiner Beschlüsse einzusetzen. Diese Resolution kam nach *intensiven* diplomatischen Bemühungen der amerikanischen Regierung zustande. Sie war insofern bemerkenswert, als die *Sowjetunion* damit auf ihr früheres Konzept *verzichtete,* eine militärische Aktion nur einer UN-Truppe zu erlauben, und den *USA* faktische *freie Hand* gab für einen späteren Militäreinsatz. Interessant war außerdem, daß *China* darauf *verzichtete,* ein Veto einzulegen. Damit verlagerte sich das weitere Geschehen auf die beiden Hauptantagonisten, die USA und den Irak, die nun beide die Frist bis Mitte Januar zu ihren Gunsten zu nutzen suchten.
Erst *nach* dieser Resolution und der Erklärung von *Präsident Bush,* er sei zu einem direkten Dialog mit Bagdad bereit, ließ *Saddam Hussein* von den Geiseln ab. Die Freilassung suchte er nun als Waffe im verschärften Nervenkrieg zu nutzen, um in der Bevölkerung und im Kongreß der USA die Stimmung gegen einen amerikanischen Militäreinsatz zu schüren. Angesichts seiner kompromißlosen Haltung, die sich auch durch die Bemühungen von *Außenminister Baker* und von *UN-Generalsekretär Javier Pérez de Cuéllar* offensichtlich nicht beeinflussen ließ, ermächtigte der amerikanische Kongreß schließlich *Präsident Bush,* nach Ablauf des UN-Ultimatums militärisch vorzugehen.
Bei dem politischen Tauziehen ging es vor allem um folgende Fragen:
– Würde sich der irakische Herrscher letztlich doch zu einem Rück-

zug bereiterklären? Was wäre dann der *Preis,* den die Nachbarn des Irak und die Weltgemeinschaft dafür zu bezahlen hätten?
- Wie würde sich der Konflikt, zumal wenn er zu einer großen militärischen Konfrontation eskalieren würde, auf die *künftige politische Ordnung* in der arabisch-islamischen Welt auswirken?
- Wie *geschlossen* würde die internationale Front gegen *Saddam Hussein* gehalten werden können?

Die Öl-Monarchien unter Druck – und die PLO im Aufwind?

Indem der irakische Herrscher das *Scheichtum Kuwait* seinem Land einverleibte, veränderte er nicht nur die politische Landkarte; er stellte damit auch das *Überleben* aller *„konservativer"* Regime am Golf und in anderen arabischen Staaten in Frage. Es ging nicht nur um die im *Golf-Kooperationsrat* zusammengeschlossenen ölreichen Staaten des Golfs; auch beispielsweise *König Hussein von Jordanien,* wirtschaftlich vom Irak stark abhängig und *innenpolitisch unter dem Druck* von *Islamisten* und *Palästinensern,* mußte die Folgen der Krise fürchten. *Saddam Hussein* ging jedoch noch weiter und verknüpfte eine Lösung dieser Krise mit dem *Palästinenser-Problem.* Damit belohnte er einmal die *PLO* und diejenigen Palästinenser, die ihm bei der Eroberung Kuwaits geholfen hatten. Zweitens suchte er sich damit als Sprecher *gesamtarabischer* Anliegen zu profilieren und seine *Rivalen* (insbesondere die Führungen *Saudi-Arabiens, Ägyptens und Syriens*) auszumanövrieren.

Der Stolperstein Palästina

Für die amerikanische Regierung, die das Augenmerk allein auf Kuwait zu konzentrieren suchte, entstand damit ein schwieriges Problem: *Kuwait mit Palästina zu verknüpfen,* hieße einmal, die antiirakische Allianz zwischen den USA, Ägypten, Saudi-Arabien und Syrien zu belasten und die Araber gegen Israel und seine Schutzmacht USA zu mobilisieren; zweitens müßten sich die Vereinigten Staaten dann der unangenehmen Frage stellen, weshalb sie zur *Durchsetzung der UN-Resolutionen gegenüber dem Irak militärische Macht* einzusetzen bereit seien, während sie bei den *Israel betreffenden UN-Resolutionen* weitaus weniger Entschlossenheit gezeigt hätten. Indes hat *Präsident Bush* während seines Besuchs in Kairo bereits öffentlich einen gewissen Zusammenhang zur Kuwait-Krise eingestanden, als er am 23. November 1990 betonte, er wolle auch das Problem des *Westjordanlandes* lösen[12]). Dennoch bestand er weiter darauf, daß dieses Problem nicht mit dem geforderten irakischen Truppenrückzug verknüpft werden dürfe.

Heute bereits läßt sich feststellen, daß der Nahe und Mittlere Osten *nicht mehr derselbe sein wird* wie vor dem 2. August 1990. Der irakische Übergriff und der kurz darauf erfolgte irakisch-iranische Friedensschluß, in dem *Saddam Hussein* Iran mit einem Federstrich zum Sieger des achtjährigen Kriegs am Golf machte, haben bereits das regionale Gefüge aus dem Gleichgewicht gebracht. Nicht nur müsen mehrere der etablierten Herrscher *heute mehr denn je* um ihre Zukunft bangen; denn Iraks Eigenmächtigkeit könnte auch Schule machen und zu tiefgreifenden territorialen Umwälzungen führen, sind doch viele der *internationalen Grenzen* in dieser Region von eher *künstlicher Natur*[13]).
Für die Vereinigten Staaten und den Westen insgesamt hat sich erwiesen, daß nach dem Ende der *„sowjetischen Bedrohung"* ihre grundlegenden Interessen im Nahen/Mittleren Osten keineswegs *„automatisch"* gewahrt sind. Zum einen hat sich erneut bestätigt, daß die *Sicherung der Ölzufuhr* zu weltwirtschaftlich akzeptablen Preisen *ohne die Zusammenarbeit* mit wichtigen Förderländern, vor allem *arabischen Partnern,* nicht dauerhaft zu gewährleisten ist. *Israel* bleibt jedoch weiterhin der *entscheidende Faktor,* der *kein ungetrübtes Verhältnis* zwischen westlichen Industriestaaten und arabisch-islamischen Ölförderländern erlaubt. Ähnlich wie bereits nach der ersten Ölkrise der Jahre 1973/74 werden die *OECD-Staaten* wieder darum bemüht sein müssen, die *Existenz des jüdischen Staates* durch eine *israelisch-arabisch/palästinensische Verständigung* zu sichern, um den entscheidenden *„Stolperstein"* für die Entwicklung enger politischer und wirtschaftlicher Beziehungen zur arabisch-islamischen Welt zu beseitigen. Dazu bedarf es jedoch auch einer *kooperationsbereiten israelischen Regierung.*
In den siebziger Jahren zielte die amerikanische Diplomatie für den Nahen Osten darauf ab, die Situation durch Vereinbarungen über Truppenentflechtung und schließlich arabisch-israelische Friedensverträge zu entspannen. Der *ägyptisch-israelische Frieden von 1979* war Frucht dieser Bemühungen. Die aktive amerikanische Friedensdiplomatie stand damals durchaus auch unter dem Eindruck der Drohung der arabischen *„Ölwaffe",* vor der sich insbesondere die Staaten Westeuropas fürchteten. Die Irak-Kuwait-Krise hat nun unangenehm daran erinnert, daß in den achtziger Jahren *keine* wesentlichen Fortschritte hin zu einem *umfassenden israelisch-arabischen Frieden* erzielt worden sind.

Öl und Waffen in Nah-Ost: eine Herausforderung für den Westen

Im Herbst 1990 stand die Welt unter der Drohung einer *dritten Ölkrise.* Zwar haben andere Ölförderländer durch gesteigerte Produktion die Ausfälle des irakischen und kuwaitischen Öls, etwa sieben Prozent der Weltförderung, kompensiert. Der *Ölpreis,* der häufig *weniger* durch objektive Fakten *denn durch Psychologie* bestimmt wird, erlebte jedoch bereits einen Anstieg auf 40 US-Dollar pro Faß, bevor er wieder weit unter 30 US-Dollar fiel. Neben den weltwirtschaftlichen Auswirkungen drängen sich jedoch heute auch neue *sicherheitspolitische* Probleme auf.

Die *militärischen Entwicklungen* in Nah-Mittelost, das *ungezügelte Wettrüsten* und die Einführung neuer *nichtkonventioneller Waffensysteme* haben bereits die regionalen Spannungen verschärft[14]). Bereits vor Ausbruch des Irak-Kuwait-Konflikts hatte sich abgezeichnet, daß der Irak zur *bedeutendsten* arabischen Militärmacht und zum möglicherweise entscheidenden *Herausforderer* Israels aufgestiegen war[15]).

Für die amerikanische Regierung stellt sich in der politischen und militärischen Konfrontation mit Bagdad so auch die Frage nach den *regionalen sicherheitspolitischen Folgen.* Sollte der irakische Herrscher die Krise ohne eine Dezimierung seines militärischen Potentials überstehen, so könnte eine *israelisch-irakische Konfrontation* möglicherweise nur eine *Frage der Zeit* sein. Führende israelische Politiker haben bereits angedeutet, daß sie eine irakische Nuklearbewaffnung *nicht* tatenlos hinnehmen würden. An den 7. Juni 1981, als israelische Flugzeuge den irakischen Nuklearreaktor bei Bagdad (genannt *Osirak*) angriffen und weitgehend zerstörten, sei in diesem Zusammenhang erinnert.

Europa am Golf

Europa ist, wie die Sowjetunion, Nachbar der Krisenregion Nah-Mittelost. Auf die *Energievorräte* dieses Raums *angewiesen* und an seinen Absatzmärkten stark interessiert, reagiert der *„alte Kontinent“* auf Störungen im beiderseitigen Verhältnis besonders empfindlich. Durch den politischen und wirtschaftlichen Umbruch im ehemaligen Machtbereich der Sowjetunion sind die *kleinen osteuropäischen Staaten* heute besonders betroffen. Da sie für das *sowjetische Erdöl* und *-gas* bereits *Weltmarktpreise* zu entrichten haben und *nicht immer* mit *ausreichenden* Lieferungen rechnen können, sind sie von erhöhten Energiepreisen und möglichen Lieferengpässen infolge nahöstlicher Krisen *hart* betroffen. Sie, von denen einige in der Vergangenheit *intensiv* mit dem Irak *zusammengearbeitet* haben, leiden auch besonders unter den Boykottmaßnahmen. Um so interessanter ist, daß sich beispielsweise die *Tschechoslowakei* demonstrativ an den *Sanktionen* beteiligt und beispielsweise Experten zum Schutz gegen *chemische Kampfführung* nach Saudi-Arabien entsandt hat.

Wie das wochenlange Tauziehen um die Abreise von Experten aus dem Irak gezeigt hat, haben *fast alle* europäischen Länder mit diesem Land wirtschaftlich *eng* zusammengearbeitet. Ein *besonders großes Kontingent,* wohl annähernd 8000 Experten, stellte die *Sowjetunion,* die neben zivilen auch zahlreiche militärische Projekte abwickelte. Aber auch *Frankreich,* das seit Mitte der siebziger Jahre eine intensive wirtschaftliche und militärische Zusammenarbeit mit dem Irak betrieben hat, spielte eine prominente Rolle. Die französische Regierung hat es durch ihre subtilen Kontakte mit Bagdad auch *früher* als viele andere fertiggebracht, daß ihre *„Geiseln"* die Heimreise antreten durften. Frankreich hat sich in der Krise grundsätzlich auf die Seite der USA gestellt, hat in Nuancen jedoch seine *Eigenständigkeit* zu demonstrieren gesucht. Für Frankreich steht in dieser Krise viel auf dem Spiel. Der Irak *schuldet* ihm noch Beträge in *Milliardenhöhe* (mit einer zweistelligen Zahl von Francs!). Außerdem geht es für Paris darum, ob es angesichts der massiven amerikanischen Präsenz am Golf *künftig* noch in der Lage sein wird, eine politische *Sonderrolle* mit den daraus folgenden *wirtschaftlichen Vorteilen* zu spielen. Ungeachtet einer wachsenden Kritik in der französischen Öffentlichkeit an einem militärischen Engagement hat *Präsident Mitterrand* bekräftigt, zusammen mit den USA zu handeln.
Großbritannien, auf dessen *koloniale Herrschaft* die *Gründung des Irak und Kuwaits* zurückgeht, hat sich unter der Führung von *Premierministerin Margaret Thatcher* uneingeschränkt auf seiten der USA gestellt und bis Dezember 1990 mehr als 30 000 britische Soldaten nach Saudi-Arabien entsandt. Dies war nicht nur eine Konsequenz ihrer prinzipienfesten Politik, mit der sie auch *Dankesschuld* für die *amerikanische Hilfe im Falkland-Konflikt* abtrug. Mit ihrem entschlossenen militärischen Engagement und ihrem Plädoyer für ein hartes Auftreten profilierte sie Großbritannien erneut als *besonderen Verbündeten* der USA – zumal, nachdem ihr Land als Folge der *deutschen Wiedervereinigung* diese Rolle bereits verloren geglaubt hatte. *Thatchers* Nachfolger *John Major* hielt an diesem Kurs ohne Einschränkung fest.
Frankreich und Großbritannien engagierten sich also mit *Bodentruppen, Kampfflugzeugen* und *Schiffseinheiten* am Golf. Auch kleinere europäische Staaten, selbst (die früher als pazifistisch geziehenen) *Dänemark* und *Norwegen*, und andere Länder, wie beispielsweise *Australien,* beteiligten sich mit kleineren militärischen Kontingenten. Insgesamt sind *28 Staaten* mit militärischen Einheiten am Golf präsent. Demgegenüber beschränkte sich der Beitrag des vereinigten *Deutschland* darauf, *Minensucheinheiten* ins östliche Mittelmeer zu entsenden, wo sie amerikanische Schiffe ersetzten, militärisches Gerät vor allem aus Beständen der *Nationalen Volksarmee* zur Verfügung zu stellen und einen finanziellen Beitrag von *mehreren Milliarden* DM für die *USA* und bedrängte Partner, wie *Ägypten, Jordanien* und die *Türkei,* zu leisten. In logistischer Hinsicht waren die Flughäfen *Ramstein* und *Frankfurt/Main* und die militärischen Ein-

richtungen für die amerikanische Armee unentbehrlich, läuft doch *etwa ein Drittel* des gesamten Nachschubs über Deutschland.

Und was ist mit den Deutschen?

Der *Bundeskanzler* machte einerseits deutlich, daß er sich den USA gegenüber *solidarisch* verhalten wolle. *Andererseits* wies er auf das *Grundgesetz* hin und schloß sich der Interpretation an, daß dieses den *Einsatz deutscher Truppen außerhalb des Geltungsbereichs der NATO nicht zulasse.* Er kündigte indes an, daß er *nach* der *Bundestagswahl* eine *Revision des Grundgesetzes* anstreben werde, damit sich künftig auch deutsche Soldaten an *Friedenstruppen der Vereinten Nationen* beteiligen könnten[16]).
Ähnlich wie *Japan* sieht sich das vereinigte *Deutschland* in dieser Krise teilweise *heftiger Kritik,* insbesondere aus den USA, ausgesetzt. Für amerikanische Kongreßmitglieder beispielsweise zählt der Hinweis auf die *Beschränkungen des Grundgesetzes* wenig, zumal selbst einige deutsche *Völkerrechtler* unter Hinweis auf *Artikel 24 Abs. 2 des Grundgesetzes* und auf die *UN-Charta* argumentieren, daß eine deutsche Mitwirkung an kollektiven Aktionen im *Rahmen der Vereinten Nationen* oder gar der *NATO* bereits heute durchaus *möglich* sei[17]).
Viel wichtiger ist ausländischen Beobachtern, daß amerikanische, britische und französische Soldaten ihr *Leben* einsetzen, um *internationalem Recht Geltung zu verschaffen* und auch die deutsche wirtschaftliche Sicherheit zu gewährleisten. Noch weniger wird verstanden, daß einerseits einige *deutsche Experten* dem Irak bei der Entwicklung von *Chemie- und Raketenwaffen* maßgeblich geholfen haben, die deutsche Regierung es jetzt aber anderen überläßt, die *Folgen* dieses gesetzwidrigen und gefährlichen Handelns einzudämmen. Die deutsche Regierung hat zugesagt, der amerikanischen Armee *60 ABC-Spürpanzer (Typ „Fuchs")* zur Verfügung zu stellen. Möglicherweise müßten die Amerikaner damit irakische Chemiewaffen abwehren, die mit deutscher Hilfe hergestellt worden sind. *Deutschland,* das sich 1990 begreiflicherweise vor allem auf seine *Vereinigung* konzentriert hat, wird es sich auf Dauer nicht mehr leisten können, weltweit nur gute Geschäfte zu machen, Risiken und „schmutzige Arbeit" jedoch anderen zu überlassen.

Alte Konflikte, aber neue Waffen: keine Atempause für die Welt

Die Irak-Kuwait-Krise hat insbesondere die Europäer daran erinnert, daß *nach dem Ende des Kalten Krieges* keineswegs der *ewige Frieden* herrscht. In der bisher sogenannten *„Dritten Welt"* hat das Ende des Ost-West-Konfliktes nur dazu geführt, daß die *Sowjetunion* als weltpolitischer *Widersacher* der USA *ausgefallen* ist. Viele regionalen Konflikte halten an, weil ihre spezifischen Ursachen nicht beseitigt sind. In mehreren Regionen, insbesondere im *Nahen/Mittleren Osten* und in *Südasien* vollzieht sich augenblicklich ein *rasanter Rüstungswettlauf.* Die *alten Konflikte* drohen nun mit *neuen Massenvernichtungswaffen* ausgetragen zu werden. Der *Golf* – der von den einen der *Arabische,* den anderen der *Persische* genannt wird – liegt im *Zentrum* dieser Spannungen. Da sich hier auch mehr als die Hälfte der bekannten Ölreserven befinden, sind die Industriestaaten *nolens volens* unmittelbar betroffen. Das Öl wird noch bis weit ins *einundzwanzigste Jahrhundert* unverzichtbar bleiben. Dennoch bleibt es eine der großen *Herausforderungen* für die Industriestaaten, *ihre Abhängigkeit vom Öl zu mindern* und dabei zu helfen, mit *politischen Mitteln* die Konflikte zu entschärfen, wenn nicht gar zu lösen.

Stabilisierungsbemühungen von außen werden jedoch nicht ausreichen. Die entscheidende Herausforderung für die Gesellschaften des *Orient* wird es sein, *selbst* politische Reformen durchzusetzen. Eine *breitere politische Partizipation* und damit *bessere Legitimation* von Herrschaft, verbunden mit einer *gerechteren sozialen Ordnung,* wäre wohl die beste Vorsorge gegen *Militärdiktaturen.* Zumindest einige politische Intellektuelle im Nahen Osten haben begriffen, daß die Herausforderung der Ereignisse in Osteuropa für den Orient darin besteht, *tragfähigere politische Systeme* in *Richtung Demokratie* zu entwickeln.

Nachwort (24. 1. 1991):

Einen Tag nach Ablauf des von den *Vereinten Nationen* gesetzten *Ultimatums* begann am 17. Januar 1991 die internationale Koalition unter Führung der USA, den Irak mit *Waffengewalt* aus Kuwait zu vertreiben. Trotz massiver Luftangriffe zeichnete sich ab, daß der Krieg am Golf möglicherweise *länger* anhalten könnte. Mit seinen *Raketenangriffen* gegen *Israel* und dem *Anzünden kuwaitischer Ölfelder* zielte *Saddam Hussein* darauf ab, die *internationale Allianz zu spalten* und den Konflikt buchstäblich in einen *Flächenbrand* zu verwandeln. Die menschlichen Opfer, die politischen Folgen, aber auch die ökologischen Verwüstungen drohten sehr groß zu werden.

Anmerkungen

---

[1]) Vgl. die Erklärung vom 3. 8. 1990, wiedergegeben in: *U.S. Policy Information and Texts* (USIS), Bonn, Nr. 103, 1990, S. 21.

[2]) Josef *Joffe,* in *Süddeutsche Zeitung*, 11./12. 8. 1990.

[3]) Vgl. z. B. die sowjetische Unterstützung Syriens nach der israelischen Intervention in

Libanon und der Entsendung westlicher Truppen nach Beirut in den Jahren 1982–1984.

[4]) Auch in der arabischen Welt wurde dieser Prozeß festgestellt. So äußerte der irakische Staatschef Saddam Hussein bereits am 24. 2. 1990 während des Gipfeltreffes des Arabischen Kooperationsrats in Amman, die „Rolle der Sowjetunion als Hauptstreiter für die Araber" sei „relativ ausgehöhlt". (Jordanisches Fernsehen, arab., 24. 2. 1990, wiedergegeben in: *Deutsche Welle/Monitordienst-Nahost,* Nr. 41/1990).

[5]) Vgl. hierzu ausführlicher Falk *Bomsdorf*/Hannes *Adomeit,* Das „neue Denken": Grundzüge und Verwirklichung, in: Hannes *Adomeit*/Hans-Hermann *Höhmann*/*Günther Wagenlehner* (Hrsg.), Die Sowjetunion unter Gorbatschow, Stuttgart, Berlin, Köln: Kohlhammer, 1990, S. 261–296; 291.

[6]) So wurde bereits berichtet, daß Saudi-Arabien der Sowjetunion einen Kredit von 6 Mrd. $ zugesagt habe (vgl. *International Herald Tribune)*, 30. 11. 1990).

[7]) So wörtlich Georgi Schachnarov, einer der Berater von Präsident Gorbatschow, in der *Washington Post* (wiedergegeben in *International Herald Tribune,* 3. 12. 1990).

[8]) Vgl. die Pressekonferenz vom 12. 2. 1990, Wortlaut in: *New York Times,* 13. 2. 1990, S. A14. – Die Frage verweist auf Carl *Schmitt,* Der Begriff des Politischen (1932, Neuauflage Berlin 1963), und bezeichnet präzis die Übergangssituation nach dem Ende des Ost-West-Konflikts.

[9]) Vgl. den Bericht einer Expertenkommission: Discriminate Deterrence. Report of the Commission On Integrated Long-Term Strategy, Washington D.C., January 1988.

[10]) Vgl. *Frankfurter Allgemeine Zeitung,* 15. 8. 1990, unter Berufung auf einen Bericht des amerikanischen Petroleum-Instituts (API).

[11]) So war es auch nicht weiter überraschend, daß der laizistische Diktator des Irak nicht nur an den Antiimperialismus, sondern auch an die religiösen Gefühle der Araber appellierte.

[12]) Vgl. *U.S. Policy Information and Texts,* USIS (Bonn), Nr. 161, 1990, S. 8f.

[13]) Iranische Zeitungen kritisierten Mitte Dezember 1990 den sowjetischen Außenminister Schewardnadze, der bei seinem Besuch in der Türkei am 13. 12. 1990 erklärt haben soll, die Grenzen des Irak seien keineswegs als endgültig zu betrachten. (Vgl. *Neue Zürcher Zeitung,* 19. 12. 1990)

[14]) Eingehender hierzu in meinem zweiten Beitrag (Krisenregion Orient. Die Herausforderung der neuen Waffentechnologien).

[15]) Vgl. Helmut *Hubel,* Neue Waffen in der Dritten Welt und ihre Folgen, in *Europa-Archiv,* 15/1990, S. 453–460.

[16]) Vgl. *Süddeutsche Zeitung,* 17. 9. 1990.

[17]) Vgl. zur völkerrechtlichen Debatte: Dieter *Blumenwitz,* „Die Politik kann frei entscheiden", und die Gegenposition von Hans-Peter *Schneider,* „Der Verteidigungsauftrag ist eng auszulegen", in: *Süddeutsche Zeitung,* 22. August 1990.

Claudia Schmid

Golfkrise und Nah-Ost-Konflikt

Eine tragfähige Friedensordnung für die gesamte Region ist vonnöten

---

In der Region überschneiden sich verschiedene Konfliktpotentiale

---

Einmal mehr in der bewegten Geschichte des *Nahen* und *Mittleren Ostens* demonstriert der irakische Überfall auf *Kuwait* vom 2. 8. 1990 und die internationale Reaktion auf diesen *Völkerrechtsbruch,* daß die Befriedung der Region längst nicht mehr nur von einer Lösung der Palästinafrage abhängig ist.

In der Region überschneiden sich verschiedene *Konfliktpotentiale* (religiöse und ethnische Konflikte, politische Macht- und soziale Verteilungskämpfe) und finden sich vielfältige Formen *gewalttätigen Konfliktaustrages* (zwischenstaatliche Kriege, Bürgerkriegssituationen, grenzüberschreitender Terrorismus). Herausragend sind zwei Konfliktformationen, die nicht zu Unrecht die Bezeichnung der jeweiligen geographischen Konfliktzone tragen[1]): War bis in die 70er Jahre hinein der klassische *Nah-Ost-Konflikt,* nämlich die Konfrontation zwischen *Arabern, Palästinensern* und *Juden,* der bestimmende Konflikt, *verlagerte* sich mit dem *Irak-Iran-Krieg* (1980–1988) und der *Irak-Kuwait-Krise* (seit August 1990) das regionale Konfliktzentrum und das internationale Interesse zur *Golfregion.*

Im politischen Schlagabtausch der aktuellen Golfkrise werden je nach politischem Standpunkt die *Irak-Kuwait-Krise* und die *Palästinafrage* miteinander aufs engste verknüpft bzw. für völlig unzusammenhängend angesehen. Leider wird dabei über das Verhältnis beider Konfliktformationen mehr polemisiert als systematisch nachgedacht. Stellt man jedoch die Frage nach den möglichen Zusammenhängen beider Konflikte ernsthaft und kritisch, so kommt man zu einem interessanten Resultat, das gleich vorweg benannt werden soll:

Die aktuelle Golfkrise wurzelt zweifelsfrei *nicht* ursächlich im palästinensisch-israelischen Gegensatz. Aber zwischen beiden Konfliktformationen gibt es drei Beziehungskomplexe:

- *Strukturelle Analogien* hinsichtlich des Konfliktmusters, des -verlaufs und der -intensität,
- Verknüpfungen, die im *Bewußtsein* der arabischen Bevölkerung existieren und die die *arabische Politik* konstituieren,

– Zusammenhänge, die bei einer *künftigen Gestaltung* der Region, besonders hinsichtlich einer *regionalen Sicherheitsstruktur,* zum Tragen kommen.

Diese drei großen Beziehungskomplexe im folgenden zu untersuchen, verspricht, die regionale Eigendynamik und die internationale Relevanz beider Konflikte besser zu verstehen und dadurch vielleicht zu einer realistischen Einschätzung möglicher, konflikteinhergehender Friedensstrategien im Mittleren Osten zu gelangen.

Gemeinsamkeiten und Unterschiede: regionale Konflikte von internationaler Bedeutung

Die Golfkrise und der Nah-Ost-Konflikt sind beides *äußerst komplexe Konfliktformationen.* An dieser Stelle können nicht all ihre Facetten ausgeleuchtet werden. Auffällig ist und darauf beschränken sich folgende Ausführungen, daß beide Konflikte herausragende, regionale Kernkonflikte von internationaler Bedeutung sind.

Wenden wir uns zuerst dem Kernkonflikt zu. Beiden Konflikten liegt eine Mischung aus *Territorial- und Herrschaftskonflikten* zugrunde. Der *Irak-Kuwait-Konflikt* ist zunächst ein innerarabischer Territorialkonflikt, der sich zum Herrschaftskonflikt weitete. Der Grenzverlauf zwischen Kuwait und Irak ist bis heute *nicht* demarkiert. Die historische Vorgeschichte der umstrittenen Grenze reicht bis zur *künstlichen Grenzziehung* durch den *europäischen Kolonialismus* zurück. Nach dem Zweiten Weltkrieg gewinnen jedoch verstärkt rohstoffstrategische Interessen an Erdölvorkommen und sicherheitspolitische Faktoren, vor allem die *kuwaitische Riegelstellung* für einen irakischen Zugang zum Golf, an Bedeutung. Hinzu kommt, daß die Nachfolgeregime der 1958 gestürzten irakischen Monarchie die politischen Entscheidungen ihrer souveränen Vorläuferregierung hinsichtlich der Grenzziehung bestreiten. So kam es immer wieder, 1961, 1973 und 1975, zu gewaltträchtigen Zwischenfällen im irakisch-kuwaitischen Grenzgebiet[2]).

Der *Palästinakonflikt* reicht bis ins letzte Jahrhundert zurück, als jüdische Einwanderer nicht nur ein kulturelles Zentrum in Palästina aufbauen, sondern durch Ansiedlungen im großen Stil einen jüdischen Nationalstaat schaffen wollten.

Dem Kern des Palästinakonfliktes liegt sowohl ein *territorialer* als auch ein *demographisch-ethnischer* Gegensatz zugrunde. Zum einen beanspruchen zwei Nationen, Juden und Palästinenser, ein und denselben geographischen Raum, Palästina. Dieser Gegensatz manifestiert sich am deutlichsten in bislang fünf geführten Nah-Ost-Kriegen zwischen Israel und seinen arabischen Nachbarstaaten. Zum andern handelt es sich um einen ungelösten *Nationalitätenkonflikt.* Lebensrechte und Formen nationaler Selbstbestimmung kolli-

dieren derart massiv, daß Charakterzüge eines Bürgerkieges Alltagserscheinungen werden.
Als direkte Kontrahenten stehen sich der Staat *Israel* und die durch die politische Bewegung *PLO* repräsentierten Palästinenser gegenüber. Dabei ist die politische und militärische Schlagkraft beider Akteure asymmetrisch verteilt.
Trotz der Gemeinsamkeiten, daß sowohl die Golfkrise wie der Palästinakonflikt in der lokalen Konfliktstruktur wurzeln und beide eine Mischung aus Territorial- und Herrschaftskonflikt sind, können unterschiedliche Konfliktqualitäten festgehalten werden.

a) Der Staat Kuwait existiert als Staat ohne Territorium und mit vertriebener Bevölkerung, er ist sowohl regional als auch international anerkannt[3]). Den Staat Kuwait zu verteidigen, ist qualitativ etwas anderes als einen Staat neu zu schaffen, für seine völkerrechtliche Akzeptanz zu werben und für ein funktionierendes Gemeinwesen zu sorgen, wie dies bei einem Staat Palästina der Fall wäre.
b) Der Irak-Kuwait-Konflikt ist kein sich territorialisierender Nationalitätenkonflikt[4].) Die Annexion Kuwaits ist Ausfluß der Politik des Regimes *Saddam Husseins* und *ohne* strukturellen Rückhalt bei der *irakischen Bevölkerung.* Die Palästinafrage ist dagegen grundsätzlich anderer Natur.

Wie steht es um die internationale Bedeutung beider Konflikte?
Zunächst erwächst die internationale Relevanz der Kernkonflikte allein daraus, daß sie beide einer *Gesamtregion* angehören, die rein statistisch seit Ende des Zweiten Weltkrieges die *kriegsträchtigste Weltregion*[5]), die am *stärksten in die Weltwirtschaft integrierte*[6]) und *politisch am dichtesten penetrierte Dritte-Welt-Region*[7]) ist.

Der Palästinakonflikt: das „trojanische Pferd" der Supermächte

Zu Zeiten des Kalten Krieges bedienten sich die Supermächte des Palästinakonfliktes, um Einfluß auf die Region zu gewinnen. Der Nahe Osten geriet in den Sog des Ost-West-Konfliktes. Die Unterstützung *Israels* durch die *Vereinigten Staaten* und die Parteinahme der *Sowjetunion* für *radikale arabische Staaten* überlagerte die lokalen Konfliktkonstellationen. Es bildete sich ein besonderes Verhältnis zwischen regionaler Eigendynamik und Supermachtinteressen heraus. Es ist vor allem diese *internationale Patron-Klient-Beziehung* zwischen den einzelnen Supermächten und ihren jeweiligen regionalen Verbündeten[8]), die dafür verantwortlich ist, daß *jede lokale Auseinandersetzung* in eine *direkte Konfrontation der Supermächte* umzuschlagen drohte.
In den 70er Jahren änderte sich diese Situation. Der *Oktober-Krieg*

1973 war der letzte große Nah-Ost-Krieg mit Beteiligung mehrerer arabischer Staaten und Israel. Gleichzeitig war er der Höhepunkt der Weltfriedensgefährdung, weil die Supermächte mit dem *Einsatz von Nuklearwaffen* drohten. In der arabischen Welt bildete sich auf der Grundlage des Erdölreichtums und seiner strukturellen Prägungskraft gesamtgesellschaftlicher Entwicklungen, des *Petrolismus*[9]), eine *neue Regionalordnung*[10]) heraus. Der Gegensatz zwischen *sozialrevolutionären arabischen,* eher *Moskau-orientierten* Regimen und *konservativen, pro-amerikanischen Erdölmonarchien* schwächte sich ab. Ein neuer Pragmatismus des Umgangs arabischer Staaten untereinander auf der Basis *ökonomischer Wirtschaftshilfe* gegen *politische Nicht-Einmischung* in innere Angelegenheiten bahnte sich den Weg.

Camp David: die Sackgasse der amerikanisch-arabischen Beziehungen?

In diese Phase fällt das starke US-Engagement im Hinblick auf eine Konflikteinhegung des Nah-Ost-Konflikts. Das US-Konzept der *„Schritt-für-Schritt-Diplomatie“*[11]) zielt darauf ab, mittels massiver amerikanischer Hilfe eine Kette von *bilateralen Friedensverträgen* zwischen Israel und seinen arabischen Nachbarstaaten zu erwirken, wobei die Palästinafrage flankierend im Rahmen einer *Autonomielösung* angegangen wird. Dieses Regelungsmodell *schließt von vornherein sowohl die PLO* als Verhandlungspartnerin und die Möglichkeit eines neuzuschaffenden Palästina-Staates *als auch die Beteiligung der Vereinten Nationen* und damit der *Sowjetunion aus.* Einzig verwirklichtes Beispiel dieser US-Konzeption ist der ägyptisch-israelische Verhandlungsfrieden von 1979, der ohne die USA als diplomatisch vermittelnde sowie *ökonomische* und *militärische Garantien* gewährende Partei nicht zum Abschluß gekommen wäre. Mit diesem historischen Friedensvertrag, dem ersten zwischen Israel und einem arabischen Land, gerät das Engagement der USA für eine Lösung der Palästinafrage in eine *politische Sackgasse.* Auch verschieben sich die Gewichte der internationalen Politik innerhalb der Region[12]). 1979 verlor Ägypten wegen seiner Israelpolitik und wegen seiner starken Anlehnung an die USA seine Führungsrolle in der arabischen Welt. Im gleichen Jahr fiel das Amerika-treue Schah-Regime der islamischen Revolution zum Opfer. In dem Maße, in dem der Palästinakonflikt im politischen *Immobilismus* versinkt, avanciert die Golfregion zur wichtigsten internationalen Sicherheitszone. Die irakische Aggression gegen den Iran 1980 ist nicht nur der Beginn eines blutigen Golfkrieges, der die internationale Öffentlichkeit vorrangig beschäftigt. Sie ist gleichsam Ausdruck des irakischen Strebens, das *regionale Machtvakuum,* das durch die Isolation Ägyptens entstand,

füllen zu wollen. Der Krieg gegen den Iran hatte *Saddam Husseins* Machtbereich territorial nicht erweitert und statt dessen einen *hochgerüsteten* Irak, der vor dem *wirtschaftlichen Zusammenbruch* stand, hervorgebracht.
Wollte der Irak mit dem Überfall auf Kuwait 1990 die regionale Vorherrschaft erzwingen, so wurde er durch die *Internationalisierung* des Konfliktes zu einer *verhinderten Hegemonialmacht.* Beispiellos einmütig ist die irakische *Aggressionspolitik* von den *Vereinten Nationen* verurteilt worden. Im Zuge der Erosion des Ost-West-Konfliktes kristallisiert sich zwar erst allmählich ein neues Grundmuster der internationalen Beziehungen heraus, es scheint jedoch, als ob der bislang bestimmende bipolare Weltgegensatz von einer Dominanz der USA im Rahmen einer reaktivierten UNO abgelöst werde.

Die Golfkrise – Ein Testfall für die UNO?

Anders als im Palästinakonflikt, wo die außerregionalen Interessen primär *geostrategischer* Natur waren und das Muster des globalen Ost-West-Gegensatzes in der Region reproduzierten, dominieren in der Golfkrise vorrangig *politisch-ökonomischen* Interessen.
Die unter neuen globalen Rahmenbedingungen zustande gekommene internationale *Anti-Irak-Koalition* verteidigt auch *die Adern der Weltwirtschaft* und *die politischen Strukturen,* die das herkömmliche Verteilungsschema der *strategischen Ressource Erdöl* garantieren[13]). Vor diesem Hintergrund wird auch die Politik der USA, die unmittelbar nach dem irakischen Überfall auf Kuwait die Initiative des Handelns *monopolisierte,* verständlicher. Zum einen ermöglichte das neue *kooperative* Verhältnis zwischen *Moskau* und *Washington* eine *Reaktivierung der UNO.* Der UN-Sicherheitsrat agierte *erstmals* in seiner Geschichte einmütig und machte die Vereinten Nationen als System kollektiver Sicherheit handlungsfähig. Die Golfkrise wird so zum *Testfall* für die Fähigkeit der Weltorganisation, Völkerrechtsbrecher aktiv in die Schranken zu weisen. Zum anderen erzeugte die rasche und massive militärische Hilfe der USA für Kuwait und Saudi-Arabien einen Handlungsdruck, dem auch die UNO unterlag. Bei den Streitkräften von 28 Nationen, die zum Teil im Golf präsent, zum Teil in Saudi-Arabien stationiert sind, um das UN-Wirtschaftsembargo gegen Irak zu Wasser, zu Lande und zu Luft durchzusetzen, handelt es sich um *keine* UNO-Truppen. Auch die UN-Resolution 678 des Sicherheitsrates ändert daran nichts. Sie ist vielmehr eine Legitimierung der Handlungsweise der Einzelstaaten.
In der Golfkrise kommt aber nicht nur stärker die *direkte Interessenwahrung* außerregionaler Staaten zum Ausdruck als dies beim Palästinakonflikt der Fall ist, da dieser weder rohstoffstrategisch noch ökonomisch von Interesse ist. Im Irak-Kuwait-Konflikt geht es auch

um eine *Verteidigung des Prinzips der Souveränität und territorialen Integrität.*
Hierbei gerät die Politik der UNO, die für die Wahrung der staatlichen Souveränität und den Schutz der Menschenrechte eintritt, besonders ins Blickfeld.

Die UNO und der Nahe Osten oder: wann gilt gleiches Recht für alle?

Es ist eine Tatsache, daß in der Region *Besetzungen, Annexionen* und *Menschenrechtsverletzungen ungleich geahndet* werden. Beispiele dafür gibt es genügend: *Israel* annektierte *Ost-Jerusalem,* die *syrischen Golan-Höhen,* hält den *Gaza-Streifen* und die *Westbank* besetzt. Im *Libanon* sind *israelische* und *syrische* Truppen stationiert. 1971 annektierte der *Iran* Inseln in der *Meerenge von Hormus.* Der *Irak* überfiel 1980 den *Iran* und setzte *Giftgas* gegen *Kurden* und *iranische Soldaten* ein. Im direkten Vergleich des Palästinakonfliktes mit der Irak-Kuwait-Krise ist aus Sicht der Betroffenen verständlich, wenn sie die Vereinten Nationen moralisch verurteilen, *da gleiches Unrecht nicht mit gleichem Recht behandelt wird.* Die Schlußfolgerung Saddam Husseins jedoch, nicht auf dem Völkerrecht zu bestehen, weil es früher auch mißachtet wurde, offenbart nicht nur sein zynisches Rechtsempfinden, sondern leugnet die Unterschiedlichkeit singulärer Ereignisse und die veränderten internationalen Rahmenbedingungen. *Ohne* die israelische Okkupationspolitik zu rechtfertigen, sei darauf hingewiesen, daß *Israel* palästinensisch/arabische Gebiete im Zuge einer *Kriegssituation* besetzte, während der *Irak* in *Friedenszeiten* Kuwait überfiel. *Israel* verhält sich *eindeutig völkerrechtswidrig* bei den Annexionen Ost-Jerusalems und der syrischen Golan-Höhen und ebenfalls bei der Argumentation, im Falle der Gebiete Westbank und Gaza handle es sich um *verwaltete* Gebiete, da sie *rechtliches Niemandsland* wären. Erst im Zuge der Dekolonisation und des ersten Nah-Ost-Krieges habe Jordanien die Westbank völkerrechtswidrig annektiert und Ägypten habe nie Souveränität über Gaza beansprucht.
Nach *allgemeiner internationaler Auffassung* sind Westbank und Gaza zweifelsfrei *von Israel besetztes feindliches Territorium.*
Seit dem *1967er Krieg* ist Israels Politik häufig Gegenstand von UN-Resolutionen geworden. Israel hält sogar den tristen *Rekord,* das Land mit den meisten *Verurteilungen* durch die Vereinten Nationen zu sein. Aber weder änderte es grundsätzlich seine Okkupations- und Palästinapolitik, noch wurden die Annexionen revidiert. Auch gehen die *UN-Ermahnungen* wegen Verletzungen der Menschenrechte in den besetzten Gebieten weiter.
In der Palästinafrage ist die *Handlungsunfähigkeit* der UNO offen-

Strukturelle Analogien	Palästinakonflikt	Golfkrise
Regionaler Kernkonflikt		
Konfliktart	— jüdisch-palästinensisch/arabischer Territorial- und Herrschaftskonflikt, ein sich territorialisierender Nationalitätenkonflikt	— irakisch-kuwaitischer Territorialkonflikt und rohstoffstrategischer, sicherheitspolitischer Herrschaftskonflikt
Konfliktaustrag	— territorialer Gegensatz: Fünf israelisch-arabische Nah-Ost-Kriege (1948, 1956, 1967, 1973, 1982)	— Grenzstreitigkeiten: 1961, 1973, 1975
	— ethnisch-nationaler Gegensatz: ungleiche Kontrahenten kollidieren mit ihren Lebensrechten und Formen nationaler Selbstbestimmung	— 1990: Kuwait wird vom Irak annektiert
Internationale Relevanz		
außerregionale Interessen	— seit der Kolonialzeit, Zuspitzung seit Israels Staatsgründung (1948)	— seit 70er Jahre, Zuspitzung Irak-Iran-Krieg (1980—1988)
	— geostrategische Interessenwahrung zu Zeiten des Ost-West-Konflikts	— ökonomische Interessenwahrung (Erdöl)
	— Verteidigung der Existenz Israels	— Verteidigung der Existenz Kuwaits
Formen der Internationalisierung	— seit 1967 strategisches Bündnis zwischen USA und Israel; PLO seit 1974 international anerkannt	— Kuwait sucht militärischen und politischen Beistand
	— Israel sucht bilaterale Lösungen mit arabischen Nachbarn; PLO sucht Lösungen im Rahmen der UNO	— USA reagieren rasch und militärisch und reaktivieren UNO
	— seit 1967 UN-Verurteilungen ohne Erzwingungscharakter gegen Israels Palästinapolitik	— UN-Resolutionen mit Erzwingungscharakter gegen Irak
	— große Nahost-Kriege (1967, 1973) mit Beteiligung der Supermächte	— internationale Anti-Irak-Koalition setzt auf Wirtschaftsembargo und militärische Gewalt

sichtlich. Alle UN-Verurteilungen und Maßregelungen Israels, bleiben Aufforderungen ohne Erzwingungscharakter.

Hat Saddam Hussein die Massen hinter sich?

Die irakische Propaganda fällt auf fruchtbaren Boden. *Saddam Husseins* politische Rhetorik erzeugt in manchen arabischen Ländern, z. B. in *Jordanien, Jemen, Sudan,* und bei den *Palästinensern* durchaus einen *Solidarisierungsdruck.* Der Schlüssel zu diesem Erfolg liegt zum einen darin, daß *Saddam*, wie alle geschickten Propagandisten, mit ideologischen Versatzstücken und Halbwahrheiten operiert. Zum andern verwendet er ein Vokabular, das der *muslimischen Mehrheit* vertraut ist. Er spricht ihre *religiösen Gefühle, ihre Hoffnungen auf Verteilungsgerechtigkeit* und die weitverbreitete *antiwestliche Abwehrhaltung* an. Drei herausragende Argumentationsfiguren finden dabei ihren entsprechenden Nährboden.

Schaffung sozialer Gerechtigkeit

Saddams Vorwürfe richten sich gegen in seinen Augen *korrupte* und *nicht-legitimierte Petro-Oligarchien,* die den Ölreichtum zu ihrem Eigennutz verschwenden. Als selbsternannter Vorkämpfer einer gerechten Verteilung des Ölreichtums verspricht er den armen Schichten bessere Zeiten und gibt den Überfall auf Kuwait als *soziale Revolution* gegen eine Petro-Oligarchie aus.
Diese Argumentation findet Widerhall angesichts der Enttäuschungen über die ständige *Verschlechterung* der *Lebensbedingungen* in der Region. Zwar ist in den sog. *sieben fetten* Jahren von 1974 bis 1981 ein gesamtregionaler Trend zu Mehrkonsum nachzuweisen. Doch ist dies nur eine kurze Prosperitätsphase. Abgesehen davon, daß arabische Staaten am Ölreichtum völlig *unterschiedlich* partizipieren und sich innerhalb einzelner Länder die sozialen Gegensätze *verschärfen.* Seit den 80er Jahren ist offensichtlich, daß der Ölreichtum auch eine *verpaßte Entwicklungschance* für die Region bedeutet[14]).

Islam und Propaganda

Wohlwissend, daß der *arabische Zeitgeist* im Gewand der *Islamisierung* weht, und daß antiwestliche Ressentiments auch durch religiösen Eifer ausgedrückt werden[15]), nimmt *Saddam Hussein* Zuflucht bei der Sprache des *Islam.* Wenn er z. B. zum *Heiligen Krieg* gegen *das Haus Saud* und den ägyptischen Präsidenten *Mubarak* aufruft oder sich als Mekkapilger der Öffentlichkeit zeigt, so biedert er sich den religiösen Gefühlen der Menschen an. *Saddam Hussein* stilisiert sich als neue, autoritäre *Erlöser-Figur.*

Orient gegen Okzident

Saddam Hussein reduziert die internationale Anti-Irak-Koalition auf eine imperialistische Einmischung der USA und ihrer regionalen Helfershelfer. Er möchte glauben machen, der Irak sei einer *internationalen Verschwörung* ausgeliefert, die die arabische Welt spalten und damit schwächen möchte und deshalb Militärsatisfaktion fordere. Angesichts dieser Bedrohung stehe die arabische Welt vor einer Bewährungsprobe. *Saddam* reiht sich in die Ahnengalerie jener arabischen Führergestalten ein, die dem Westen trotzten und eine sentimentale Beziehung zu den *frustrierten* arabischen Massen herstellen konnten. Es werden historische Erfahrungen der alten Konfliktverwerfung Morgenland gegen Abendland und aus der Zeit des europäischen Kolonialismus wachgerufen und unmittelbar auf die heutige Behandlung der Araber durch die internationale Staatengemeinschaft bezogen. So profiliert sich *Saddam* als neuer Hoffnungsträger Ende des 20. Jahrhunderts, *der gegen eine Verletzung der Würde der Araber* kämpft.

Die Trumpfkarte Palästina

Zu diesen drei Argumentationsfiguren, die den relativen Erfolg der irakischen Propaganda erklären, tritt als neuer Kristallisationspunkt die Palästinafrage. *Israel und die Palästinafrage* in die politische Debatte einzubeziehen ist für *Saddam Hussein* die *Trumpfkarte*, die mehrmals sticht.

- Wenn *Saddam* die internationale Reaktion auf seine Aggression gegen Kuwait mit dem Verhalten der Vereinten Nationen hinsichtlich einer 23 Jahre währenden Besetzung palästinensisch/arabischer Gebiete durch Israel vergleicht, so will er damit die *internationale Doppelmoral* entlarven und die Golfkrise in eine Konfrontation *Morgenland* gegen *Abendland* ummünzen.
- Wenn er seine Lösung der Irak-Kuwait-Krise von einer internationalen *Palästina-Konferenz* abhängig macht, so dient ihm die Palästinafrage als Vehikel, sich vom *Aggressor* zum *Befreier* zu wandeln.
- Wenn er die alten Feindbilder, Israel das *trojanische Pferd* des

Westens, die Bastion der USA, das *westliche Implantat* in der arabisch-islamischen Umwelt, reaktiviert, so, weil sich in der Palästina-Problematik anti-zionistische und anti-imperialistische Elemente treffen.

- Wenn er jene arabische Staaten, die bei den Vereinten Nationen und den USA um Beistand und militärischen Schutz gegen die irakische Bedrohung nachsuchten, als *Lakaien* des Westens beschimpft und mit Israel auf eine Stufe stellt, so weil *Saddam* versucht, sich aus seiner internationalen *Isolierung* zu befreien.

Diese *Verknüpfungen* zwischen der Palästinafrage und der Golfkrise, die im *Bewußtsein* der *arabischen Bevölkerung* und der *Politiker* existieren, sind zunächst einmal zur Kenntnis zu nehmen. Sie bilden einen Ausschnitt von Realität. Um ihre Wirkung angemessen zu deuten und auch die Möglichkeit von Einstellungs- und Verhaltensänderungen abschätzen zu können, müssen sie *kritisch* eingeschätzt, d. h. vor dem Hintergrund des *arabischen Nationalismus als Legitimationsstrategie in der arabischen Politik* beurteilt werden.

Arabische Solidarität hinsichtlich der Palästinafrage und eine radikale Außenpolitik gegenüber Israel bedeuten für arabische Staaten einen dreifachen *Legitimationsgewinn:*

a) innenpolitisch wird einer einheimischen radikalen Opposition vorgebeugt,
b) intraregional schützen sich die arabischen Regierungen untereinander vor propagandistischen Einmischungen der Nachbarstaaten oder transnationaler Gruppierungen (z. B. der Nasseristen, Baathisten) und
c) weltpolitisch bedeutet arabischer Nationalismus, daß er politischer Kampf gegen westliche Einmischungs- und Ausbeutungsversuche und gleichzeitig Abwehrkampf des arabisch-islamischen Kulturraumes gegen Verwestlichung ist.

Dieser dreifache Stellenwert des arabischen Nationalismus erfüllt primär legitimatorische Funktionen, denn das *aktive* Engagement arabischer Staaten für die Sache der Palästinenser sieht *anders* aus[16]).

Große Reden – keine Taten: die arabischen Staaten und die Palästinenser

---

An dieser Stelle ist es nicht möglich, das Geflecht arabisch-palästinensischer Beziehungen auszubreiten. Betont sei, daß im Laufe des Palästinakonfliktes die Palästinenser nicht nur in der Auseinandersetzung mit Israel, sondern auch mit den arabischen Staaten gelernt haben. Die Palästinenser, deren Schicksal mit dem ersten Nah-Ost-Krieg 1948 als ein *Flüchtlingsproblem* begründet und mit dem dritten Nah-Ost-Krieg 1967, der palästinensisches und zum Teil arabisches

Gebiet unter israelische Besatzung stellt, potenziert wird, entwickeln ein neues Selbstverständnis. Sie sind *nicht bloß* palästinensisch-arabischen *Flüchtlinge, sondern* ein *staatenloses Volk.* Ihre politische Vertretung, die *PLO,* emanzipiert sich von der Bevormundung arabischer Regierungschefs zum eigenständigen *Regionalakteur.* Die PLO wird als *einzige legitime* Vertreterin des palästinensischen Volkes von *allen* arabischen Staaten anerkannt und erreicht durch ihre *Aufnahme* in die *UNO* als erste transnationale Befreiungsbewegung internationales Ansehen. Arabische Staaten befürworten verbal einen eigenständigen Palästina-Staat. Im Konfliktfall jedoch rangieren ihre nationalen Interessen *vor* der arabischen Solidarität mit der palästinensischen Sache. Drei Beispiele verdeutlichen dies.

a) Mit dem ägyptisch-israelischen Friedensvertrg 1979 wurde nach dem Prinzip *„Land gegen Friede"* der israelische Rückzug aus dem *Sinai* mit der Anerkennung der Existenz Israels durch Ägypten und die Aufnahme normaler diplomatischer Beziehungen zwischen beiden Staaten abgegolten. Das *Palästinenserproblem* wurde in völkerrechtlich nicht bindender Weise dem bilateralen Friedensvertragswerk nachgeordnet. Einen Rahmen für einen Frieden im Nahen Osten sahen sog. *„Autonomiegespräche"* vor, die jedoch von Anbeginn zum Scheitern verurteilt waren. Es war dabei eindeutig *nicht* an eine Beteiligung der PLO gedacht und völlig unterschiedliche Autonomie-Auffassungen (kommunale Teilverwaltung vs. Staatlichkeit) prallten aufeinander. Der historische Vertrag wurde so zu einem echten *Separatfrieden*[17]).

b) Ein ähnlich gelagerter Fall war die Tatsache, daß erstmals auf dem arabischen Gipfel in Amman im November 1987 der israelisch-arabische Konflikt als *zweitrangiger* Tagesordnungspunkt angesetzt wurde. Wie damals von Ägypten fühlten sich die Palästinenser von ihren arabischen Brüdern im Stich gelassen. Das Palästinaproblem stand im Schatten des Golfkrieges zwischen Irak und Iran und gewann erst mit Beginn der *Intifada* in den besetzten Gebieten wieder Eigengewicht[18]).

c) Auch *Saddam Hussein* hat Kuwait *nicht* überfallen, um die Palästinafrage zu lösen. Seine politische Rhetorik *instrumentalisiert* den Nah-Ost-Konflikt. *Saddam Hussein* mobilisiert die arabische Bevölkerung durch *Emotionalisierung.* Er rechtfertigt damit seine nationale Machtpolitik, verschleiert seine *regionalen Hegemonieansprüche* und versucht, die internationale Isolierung Iraks zu überwinden. Gleichzeitig führt er eine neue Spielfigur im diplomatischen Schach einer künftigen Verhandlungslösung ein. Die propagandistische Verknüpfung der Golfkrise mit der Palästinafrage kann ihm als *Bauernopfer* dienen, auf seinem Wege zum eigentlichen Ziel, nämlich territoriale Zugeständnisse von Kuwait zu erwirken. Einmal mehr wird dann die Sache der Palästinenser dem nationalen Interesse eines arabischen Staates untergeordnet werden. Zugespitzt formuliert könnte man sagen: *Die Saddam Husseins kommen und gehen, die Palästinafrage bleibt.*

Erdöl gegen Sicherheit?
Wie soll eine Neuordnung der Region aussehen?

Die Anerkennung, daß bei der Gestaltung einer künftigen regionalen Friedens- und Sicherheitsstruktur beide Konflikte zusammenhängen, *bedeutet nicht,* das von *Saddam Hussein* aufgestellte Junktim zwischen Zugeständnissen einerseits und der Lösung anderer Konflikte in der Region zu akzeptieren.

Es existieren jedoch in drei Problemfeldern Zusammenhänge.

Ein erster Berührungspunkt ergibt sich aus dem Problemkreis *„territorialer Kompromiß".*

- Die Golfkrise geschieht zu Zeiten, da die internationale Gemeinschaft an der Schwelle zu einer neuen *Weltordnung* steht. Die neuen globalen Beziehungen eröffnen *Regionalakteuren* die Möglichkeit, den territorialen *Status quo* in Frage zu stellen. Dagegen wäre nichts einzuwenden, wenn *Grenzrevisionen* im friedlichen Ausgleich der Betroffenen erfolgen und jede einseitige und gewaltsame Veränderung verhindert wird. Grundsätzlich jedoch sollte das Prinzip der *Souveränität* und *territorialen Integrität,* das als Mindestmaß an Übereinstimmung im Verkehr der Staaten miteinander einen wesentlichen Stellenwert einnimmt, nicht aufgegeben werden.
- Sollte es bei der Golfkrise zu territorialen Kompromissen kommen, bedeutet dies aber nicht nur positive Impulse für ähnliche Probleme in Nahost. Es könnte damit auch eine *Pandora-Dose* geöffnet werden. *Weder* sind *alle Grenzen Israels, des Jemen, der Türkei* und *Syriens demarkiert, noch* herrscht darüber Einigkeit, die koloniale Grenzziehung auch künftig zu respektieren.

Ein zweiter Berührungspunkt beider Konfliktformationen liegt darin, daß die Region *nach* der Regelung der Golfkrise *anders strukturiert* sein wird. Eine *umfassende Neuordnung* der Region macht nicht Halt vor dem Palästinakonflikt.

- Was sich jetzt bereits abzeichnet, ist, daß die *USA* mittelfristig in der Region *militärisch präsent* sein werden. Es wird *keine* rein arabische Sicherheitsstruktur entstehen, *sondern* ein regionales und internationales *Sicherheits-Mix-System.* In der Golfregion werden die Vereinigten Staaten Kuwait und Saudi-Arabien das überleben *ihrer* Regime *militärisch garantieren* und im *Austausch* dafür eine reibungslose Versorgung mit *billigem Erdöl* erwarten dürfen. In der Nah-Ost-Region werden Ägypten und Israel und auch Syrien gute Beziehungen zu den USA unterhalten. Die *USA* werden also ihre Nah- und Mittel-Ost-Politik *revidieren* müssen. Zwar wird Israel nach wie vor zu den engsten Bündnispartnern zählen. Aber seine Einzigartigkeit als sog. strategischer Aktivposten in der US-Außenpolitik wird stark relativiert werden.
- Wie auch immer der irakisch-kuwaitische Territorialkonflikt gere-

gelt werden wird, eine vernünftige Bändigung irakischer Militär- und Machtmittel kann nur eingebettet in ein *regionales Abrüstungs- oder Rüstungskontroll-Regime* erfolgen, das alle Regionalakteure, vor allem *Israel* und den *Iran* umfaßt. Ein klassischer Militärpakt, der *allein gegen* den Irak gerichtet wäre, würde nicht nur die Gewaltproblematik und die Verteilung der Rüstungsgüter in der Region verkennen, sondern auch die *Fehler* der Ost-West-Konfrontation in Europa wiederholen. Dort wurde die Politik der Abschreckung und des Wettrüstens erst sehr spät aufgegeben. In der Region des Nahen und Mittleren Osten eröffnet sich nunmehr die Chance, Sicherheit gemeinsam zu organisieren und nicht weiterhin gegeneinander zu errüsten.

- Bleibt zu erwähnen, daß neben militärischen Sicherheitsstrukturen, *Verteilungsgerechtigkeit* und *Schutz der Menschenrechte* mindestens ebenso bedeutende Pfeiler einer langfristigen regionalen *Friedensordnung* sind. Gerade die Erfahrungen des Palästinakonflikts sollten lehren, daß die *friedliche* Koexistenz zweier Nationen nicht nur militärisch zu sichern ist.

Der dritte Berührungspunkt zwischen beiden Konflikten ergibt sich aus der *realpolitischen Umsetzung* einer neuen Regionalordnung.

- So ähnlich manche Problemlagen der Golfkrise und des Palästinakonfliktes sind, so wenig kann es dafür eine diplomatische Generalbereinigung geben. Dagegen sprechen nicht nur die empirischen Erfahrungen der Palästina-Diplomatie, sondern auch die Erkenntnisse der Konfliktforschung. Danach müssen komplexe Probleme desaggregiert werden, um sie als einzelne, operationalisierbare Teilprobleme einer Lösung zuführen zu können. Realpolitisch wird es eher auf eine zeitliche Abstufung der Regelung beider Konflikte zulaufen.

Hoffnung für Palästina oder was kommt nach dem Krieg?

Nach der Beilegung der *Golfkrise* wird man sich der *Palästinafrage* zuwenden. In diesem Sinne formulierten *Staatschef Gorbatschow* und *Präsident Bush* bereits in ihrer gemeinsamen *Erklärung von Helsinki vom September 1990,* daß es von zentraler Bedeutung sei, *„aktiv alle verbliebenen Konflikte im Nahen Osten und am Persischen Golf zu lösen“*[19]).

Aber die Verhältnisse in Palästina und Israel werden bis dahin weiter in Bewegung geraten.

Zunächst müssen Wunden heilen, die die Golfkrise unmittelbar den israelisch-palästinensischen Friedensinitiativen zufügte. In beiden Lagern wurden die Skeptiker und Radikalen bestätigt. Die einfachen Palästinenser feierten *Saddam Hussein* euphorisch als *allerletzten*

Retter, nach *viereinhalb Jahrzehnten Nah-Ost-Konflikt, nach 23 Jahren israelischer Besatzungspolitik* und *nach 32 Monaten Intifada!*
Die *PLO* urteilte differenzierter. Auch sie forderte den irakischen Rückzug aus Kuwait, verurteilte jedoch die internationale Einmischung in den Konflikt. Die PLO betont, daß die Palästinenser selbst ein *Opfer der Okkupation* sind und sie grundsätzlich *gegen* jede Art der Besetzung sind. Selbstmitleidig klagen sie über die unterlassene Solidarität der internationalen Gemeinschaft in eigener Sache. Die Golfkrise wirkt sich materiell *negativ* auf die Palästinenser und die PLO aus. Die monatlichen Überweisungen der Gastarbeiter bleiben aus. Die PLO verliert alle kuwaitischen *Unterstützungszahlungen.* Mittlerweile stornierten *Saudi-Arabien* und die anderen *Golfstaaten* ihre Zahlungen an die PLO, da sie zu Irak-freundlich eingestellt sei.
Aber auch auf israelischer Seite finden sich Hoffnungslosigkeit und Radikalisierung. Die israelisch-palästinensischen Friedensinitiativen sind auf einem *Nullpunkt* angelangt. Die Regierung sieht sich in ihrer starren Haltung bestätigt, jegliche Verhandlungen mit der PLO kategorisch abzulehnen und jedweden Friedensinitiativen eine totale Absage zu erteilen.
Außerdem steht Israel ungeheuer neuen Herausforderungen gegenüber. Im Schatten der Golfkrise vollzieht sich die massivste *Einwanderungswelle* nach Israel seit Bestehen des Staates. 1990 kamen bereits 230 000 sowjetische Juden ins Land[20]), bis ins Jahr 2000 sollen es schätzungsweise 750 000 Menschen sein. In Israel stellt sich die Frage nach *Integration* der neuen Staatsbürger und verschärft vor allem die Frage nach *Siedlungsraum.* Die Palästinenser fürchten eine *aggressive Siedlungspolitik* in den palästinensischen Gebieten, den Verlust ihrer Arbeitsplätze und daß sie völlig ins politische Abseits geraten.
Der Faktor Zeit ist also eine unberechenbare Kategorie. Je länger die Golfkrise andauert, desto später wird die Palästinafrage in Angriff genommen. Selbst wenn die Palästinafrage im Schlepptau der Golfkrise einer Regelung zugeführt werden sollte, ist es fraglich, ob damit endlich eine gerechte und friedliche Lösung oder nur eine neue *diplomatische Nullrunde* für den Palästinakonflikt eingeleitet wird.

Anmerkungen

[1]) A. Drysdale, G. Blake, The Middle East and North Africa. A. Political Geography. Oxford u. a., 1985, B. Tibi, Konfliktregion Naher Osten, München 1989, S. 58–79.
[2]) P. Billing, B. J. Traunter, Chronik eines angekündigten Krieges. In: Blätter für deutsche und internationale Politik. 12/1990, S. 1454–1460.
[3]) Kuwait ist Mitglied der UNO und der Arabischen Liga.
[4]) Als solcher ist der Palästinakonflikt aufzufassen, vgl. D. Diner, Endogene Konfliktverursachung im Vorderen Orient und die Funktion globaler Einwirkungen. In: Kriegsursachen, Friedensanalysen Bd. 21, Frankfurt, 1987, S. 308–333: 319.
[5]) I. Kende, Kriege nach 1945. Frankfurt, 1982. K.-J. Gantzel, J. Meyer-Stamer, Die Kriege nach dem Zweiten Weltkrieg bis 1984. München u. a., 1986.

[6]) S. Amin, The Arab Economy Today. London, 1982.
[7]) L. C. Brown, International Politics and the Middle East. Princeton, 1984.
[8]) B. Tibi, Konfliktregion Naher Osten. München, 1989.
[9]) B. Korany, Political Petrolism and Contemporary Arab Politics, 1967–1983. In: Journal of Asian and African Studies 21/1986/1–2, S. 66–88.
[10]) M. Kerr, E. Yassin, (eds.) Rich and Poor States in the Middle East. Egypt and the New Arab Order. Boulder u. a., 1982.
[11]) C. Hacke, Amerikanische Nahost-Politik. München u. a., 1985, S. 19–116.
[12]) U. Steinbach, Kein Weg aus der Krise: Der Nahe Osten in den achtziger Jahren. In: Außenpolitik 3/1987, S. 270–286.
[13]) Vgl. den Beitrag von P. Pawelka in diesem Heft und M. Massarrat, Morgenland und Abendland, Auszüge in FR 9. und 10. 10. 1990, vollständig in: Peripherie H. 39/40, 1991 (i. E.).
[14]) J. A. Bill, R. Springborg, Politics in the Middle East, London u. a., 1990, S. 399–449.
[15]) B. Tibi, Die Krise des Islam. Frankfurt, 1981.
[16]) F. Büttner, H. Baumgarten, Der Nahost-Konflikt und die Golfstaaten. In: F. Scholz (Hrsg.), Die Golfstaaten. Braunschweig, 1985, S. 65–80.
[17]) F. Schreiber, M. Wolffsohn, Nahost. Geschichte und Struktur des Konflikts. Opladen, 1988, S. 264 ff.
[18]) A. Flores, Intifada. Aufstand der Palästinenser. Berlin, 1988.
[19]) Zitiert nach FAZ 11. 9. 1990.
[20]) Zahlen nach Jahrbuch Dritte Welt 1991, München 1990, S. 245.

Abraham Ashkenasi

Was wird aus Israel?

Israel, die Palästinenserfrage und die Golfkrise

Das Palästinenserproblem und die arabischen Nachbarn

Die *Golfkrise* bzw. das Erstarken des Irak und sein offensichtlicher Versuch, zu einer echten *Regionalmacht* zu avancieren, unterstreicht die Basisproblematik der israelischen geopolitischen Lage. Israel kämpft seit seiner Entstehung um Beruhigung an seinen Grenzen zu den arabischen Nachbarn und um die *Kontrolle* der palästinensischen Bevölkerung *innerhalb und außerhalb* seiner Grenzen, d. h., daß Israel natürlich an der militärischen Entwicklung entlang seiner Grenzen interessiert war, aber nichts destoweniger auch an der Entwicklung der palästinensischen Bevölkerung, nicht nur innerhalb der Grenzen Israels, sondern auch in den benachbarten arabischen Ländern. Was Israel auf jeden Fall in den Jahren seit seiner Entstehung vermeiden wollte und mit Erfolg vermied, ist eine *Verquickung* von Macht und Intention seitens der Palästinenser mit dem einen oder anderen arabischen Land. Nicht daß arabische Länder die palästinensische Frage nicht auf ihre Fahnen geschrieben hätten, aber zu einer *echten Verbindung* zwischen den Zielen und der Organisierung von gegen Israel gerichteten Aktivitäten im Gebiet ist es nur sehr sporadisch gekommen, und zwar nie als durchorganisierte, von Palästinensern und arabischen Staaten koordinierte Tätigkeit. Israel sorgte sich in erster Linie immer um seine *östliche Grenze.* Diese ist die längste Grenze, die Israel mit der arabischen Welt hat, sie erstreckt sich über 400 km von *Eilat* im Süden bis *Metulla* im Norden. Die Grenzen im Norden und Süden, obwohl beide im Laufe der Geschichte Israels anfällig waren für palästinensische Penetration bzw. Kriege mit *Ägypten,* sind seit dem israelisch-ägyptischen Frieden und der Intervention im *Libanon* 1982 als strategische Gefahr gebannt.

Der kleine Grenzverkehr: Die jordanisch-isreaelische Zusammenarbeit

Seit der Eroberung des *Golan* 1967 ist auch der Nordzipfel der

Ostgrenze beruhigt worden. Der 1973er Krieg hat dies nochmals bestätigt. Die verwundbarste Grenze Israels ist die Ostgrenze mit *Jordanien.* Allerdings ist sie immer die ruhigste Grenze gewesen. Diese Ruhe bestand durch eine *informelle Zusammenarbeit* zwischen Israel und Jordanien auf Kosten der Palästinenser. Mal war die Zusammenarbeit deutlicher, so wie in der Zeit der Regentschaft von *Abdullah* oder in den späten 70er/Anfang der 80er Jahre, mal geschieht sie versteckt. Aber *beide Nationen* haben ein immanentes *Interesse* an einer weiteren *Fragmentierung* und *Schwächung* palästinensischer Nationalbewegungen gehabt. *Die Zusammenarbeit zwischen Jordanien und Israel* ist am offensichtlichsten in der Verwaltung von Jerusalem zu sehen, wo es in der Vergangenheit fast zur formellen Zusammenarbeit kam. So hat *Josef Gadich,* der frühere Chefberater *Teddy Kollegs,* des Bürgermeisters von Jerusalem, in der Zeit der späten 70er/frühen 80er Jahre immer eine *Konsultierung* mit den Vertretern Jordaniens, sei sie formell oder informell, als eines der Hauptelemente in der *Verwaltung von Jerusalem* bezeichnet. Jordaniens Besoldung von Beamten auf der gesamten West-Bank ist hinlänglich bekannt, und sie erfolgte bis in die späten 80er Jahre. In Jerusalem haben die Jordanier und die Stadtverwaltung in der Finanzierung des Bezirkes *Ah Tur* kooperiert. *Diese Zusammenarbeit besteht bis zum heutigen Tag.* Da die *Waqf* der *islamischen Land- und Heiligen Stätten-Stiftung* einen bedeutenden Besitzanteil an der Verwaltungstätigkeit in Jerusalem hat (sie ist der größte arabische Arbeitgeber in der Stadt) von Jordanien direkt finanziell unterstützt wird, bedeutet dies nicht nur, daß die *jordanische Regierung* der *größte arabische Geldgeber* in der Stadt *Jerusalem* ist, sondern daß er auch direkten Einfluß auf die islamischen Würdenträger hat – dies natürlich im Einvernehmen mit der Stadtregierung von Jerusalem. Mehr als dies: sie bezahlt natürlich als Arbeitgeber in Jerusalem ihren *Arbeitgeberanteil* an der *israelischen Sozial- und Krankenversicherung.* Vielleicht sind diese, zugegebenermaßen kleinen, aber im Kommunalen wichtigen Entwicklungen im Endeffekt gleichbedeutend mit der langen und größtenteils ruhigen Grenze mit Jordanien, die nach wie vor bis zu dem Tag vor Ablauf des *UNO-Ultimatums* am 15. Januar für Palästinenser und Jordanier, die nach Israel oder in die besetzten Gebiete einreisen wollten, offen blieb.

Logischerweise ist eine irgendwie geartete *Destabilisierung* Jordaniens auch *gegen* das wichtigste geostrategische Interesse Israels gerichtet. Aber eine Anerkennung dessen hängt von der Akzeptanz von kognitiven Betrachtungsweisen in Regierungskreisen ab. Dies war bei der *israelischen Arbeitgeberpartei* gegeben und ist sicher auch im *israelischen Auswärtigen Amt* bestimmend. Ob die jetzige israelische Regierung sich mit so etwas wie einer rationalen Betrachtung von geostrategischen Problemen abgibt, ist auf jeden Fall offen zu hinterfragen. Dies ändert aber nichts an der prekären Lage, die durch die *Entwicklung im Irak* für Israel entstanden ist.

Das Problem sind wahrscheinlich *weniger* die *Giftgasraketen als die innenpolitische Entwicklung Jordaniens* und die Palästinenser innerhalb und außerhalb Israels Grenzen, *gepaart* mit einem *potenten Machtzentrum in Bagdad.* Israel hat im Grunde genommen zwei strategische politische Richtungen entwickelt, um dem Problem der arabischen Nachbarn und ihrer potentiellen Macht zu entgegnen.

Israelische Sicherheitspolitik: die Beziehungen zu nicht-arabischen Ländern der Region

Die erste, die von *Ben Gurion* entwickelte, periphäre Strategie, ist von dem Land fast 30 Jahre lang praktiziert worden. Diese Strategie ging davon aus, daß *Israel* mit den *nicht-arabischen Ländern* an der Grenze zum arabischen Raum *zusammenarbeiten könnte,* um arabische Mächte in Schach zu halten. Für Israel war es darum auch wichtig, gute Beziehungen besonders zu islamischen, nicht-arabischen Ländern zu haben. So konzentrierte sich die israelische Außenpolitik zu diesem Zeitpunkt darauf, gute Beziehungen zur *Türkei* und vor allem auch zu *Iran* zu haben, aber auch zu *Äthiopien,* das freilich nicht islamisch war, und später zu den *südsudanesischen Befreiungsbewegungen.*
Selbstverständlich hat die Beziehung zur Türkei und zum Iran eine völlig andere und wichtigere Komponente als die letztere. Diese Politik war in den *50er und 60er Jahren* möglich durch die Verbindung einiger arabischer Länder zur Sowjetunion. Die Beziehungen Israels zur Türkei und zum Iran variierten von herzlich bis zu korrekt. Zum Beispiel: Israel war an der iranischen Unterstützung des *kurdischen Aufstandes* im Irak in den 70er Jahren beteiligt, und die *Barzani-Führung* unterhielt zu diesem Zeitpunkt enge Beziehungen zu Israel. Aber auf jeden Fall gelang es Israel, diese beiden Länder von einer möglichen anti-israelischen regionalen Koalition fernzuhalten.

Die Palästinenser als „Bauernopfer": Israels Beziehungen zu den arabischen Nachbarn

Die zweite Möglichkeit, die sich Israel anbot, waren *direkte* Beziehungen zu arabischen Ländern, um sie von einer anti-israelischen Koalition abzubringen, wobei die *Palästinenser* den Preis hierfür zu bezahlen hätten. Dies konnte durch eine Zusammenarbeit mit der Großmacht der Vereinigten Staaten, durch die *Zurückgabe von Gebieten* an die arabischen Nationalstaaten, aber *nicht* an die Palästinenser, und durch übertriebene Forderungen der Palästinenser an arabische Staaten erfolgen, oder umgekehrt: Der *Preis* für die arabischen Länder für ihre Unterstützung der Palästinenser würde von

Israel so hoch gesteckt, daß *Zugeständnisse Israels* an arabische Länder, um sie von einer anti-israelischen palästinensischen Koalition fernzuhalten, *attraktiv* erschienen, z. B. ist *jeder* palästinensische Angriff auf Israel mit *massiver* Vergeltung beantwortet worden. Der *Destabilisierungseffekt* dieser Vergeltungen scheint wichtiger gewesen zu sein für arabische Regierungen als ihre Unterstützung der Palästinenser. Dies ist ein Element, das z. B. bei der syrischen Politik immer noch zu beobachten ist. Die irakische Unterstützung der Palästinenser und besonders die der Regierung von *Saddam Hussein*, die ja in der ganzen Zeit ihrer Regentschaft nicht als besonders pro-palästinensisch hervorgetreten ist bis zur *Kuwaitkrise,* ist vielleicht beschwichtigt worden durch das israelische Offenhalten des Golfs und des *Hafens von Akkaba,* was für Iraks Kriegsführung gegen den Iran in den 80er Jahren unerläßlich war. Der *israelische Angriff* auf die *irakische Atomfabrik* Anfang der 80er Jahre – obwohl nicht ursächlich verbunden mit der Palästina-Problematik – gab aber ein deutliches Beispiel von der *Gefährlichkeit eines Auflehnens gegen den israelischen Staat.* Jeder arabische Führer mußte eine *Gratwanderung* unternehmen zwischen dem innenpolitischen Vorteil einer Unterstützung der palästinensischen Sache und dem Destabilisierungseffekt übertriebener palästinensischer Forderungen und israelischer Vergeltung. Jordanien ist fast immer in informeller Art und Weise auf diese israelische Politik eingegangen.
Nach 1978 hatte diese Politik mit Ägypten den ersten großen Erfolg. Die Versuche, *Einfluß auf den Libanon* zu gewinnen, schlugen fehl, aber das israelische Außenministerium hat immer gehofft, daß eine *konservative* und im Gebiet *stabilisierende Allianz zwischen Ägypten, Jordanien und Irak* mit der *Finanzierung Saudi-Arabiens* unter *Zusammenarbeit Israels* möglich sein würde. Noch vor einem halben Jahr wohnte ich einem vertraulichen Gespräch zwischen israelischen Wissenschaftlern und dem Auswärtigen Amt bei, in dem ein Vertreter der Verwaltung des israelischen Auswärtigen Amtes von den *guten Beziehungen,* die sich *zwischen Irak und Israel* entwickeln, sprach, und daß man sich in Zukunft auf diese Beziehungen konzentrieren wollte. Israel mag sich ähnlich wie die Vereinigten Staaten getäuscht haben in seiner Einschätzung der Regierung *Saddam Husseins.* Sie maß ihm vielleicht realistischere Züge an und ist vielleicht genau wie der Rest des Westens von der Invasion in Kuwait überrascht worden.

Die arabische Herausforderung: die Intifada und der Irak

Diese *zwei wichtigen Elemente* der israelischen Politik – *eine ruhige Ostgrenze* ohne die Aufstellung einer starken Regionalmacht und die weitere Fragmentierung der Palästinenser innerhalb der von Israel verwalteten Grenzen bei einer *Schwächung* der organisierten Kräfte außerhalb – werden von zwei Entwicklungen der späten 80er Jahre gefährdert. Die *erste* ist die *Intifada,* die *zweite* das Ende des *Golfkrieges* zwischen Iran und Irak und das Entstehen einer *regionalen Macht* im Irak. Die Intifada barg eine *Radikalisierung* und *Unifizierung* einer neuen palästinensischen Generation in sich. Dies war nicht so sehr ein Erfolg der palästinensischen politischen Organisation wie der *Fatah,* sondern geschah fast im Gegensatz zu ihrer Politik. Sehr schnell im Laufe dieser Intifada verstärkte sich auch das *religiöse Element* innerhalb der palästinensischen Bewegung. In *Gaza, Israel selbst* und auf der *West-Bank* und in *Jerusalem* schienen die religiösen Elemente unter den Palästinensern den Gang der Intifada langsam zu bestimmen. Es gab aber wenig Kontakt zwischen der Intifada selbst und ihrer auswärtigen palästinensischen Führerschaft sowie der palästinensischen Bevölkerung auf der West-Bank und in Gaza und einer arabischen Macht. Auch die *Mehrheitsfatah* unter *Arafat* schien im Widerspruch zu Elementen der säkularen Palästinenser in der Intifada und erst recht zu den religiösen organisierten islamischen Aktivisten zu agieren. Der „Sieg" über Kuwait und die selbstsüchtigen *Scheichs*, der zur Golf-Krise geführt hat sowie die Drohungen, die *Saddam Hussein* in Richtung Israel ausgestoßen hat, einigten vorerst fast alle Palästinenser hinter ihm. Besonders auf der West-Bank und in Jordanien gab es starke *Sympathiekundgebungen* für *Saddam Hussein,* die aus meiner Sicht jeden Sinn für Realität entbehrten. Die Anbiederung *Arafats* war Funktion, aber zur selben Zeit Auslöser für diese Entwicklung. Israel sah diese Entwicklung mit einem lachenden und einem weinenden Auge. Die offensichtliche *Radikalisierung der Palästinenser* zu diesem Zeitpunkt, und dies gepaart mit einer verstärkten, meiner Ansicht nach religiös motivierten, Gewalttätigkeit schien der israelischen Regierung und vor allem den *nationalistischen* und *klerikalen Kräften* in Israel, die einer Kompromißlösung mit den Palästinensern entgegenstehen, Recht zu geben in ihrer Analyse der arabischen Gesellschaft schlechthin und spezifisch der palästinensischen, d. h.: Diese Gesellschaft sei *instabil, gewalttätig* und *schlicht antijüdisch* und wird nie einen Judenstaat im Nahen Osten akzeptieren. Bis in die tiefsten Kreise der *israelischen Friedensbewegung* gab es ein *Zurückstellen* von gemeinsamen Operationen mit den Palästinensern, was z. T. auch eine Folge der steigenden Gewalttätigkeit im Lichte der *Ereignisse am Tempelberg* und des racheähnlichen Nachspiels auch im Innern Israels war.

Israel, der Sieger im Golfkrieg?

Saddam Husseins Invasion läßt den Israelis Zeit, aus der unangenehmen Situation, in die sie sich durch ihre kompromißlose Haltung gegenüber den Palästinensern hineinmanövriert haben, herauszukommen, auf jeden Fall für die Zeit, in der die Konfrontation noch „schmort". *Je länger die Konfrontation, desto besser für Israel,* da Israel *nicht* befürchten muß, daß vor allem die Vereinigten Staaten Druck auf Israel ausüben, solange *Saddam Hussein* dies verlangt. Israel muß auch mit Genugtuung betrachtet haben, wie die Palästinenser die Invasion, also die Landeinnahme durch einen anderen Staat, anscheinend gebilligt haben, trotz ihrer schwachen verbalen Dementis. Sollte die Krise am Golf mit Zugeständnissen territorialer Art an *Saddam Hussein* beendet werden, würde dies auch für Israel nicht unbedingt ein unangenehmes Ende sein, da es dann auch territoriale Zugeständnisse verlangen könnte. Erfahrene Beobachter der Situation im Nahen Osten sehen die Palästinenser wieder in eine *selbstgestellte Falle* gehen, ähnlich wie zu Anfang der 40er Jahre, als die palästinensische Führerschaft ein erfolgloses irakisches Auflehnen gegen den Westen unterstützte (die verhängnisvolle Liaison des *Mufti* mit *Rashid Ali*), und ähnlich die weltweit sehr unpopuläre *palästinensische Verbindung zum Nationalsozialismus* (der *Mufti* war ja während des Krieges in *Berlin*). D. h. das Eingehen einer Liaison mit jedem, der sich am meisten *antizionistisch* gebärdet – ob mit dem nationalsozialistischen Deutschland, den Putschisten im Irak, der Sowjetunion oder einem aggressiven, gewalttätigen Diktator im Irak, führt zu einem politischen *Ekklektizismus,* der am Ende selbst schwächend ist. Die Israeli wissen dies und nutzen es aus.

Das nah-östliche Paradoxon: ein schwacher Irak als Gefahr?

Auf der anderen Seite steht Israel vor der Gewißheit, daß, egal wer die Golfkrise für sich entscheidet, sie *unter Druck* stehen werden, um eine *Kompromißlösung* mit den Palästinensern zu finden. Dies mag einigen israelischen Politikern eine Genugtuung sein, aber sicherlich nicht der Mehrheit, und erst recht nicht der Regierungsmehrheit. Palästinensische Führer ihrerseits können nur einen Kompromiß eingehen mit Israel, wenn sie starke Rückendeckung von den Hauptmächten im Nahen Osten bekommen. Insofern ist die israelische Rechnung mit Irak, die ich vorhin erwähnt habe, nicht ganz unlogisch. Allerdings darf dieser Irak nicht so stark sein, daß er Israel auch direkt gefährden könnte. Ein geschwächter Irak könnte dies allerdings nur schwer. Hier sieht sich die informierte Meinung Israels nicht so weit von arabischen Ländern in der Koalition entfernt. Ein Amerikaner hat einen Saudi entsprechend zitiert: „Man muß *Saddam* und *Irak* die Giftzähne ziehen, aber seinen Mund sollte man nicht brechen, sonst gibt es niemanden, mit dem man sprechen kann." *Zerstörung und Chaos im ostarabischen Raum können nicht im Sinne Israels liegen.* Das *Resultat* wäre wahrscheinlich eine *Verstärkung* der *schiitischen religiösen Elemente* im Irak mit kräftiger iranischer Hilfe. Dies wäre für Israel wahrscheinlich *kurzfristig* nicht so gefährlich wie ein von modernen Waffen strotzender Irak, *mittel- und langfristig* aber eine sehr gefährliche Situation. Da die *Verbindungen* zu den *Schiiten im Libanon* sich alle über die islamischen Seminare in *Kerbala* und *Naijef* entwickelten.

Es geht nur gemeinsam: Problemlösungen in der Region

Aus *israelischer Sicht* ist schon eine *Destabilisierung* Jordaniens durch Irak nicht willkommener als die Destabilisierungsversuche Syriens, denen sich Israel in den 70er Jahren entgegenstellte. Insofern scheint die israelische Politik darauf zu hoffen, wie es in den Worten eines 8jährigen Jungen vor einem Supermarkt zum Ausdruck kommt, der auf die Frage, was er sich für das neue Jahr erhofft, sagte: *„Frieden und Gesundheit für mich, meine Familie und das Land Israel und daß die Amerikaner die Dreckarbeit machen."* Ob dieser 8jährige Junge das aussprach, was die Regierung im Geheimen denkt, bleibt dahingestellt. Es kann *nicht* erwartet werden, daß die Vereinigten Staaten nach den Kriegshandlungen gegen Irak einfach zur Tagesordnung übergehen, d. h. sie werden das für sie viel unwichtigere, aber nichtsdestotrotz immer irgendwie in Verbindung mit anderen Krisen stehende *Palästina-Problem* nicht ungelöst lassen. Als Folge ihrer *Position der Stärke* in der Region wird die USA mehr Druck ausüben können. Dies ist das weinende Auge, denn durch die Waffenentwicklung im Gebiet und wegen der Anfälligkeit der großen marktorientierten Volkswirtschaften kann man sogar in wirtschaftlicher und strategischer Hinsicht relativ unwichtige Konflikte, wie die der Juden und Palästinenser, *nicht ungelöst lassen.* Jede Lösung bedeutet aber sicher *israelische Konzessionen, aber auch palästinensische.* Insofern kann die Golfkrise beide Parteien am Ende zu einer realistischeren Haltung bringen, obwohl die jetzige *Emotionalisierung* und höhere Konfliktschwelle gerade dies nicht zu bestätigen scheinen. Die Geschichte der letzten Jahre ist aber voller Paradoxe, die zu unerwarteten Änderungen in der Struktur der politischen Organisation von Regionen führte. Von israelischer Seite aus wird es mehr und mehr offensichtlich, daß ein *übergreifender Regionalismus* für den Raum notwendig ist. Schon die *Wasserproblematik* ist nicht ohne die Türkei zu lösen, und das Energieproblem sicher am einfachsten im friedlichen Einvernehmen mit anderen Nationen im Raum. Nicht nur eine *arabische Lösung* ist notwendig, sondern eine *generelle regionale Lösung,* denn schon der Begriff *„arabische Lösung"* birgt in sich eine Art nationalistische *Oktruierung,* die man besser in der jetzigen Verflechtung von Wirtschaft und Politik nicht ausspricht.

Die Golfkrise und die militärischen Entwicklungen, die sie auslösten, und besonders die *Verbreitung von Massenvernichtungswaffen* müssen dann für die *israelische* Politik heißen, daß sich Israel als *regionaler Akteur* begreift, der sich im nahöstlichen Raum einbettet, und für die *arabische* Politik, daß sie dies akzeptiert. Israel muß eine übergreifende militärstrategische Lösung anstreben für das Gebiet, die auch eine Begrenzung und Zerstörung von Massenvernichtungswaffen beinhaltet. Eine Art *KSZE für den Nahen Osten* ist nicht so abwegig, sie ist wahrscheinlich am notwendigsten für Israel, denn niemand weiß, wie lange ein so kleines Land sich gegen solche technologischen Entwicklungen wehren kann. Und das impliziert auch eine *größere Toleranz,* besonders im ideologischen oder – was dasselbe sein kann – im religiösen Sektor, und zwar *nicht nur bei Moslems, sondern auch bei Juden.* Allerdings scheint mir die radikalere Tendenz bei den in der Region gebeutelten arabischen Bewohnern zu bestehen, deren soziologische und demographische Struktur *Armut* und eine immer größer werdende *zukunftslose Jugend (70% der Bevölkerung ist unter 20)* mit mehr als nur mit Floskeln von Demonstranten oder Staatsmännern angegangen werden muß. Konkrete wirtschaftliche Planungen und Sicherheitsgarantien sowie Zukunftsperspektiven müssen vorhanden sein. Sonst ist jeder noch so gut gemeinte Ratschlag nur dies und nichts mehr.
Für das von der Golfkrise wirtschaftlich und emotional erschütterte *palästinensische Volk* heißt es, daß es seine Rolle im übergeordneten arabischen Raum *neu definiert* und daß diese Rolle – nationalstaatlich oder nicht – von ihrer *relativ demographischen Unwichtigkeit* und *wirtschaftlichen Schwäche* mitdiktiert wird. D. h., daß besonders die palästinensische Führung außerhalb des von Israel kontrollierten Gebietes von der Unzulänglichkeit ihres vergangenen Handelns in arabischen Hauptstädten lernt und ihre Politik doch endlich von *übertriebenen Forderungen* und *alten Träumen* befreit. Ansonsten läuft der Führung das Fußvolk im Gebiet weg hin zu einer sogar kompromißlosen rückwärtsschauenden und der palästinensischen Sache und nicht nur sie – wie ich fürchte – sehr schadenden *chiliastischen* islamischen Bewegung.

Helmut Hubel

Waffen gegen Öl

Die Herausforderung der neuen Waffentechnologien

Krieg oder „Beinahe-Krieg“ ist in dieser Region fast die Regel

Europa kann auf 45 Jahre fast ununterbrochenen Friedens zurückblicken. Mit dem Ende des *Ost-West-Konfliktes* besteht heute die begründete Hoffnung, daß dieser Frieden künftig auch bei offenen Grenzen und mit viel weniger Waffen und Soldaten gesichert werden kann. In der Region des *Nahen* und *Mittleren Ostens* haben demgegenüber in dieser Zeit zahllose bewaffnete Konflikte stattgefunden. Die vielen innerstaatlichen Auseinandersetzungen zwischen verschiedenen ethnischen Minderheiten und Religionsgruppen sollen in diesem Zusammenhang gar nicht weiter behandelt werden. Doch auch davon abgesehen, hat dieser Raum den Krieg oder die Situation des *„Beinahe-Kriegs“* fast als Regel erlebt. Zwischen *Israel* und seinen Nachbarn fanden bisher, je nach Zählweise, fünf oder sechs bewaffnete Konflikte statt. Der *Libanon* erlebt seit 1975 permanent das Wechselspiel zwischen Bürgerkrieg und auswärtiger Intervention.

Erst die Auseinandersetzung zwischen dem *Irak* und *Iran* (1980–1988) hat jedoch die Dimension eines großen, außerordentlich verlustreichen bewaffneten Konflikts erreicht. Das achtjährige Ringen der beiden mächtigsten Staaten am Golf hatte Ausmaße und Opfer zur Folge, die in manchen Aspekten an die beiden Weltkriege erinnern. Der jahrelange Stellungskrieg und der Einsatz von *Giftgas* verweist auf den *Ersten Weltkrieg.* Der Gebrauch von Raketen, hochentwickelten Flugzeugen und anderem modernsten Kriegsgerät gegen Bevölkerungszentren und Industrieanlagen zeigte, zumindest in der letzten Phase, Merkmale eines *totalen Kriegs.*

Fast genau zehn Jahre nach seinem Angriff gegen Iran hat *Saddam Hussein Kuwait* annektiert. Was diesen Konflikt so gefährlich macht, ist die Zusammenballung großer umfangreicher, modernster Kriegstechnik in unmittelbarer Nähe der Ölfelder und die Drohung des Irak, diese im Konfliktfall auch zu vernichten. Dazu stehen dem Führer des Irak auch neue, nichtkonventionelle Waffen zur Verfügung. Was der jüngsten Krise jedoch ihre besondere Brisanz gibt, ist das nukleare Forschungsprogramm des Irak und die Aussicht, daß *Saddam Hussein* in wenigen Jahren über *Atomwaffen* verfügen könnte.

Deutsches Giftgas und französische Nukleartechnik für den Irak

Man kann es eine Ironie der Geschichte nennen, daß der Orient gerade zu einer Zeit ins Raketenzeitalter eingetreten ist, als die nuklearen Supermächte Ende 1987 im *INF-Vertrag* erstmals beschlossen, eine Kategorie von Raketen abzuschaffen. Im März 1988 setzte der Irak erstmals in großer Zahl Raketen ein, deren Reichweite er so weit vergrößert hatte, daß sie *Teheran* trafen. *Israel* schoß im September desselben Jahres erstmals einen Satelliten ins Weltall und demonstrierte damit seine Fähigkeit, weitreichende Raketen einzusetzen. Ebenfalls in diesem Jahr bezog *Saudi-Arabien* chinesische Raketen mit einer Reichweite von bis zu 2000 Kilometern. Ende der achtziger Jahre verfügten darüber hinaus *Ägypten, Iran, Libyen, Syrien* und *Südjemen* über Raketen mit einer Reichweite von bis zu 600 Kilometern.[1])

Mehrfach während des Kriegs mit Iran, als feindliche Soldaten die irakischen Stellungen zu durchbrechen drohten, ließ der Führer des Irak *chemische Kampfstoffe* einsetzen. Er scheute sich auch nicht, *Kurden* seines Landes für deren Unterstützung Irans zu bestrafen, indem er im August 1988 beispielsweise die Bevölkerung des Dorfes *Halabja* einem Angriff mit Giftgas aussetzte. Die internationalen Proteste gegen den wiederholten Bruch der *Genfer Konvention* von 1925 hielten sich damals in Grenzen. *Viele* in der arabischen Welt, in der Sowjetunion und auch im Westen waren eher *froh,* daß der Irak die Ausbreitung der *islamischen Revolution* verhinderte.

Der Führer des Irak hat während dieses Kriegs in seinem Land fieberhaft an der Rüstungsproduktion arbeiten lassen. Man könnte dieses Land heute als eine riesige Waffenmanufaktur bezeichnen. So hat *Saddam Hussein* beispielsweise die Idee des kanadischen Kanonenkonstrukteurs *Gerald Bull* finanziert und ausführen lassen, weitreichende *„Superkanonen"* zu bauen. Die Komponenten für dieses Projekt hat der Irak in mehreren europäischen Ländern gekauft.[2])

Bei der irakischen Produktion von *Giftgas (Tabun, Lost und möglicherweise Sarin)* haben nicht zuletzt *deutsche* Unternehmen eine prominente und traurige Rolle gespielt. Sollten jüngste Pressemeldungen zutreffen, so wirkten deutsche Experten auch noch im Herbst 1990 an der irakischen Waffenproduktion mit.[3])

Trotz des israelischen Luftangriffs vom 7. Juni 1981 auf das Kernkraftwerk *Osirak,* erbaut mit Hilfe *Frankreichs,* hat sich der irakische Herrscher nicht von seinen nuklearen Ambitionen abbringen lassen. Amerikanische Experten gehen zwar davon aus, daß bis zu einer einsatzfähigen irakischen Atombombe noch mehrere Jahre verstreichen würden;[4]) dennoch muß die Möglichkeit, daß derartige Massenvernichtungswaffen in die Hände von Diktatoren wie *Saddam Hussein* fallen können, alarmieren.

Und die politisch-strategischen Folgen

Aus arabischer Sicht handelt es sich bei diesen Rüstungsanstrengungen um nichts anderes als das legitime Bemühen, dem *Nuklearmonopol Israels* etwas möglichst Gleichwertiges entgegenzusetzen. Man hat die chemischen Waffen, installiert auf Raketen, als die *„Bomben des kleinen Mannes"* bezeichnet. Tatsächlich verfügt Israel, wie die *Affäre Vanunu* im Jahr 1986 erwiesen hat, seit Jahren über ein nukleares Arsenal und verfügt heute schätzungsweise über mindestens 50 Atomsprengköpfe.[5])
Am 1. April 1990, sozusagen als Vorspiel zu der späteren Krise um Kuwait, hat *Saddam Hussein* Israel herausgefordert. Der irakische Führer brüstete sich öffentlich, daß er über binäre chemische Waffen verfüge, und er warnte Israel, daß es im Falle eines Angriffs schwerwiegende Verwüstungen hinnehmen müßte.[6]) Damit ist deutlich geworden, daß die machtpolitischen Ambitionen des Irak weit über die Golf-Region hinausreichen. *Saddam Hussein* hat sich damit, zumal Syrien von der Sowjetunion keine Hilfe zur Erreichung einer *Waffenparität* mit Israel mehr erwarten kann,[7]) als der führende arabische Herausforderer Israels profiliert.
Im Hintergrund des Konflikts um Kuwait droht nun die größere Konfrontation zwischen dem Irak und Israel. Erstmals nach etwa zwei Jahrzehnten, als die *Araber* dem jüdischen Staat militärisch eindeutig unterlegen waren, verfügt jetzt ein arabischer Führer über waffentechnische Möglichkeiten, Israel glaubhaft schweren Schaden zuzufügen. Für die *Juden* europäischer Herkunft, die selbst oder deren Elterngeneration den *Gaskammern* der *Konzentrationslager* entronnen sind, berührt die Drohung mit dem Einsatz von Giftgas ein *Trauma* besonderer Art. Kein israelischer Politiker, schon gar nicht Ministerpräsident *Itzhak Shamir* oder sein derzeitiger Wohnungsbauminister und Ex-General *Ariel Sharon,* wird es zur Verwirklichung der irakischen Drohung kommen lassen. Deshalb besteht heute die begründete Gefahr eines israelischen *„vorbeugenden"* Angriffs, der eine unübersehbare milititärische und politische Kettenreaktion nach sich ziehen könnte.[8])
Aber auch für die USA, die seit 6. August 1990 mit ihrem massiven Truppenaufgebot weitere militärische Übergriffe des Irak abzuschrecken suchen, werfen die neuen Waffen schwierige Probleme auf. Wie die Bilder von amerikanischen Truppen in Schutzanzügen und von Zivilpersonen in Saudi-Arabien und Israel mit Gasmasken unterstreichen, müssen die USA und die betroffene Zivilbevölkerung in dieser militärischen Konfrontation erstmals mit einem gegnerischen Einsatz von Giftgas konkret rechnen. Hier ist nicht der Ort, um einzelne militärische Szenarien und die Probleme des Einsatzes von Giftgas zu diskutieren. Aber es verdient festgehalten zu werden, daß sich in dieser Krise ein grundsätzliches Problem abzeichnet: Der Irak

hat sich Waffen mit einer Reichweite und einem Zerstörungspotential beschafft, die selbst die unbestrittene Supermacht USA vor enorme Probleme stellen. Sorge muß bereiten, daß *Saddam Husseins* Beispiel in der *Dritten Welt* Schule machen könnte. – Zeichnen sich hier bereits die Umrisse der künftigen Welt ab, in der der ehemalige Osten und der Westen abrüsten, im Süden jedoch der Prozeß der Aufrüstung immer bedrohlichere Formen annimmt?

Die Aufrüstung des Nahen Ostens durch Ost und West

Die Bewaffnung des Irak war nur möglich, weil Industriestaaten – in Ost und West gleichermaßen –, aber auch einige *Schwellenländer* in *Lateinamerika* und *Asien*, nahöstlichen Partnern freigiebig modernste Kriegstechnik oder wichtige Komponenten zu ihrem Bau verkauft haben. Einzelne Regierungen, Firmen und Waffenhändler haben die Rüstungsambitionen dieser Länder systematisch gefördert und gut daran verdient. Der Irak mag ein besonders eklatantes Beispiel sein, aber er steht nicht allein.

Lange Zeit war es die *Sowjetunion,* die seit Ende der fünfziger Jahre der Führung in Bagdad Waffen lieferte. Wie das Tauziehen um die Ausreise der sowjetischen Experten gezeigt hat, hielten sich bei Ausbruch der Krise noch annähernd 8000 Sowjetbürger, darunter auch zahlreiche Militärtechniker, auf. Nach der ersten Ölkrise nach 1973, als der Irak seine Einnahmen erheblich steigern konnte, war die Führung in Bagdad zunehmend daran interessiert, die Kontakte zu Westeuropa auszubauen. Die sowjetische Technologie mochte zwar billiger sein, ihre Qualität war der westeuropäischen jedoch nicht gewachsen. Dennoch lieferte die Sowjetunion auch noch in den achtziger Jahren knapp die Hälfte der irakischen Waffenimporte.[9])

Vor allem *Frankreich* war es, das die sich bietende Chance entschlossen ergriff und zusammen mit dem Irak und anderen ölreichen Partnern seine individuelle Antwort auf die Ölkrise fand. Paris schloß sich *nicht* der *Internationalen Energie-Agentur* an, die sozusagen ein Gegenkartell der Ölverbraucher gegen die *OPEC* bildete. Statt dessen vereinbarte Frankreich mit dem Irak und anderen arabischen Partnern privilegierte Beziehungen, in denen es sich langfristige Ölbezüge sicherte und den neuen, höheren Ölpreis mit verstärkten Exporten bezahlte. Der gaullistische Premierminister und heutige Bürgermeister von Prais, *Jacques Chirac,* schloß mit dem damals *„zweiten Mann"* der irakischen Hierarchie, *Saddam Hussein*, die Verträge über nukleare Zusammenarbeit ab.[10]) Der israelische Luftangriff auf den Kernreaktor bei Bagdad warf das irakische Nuklearprogramm zwar um Jahre zurück. Inzwischen mehren sich jedoch die Anzeichen, daß die irakische Führung weiter großer Anstrengungen auf diesem Gebiet, vor allem in der Technik der Anreicherung von Uran, unternimmt.

Mehr als jeder andere Staat unterstützte *Frankreich* den Irak auch in seinem Krieg gegen Iran. Während die Sowjetunion als Antwort auf den irakischen Angriff vom 22. September 1980 mehrere Monate lang neue Waffenlieferungen verweigerte, hielt der französische Rüstungstransfer ununterbrochen an. In späteren Jahren ging zum Beispiel ein Großteil der französischen *Exocet*-Raketenproduktion in den Irak. Mit der Lieferung modernster Kampfflugzeuge der Typen *Super Etendard* und *Mirage* unterstrich Frankreich seine damals fast bedingungslose Förderung des Irak.[11])
Als Folge der intensiven zivilen und militärischen Zusammenarbeit ist der Irak heute gegenüber Frankreich (wie auch der Sowjetunion) hoch verschuldet. Paris ist aus verständlichen Gründen nicht bereit, diese Beträge in Milliardenhöhe abzuschreiben. So hat *Präsident Mitterrand* den schwierigen Balanceakt unternommen, einerseits solidarisch zusammen mit den USA und Großbritannien Truppen nach Saudi-Arabien zu entsenden, andererseits jedoch die Kontakte mit Bagdad nicht abzubrechen. Daß die französischen Geiseln relativ früh und geschlossen ausreisen durften, während Amerikaner, Briten, aber auch Russen weiterhin im Irak bleiben mußten, war sicherlich kein Zufall.
Frankreichs intensive Kooperation mit dem Irak ist jedoch kein Einzelfall. Praktisch alle Industrieländer haben ihre Erzeugnisse, ihr Wissen und ihre Experten gegen gute *Petrodollars* zur Verfügung gestellt. Die deutsche Rolle verdient indes noch etwas ausführlicher erörtert zu werden. Während Frankreich bewußt ein hohes Profil bezogen und ausdrücklich Waffen verkauft hat, hat die Bundesrepublik stets sehr zurückhaltend operiert und offiziell keine Rüstungsgüter an den Irak exportiert. Um so schockierender müssen jetzt die Meldungen sein, daß der Irak vor allem mit Unterstützung deutscher Experten Giftgas produziert haben soll.[12]) In der deutschen Presse kursieren außerdem Hinweise auf die Mitwirkung deutscher Experten an der irakischen B-Waffenforschung und an seinem Raketenprogramm.[13])
Als Antwort auf den Skandal der ebenfalls mit deutscher Unterstützung erbauten Chemiefabrik im libyschen *Rabta* haben Bundesregierung und Bundestag im Sommer 1990 die *Exportbestimmungen* erheblich *verschärft.* Auch die personelle Ausstattung des Bundesamts für gewerbliche Wirtschaft in *Eschborn,* der entscheidenden Kontrollinstanz für Exporte, ist verstärkt worden. Über zusätzliche *Exportkontrollen* wird in Bonn diskutiert. Die Reaktionen von Regierung und Parlament kamen sehr spät. Sie bekunden den guten Willen, die offiziell proklamierte Politik, keine Waffen an Länder wie den Irak zu liefern, jetzt entschlossener durchzusetzen. Dennoch stellen sich weitere grundsätzliche Fragen.
Deutschland als eine der führenden Exportnationen verfolgt das sicherlich legitime Interesse, Absatzmärkte in aller Welt zu sichern. Da der Staat bewußt keine Reglementierung der Wirtschaftstätigkeit anstrebt, sondern allenfalls Rahmenbedingungen definieren kann, ist

eine lückenlose Kontrolle sensitiver Güter außerordentlich schwierig. Hinzu kommt, daß einige der technisch hochentwickelten Erzeugnisse für zivile und militärische Zwecke gleichermaßen genutzt oder weiterentwickelt werden können. Der mögliche *„dual use"* von Technologie hat die westlichen Industriestaaten im Zusammenhang mit Exportkontrollen in den Osten (im Rahmen des *CoCom*) in der gesamten Nachkriegszeit intensiv beschäftigt. Nun wird immer deutlicher, daß sich dieses Problem zunehmend in den Beziehungen zwischen dem Norden und dem Süden, zumindest gegenüber einigen seiner *Schlüsselländer,* stellt.

Erst liefern, dann beschränken: Die Bemühungen um internationale Kontrolle

---

Bereits seit 1983 haben westliche Industriestaaten auf Betreiben der USA die Ausbreitung von Raketentechnologie in die *Dritte Welt* zu verhindern gesucht. Im April 1987 haben sich sieben westliche Industriestaaten *(USA, Großbritannien, die Bundesrepublik Deutschland, Frankreich, Italien, Kanada* und *Japan)* formell auf ein *„Missile Technology Control Regime"* verständigt. Darunter verpflichteten sie sich, keine Technologie zum Bau von Raketen mit einer Reichweite von mehr als 300 Kilometer und einem Wurfgewicht von mehr als 500 Kilogramm zu liefern. Die Begrenzung des Wurfgewichts ergab sich aus der Überlegung, daß damit der Transport einer ersten Generation von Atomwaffen unterbunden werden könnte. Die Begrenzung der Reichweite soll auch mit Blick auf die Entfernungen zwischen wichtigen nahöstlichen Hauptstädten festgelegt worden sein.[14]) Im Jahr 1990 hat sich auch die *Sowjetunion* diesen Bemühungen angeschlossen.[15])

Solange sich nur die genannten sieben Industriestaaten und die Sowjetunion an diesem Kontrollregime beteiligen, andere Technologieexporteure sich jedoch nicht an diese Richtlinien halten, kann das System nur sehr lückenhaft wirken. Im Falle der Raketen waren es ja nicht zuletzt neue *Drittwelt*-Exporteure, die in den achtziger Jahren aufgetreten sind: *China* wurde bereits erwähnt; daneben spielten auch Staaten wie *Nord-Korea* und *Argentinien* eine wichtige Rolle. Im Falle Chinas haben die USA direkt auf *Peking* einzuwirken gesucht, um nach dem Raketenverkauf nach Saudi-Arabien weitere Projekte zu verhindern. Dies ist bei einem geplanten chinesisch-syrischen Raketengeschäft anscheinend auch geglückt. Im Falle *Argentiniens* und *Ägyptens,* die zusammen mit dem Irak an dem sogenannten *Condor-2*-Raketenprojekt gearbeitet haben, sollen britische und amerikanische Bemühungen ebenfalls zur Einstellung des Vorhabens geführt haben. Allerdings scheint der Irak in der Zwischenzeit anderweitige Hilfe gefunden zu haben, um sein ehrgeiziges Programm voranzutreiben.

Es scheint, daß demgegenüber die internationalen Bemühungen, die Verbreitung chemischer Waffen zu verhindern, in grundsätzlichen Schwierigkeiten stecken. Jedenfalls ist die internationale *Pariser Konferenz* vom Januar 1989 über Chemiewaffen dem Ziel eines weltweiten C-Waffenverbots nicht wesentlich näher gekommen. Ähnliches scheint für biologische Waffen zu gelten. Was die Bemühungen um Nichtverbreitung von Atomwaffen *(NV)* betrifft, so war die *Überprüfungskonferenz* des *Atomwaffensperrvertrags* von 1990 ein gewisser Fehlschlag. Allerdings bestehen immer noch gute Chancen, im Jahr 1995 – wenn der Vertrag von 1968 ausläuft und verlängert werden muß – das Nichtverbreitungsregime fortzuschreiben.[16]) Das Problem sind jedoch nicht nur die sogenannten nuklearen Schwellenländer, die den NV-Vertrag nicht unterschrieben haben. Der Irak ist Vertragspartner und unterwirft sich bis heute den Kontrollen der *Internationalen Atomenergiebehörde (IAEO)* in Wien. Allerdings haben die Kontrolleure der *IAEO* nur Zugang zu den offiziell gemeldeten Einrichtungen, nicht aber zu den geheim gehaltenen irakischen militärischen Forschungseinrichtungen.
Neben den Bemühungen um Nichtverbreitung nichtkonventioneller Waffen sind auch verschiedene diplomatische Initiativen unternommen worden, um die verschiedenen Rüstungswettläufe in der Region einzudämmen. Das Konzept *atomwaffenfreier Zonen* ist ein bereits *„klassisches“* Konzept regionaler Rüstungskontrolle und ist wiederholt auch für den Nahen/Mittleren Osten vorgeschlagen worden. Seine Verwirklichung scheiterte jedoch vor allem daran, daß sich Israel nicht bereit zeigte, ohne eine glaubwürdige Sicherheitsgarantie seine nukleare Option aufzugeben. Der bisherige Fehlschlag von Bemühungen zur Rüstungsbegrenzung im Nahen Osten verweist auf die Tatsache – die sich auch in Europa jetzt eindrucksvoll bestätigt –, daß *nicht* die Waffen an sich, *sondern* die ihnen zugrundeliegenden *politischen Konflikte* das entscheidende Problem sind.
Deshalb ist auch immer wieder vorgeschlagen worden, Maßnahmen zur Begrenzung von Rüstungen an weiterreichende politische Regelungen und vertrauenbildende Maßnahmen zu koppeln. Eine interessante Initiative hat der sowjetische Außenminister *Schewardnadze* im Februar 1989 in *Kairo* unterbreitet und weitreichende Schritte zur Rüstungsbegrenzung gefordert.[17]) So wichtig derartige politische Initiativen auch sind, so wenig sollte man sich darauf verlassen, daß sie in absehbarer Zeit zu durchschlagenden Erfolgen führen werden. Und doch darf diese Feststellung kein Grund sein, sozusagen fatalistisch den weiteren Gang der Dinge abzuwarten.
Patentrezepte gibt es sicherlich nicht, um eine lückenlose internationale Kontrolle über das ganze Spektrum der nichtkonventionellen Waffen durchzusetzen. Dazu sind die Probleme, bei denen sich politische, militärstrategische und wirtschaftliche Aspekte überschneiden, zu komplex. Auf jeden Fall haben die beiden deutschen Hiobsbotschaften der letzten Jahre – die Mitwirkung an der libyschen *Chemiewaffenfabrik Rabta* und an irakischen *ABC-Waffenprogram-*

men – deutlich gemacht, daß es nicht genügt, nur auf internationale Konventionen zu warten. Was dringend erforderlich ist, sind bereits heute Selbstbeschränkungen der technisch hochentwickelten Lieferländer.

Im Falle der Bundesrepublik Deutschland ist man nach den bitteren Erfahrungen jetzt dazu übergegangen, das Kontrollsystem beim Export erheblich zu verschärfen. Darüber hinaus ist es aber auch höchste Zeit, das Problem des *„dual use"* anzugehen. Anhand von Listen mit genau spezifizierten technischen Komponenten müßte es möglich sein, der militärischen Nutzung verdächtiger Exportgüter und insbesondere eine kritische Kombination einzelner Komponenten genauer als bisher zu identifizieren und sie zu bannen. Dazu bedarf es dann auch einer intensiven internationalen Zusammenarbeit, beispielsweise im Rahmen der Europäischen Gemeinschaft, der NATO und möglicherweise weiteren Organisationen. Vielleicht könnte die *Wiener Atomenergie-Behörde* wichtige Erfahrungen vermitteln.

Um solche Kontrollen durchzusetzen, erfordert es jedoch nicht nur den politischen Willen möglichst vieler Länder, sondern auch eine ausreichende personelle Ausstattung und ständige technische Schulung ihrer Experten. Die Zeit dafür ist überreif. Deutschland kann sich einen dritten Skandal dieser Art aus politischen wie moralischen Gründen eigentlich nicht mehr leisten. Aber auch Frankreich, die Sowjetunion und andere Länder dürften aus der Irak-Kuwait-Krise ihre Lehren ziehen.

Anmerkungen

[1]) Vgl. Janne E. *Nolan,* Ballistic Missiles in the Third World – The Limits of Nonproliferation, in: *Arms Control Today,* Bd. 19, Nr. 9, November 1989, S. 9–14, und James T. *Hackett,* The Ballistic Missile Epidemic, in: *Global Affairs,* Winter 1990, S. 38–57.

[2]) Neue Details hierzu in zwei Beiträgen von Ian *Kemp,* in: *Jane's Defence Weekly,* 24. November 1990, S. 1009 f.

[3]) Vgl. *Der Spiegel,* Nr. 48, 1990, S. 29–31.

[4]) Im Herbst 1990 wurde in den USA als Teil des Nervenkriegs um die irakische Besetzung Kuwaits immer wieder spekuliert, der Irak könnte gar binnen eines halben Jahres einen primitiven nuklearen Sprengsatz herstellen.

[5]) Vgl. hierzu Leonhard S. *Spector,* The Undeclared Bomb, Cambridge, Mass. 1988, und Frank *Barnaby,* The Invisible Bomb: The Nuclear Arms Race in the Middle East, London 1989.

[6]) Vgl. Radio Bagdad, arab., 2. 4. 1990, in Auszügen übersetzt wiedergegeben in *Deutsche Welle/Monitordienst Nahost,* Nr. 67, 5. 4. 1990.

[7]) Dies hat die sowjetische Führung seit 1987 gegenüber Damaskus mehrfach klargestellt.

[8]) Vgl. Louis Rene *Beres,* The Growing Threat of Nuclear War in the Middle East, in: *The Jerusalem Journal of International Relations,* Bd. 12, Nr. 1, 1990, S. 1–27, und *ders.,* Israeli Security and Nuclear Weapons, Genf 1990 (PSIS Occasional Papers), Nr. 1, 1990.

[9]) Der amerikanische Militärexperte Anthony Cordesman schätzt die irakischen Schulden gegenüber der Sowjetunion heute auf mehr als 10 Mrd. Dollar (vgl. *International Herald Tribune,* 10. 9. 1990).

[10]) Nur am Rande sei darauf hingewiesen, daß es das Frankreich der Vierten Republik unter Führung der Sozialisten war, das damals die nukleare Kooperation mit Israel beschloß, durchführte und damit dem jüdischen Staat wesentlich beim Bau der Atom-

bombe half. Vgl. dazu Sylvia K. *Crosbie,* A Tacit Alliance, France and Israel from Suez to the Six Day War, Princeton 1974 und Pierre *Péan,* Les deux bombes, Paris 1982.

[11]) In einer besonders kritischen Phase des Kriegs, als Iran feindliche Stellungen zu überrennen drohte, sollen sogar französische Piloten Luftangriffe für den Irak geflogen haben. (Persönliche Information in den USA)

[12]) Vgl. Glenn *Frankel,* How Saddam Built His War Machine. West Provided Much of the Necessary Technology, Expertise, in: *Washington Post,* 17. 9. 1990, S. A1/20. Darin wird die Aussage des amerikanischen Experten Seth Carus (Institute for Near East Politicy in Washington) zitiert: „Es mag wahr sein, daß jeder im Irak seine Hände irgendwie schmutzig gemacht hat. Aber diejenigen, die sich bei weitem hervorgetan haben, waren die Deutschen. Alles was (an Waffenkomponenten) im Irak aufgetaucht ist, ob chemisch, biologisch oder nuklear, hatte ein deutsches Element." – Ein jüngst veröffentlichter Bericht des amerikanischen Senats nennt 68 deutsche Firmen, die an militärisch relevanten Exporten in den Irak beteiligt gewesen seien. (vgl. *International Herald Tribune,* 8./9/12. 1990)

[13]) Vgl. Hans *Leyendecker* und Richard *Rickelmann,* Exporteure des Todes, Göttingen 1990 (4. Aufl. 1991).

[14]) Vgl. Martin *Navias,* Ballistic Missile Proliferation in the Third World, London 1990 (IISS, Adelphi Papers 252), S. 51.

[15]) Vgl. die gemeinsame amerikanisch-sowjetische Erklärung zur Begrenzung von nuklearen, chemischen und Raketenwaffen vom 4. 6. 1990, wiedergegeben in: *U.S. Policy Information and Texts, USIS (Bonn), Nr. 74/A, 6. 6. 1990, S. 39 f.*

[16]) Vgl. Harald *Müller,* Gescheiterte Prüfung. Der Vertrag über Nichtverbreitung von Kernwaffen nach der Genfer Überprüfungskonferenz, in: *EA,* 22/1990, S. 671–670.

[17]) Vgl. *Izvestija,* 24. 2. 1989, S. 4 („Naher Osten": Die Chance zu einem historischen Kompromiß").

Karl-Heinz Meier-Braun

Die Verlierer des Golfkrieges

Flüchtlinge, Wanderarbeiter und ihre Heimatländer leiden unter den Folgen

Krieg und Massenexodus

Bereits vor den Kriegshandlungen mußten 1,5 Millionen *„Gastarbeiter"* aus der Golfregion fliehen (Tabelle 1 und 2). Das *Internationale Arbeitsamt* in Genf spricht von dem vermutlich größten *Massenexodus* von Arbeitskräften in der jüngsten Vergangenheit. Der Schaden, der allein durch den Überfall auf Kuwait an diesen „Arbeitsmigranten" – wie sie auch genannt werden – und ihren Heimatländern angerichtet wurde, läßt sich kaum messen.[1])
Am stärksten betroffen sind die am wenigsten entwickelten Länder in Asien und Afrika, die allein schon durch die *Wiedereingliederung* der Rückkehrer vor fast unlösbare Probleme gestellt werden. Hinzu kommen massive Verluste durch die *„Gastarbeiterüberweisungen",* die insgesamt über 12 Milliarden US Dollar ausmachten (Tabelle 3). Rund ein Viertel aller Gelder, die in diese Länder flossen, stammten von den Überweisungen der Arbeitskräfte am Golf.
Das Ausmaß der Arbeitskräftewanderung am Golf wurde eigentlich erst durch das dramatische Flüchtlingselend in den Wüstencamps deutlich. Wer hatte vorher schon etwas davon gehört, daß 16 000 vietnamesische *„Gastarbeiter"* im *Irak* beschäftigt waren? Erst nach der Invasion *Kuwaits,* als der Irak keine Lebensmittel mehr an die *Vietnamesen* auslieferte und sie von *Hungersnot* bedroht wurden, nahm die Weltöffentlichkeit von ihnen Notiz.

Vietnam, Sri Lanka und der Jemen

Aufgrund eines bilateralen Vertrages zwischen dem Irak und Hanoi ins Land geholt, waren die vietnamesischen Arbeiter vor allem im Transportwesen und im Baugewerbe beschäftigt. *„Billige Arbeitskräfte gegen Öl"* – so lautete das Motto.
In dem Vertrag hatte sich *Vietnam* nämlich verpflichtet, *Arbeitskräfte als Gegenleistung für irakisches Öl* im Wert von 400 Millionen US

Tabelle 1: Zahl der Arbeitsmigranten und Familienangehörigen im Irak und in Kuwait vor der Golfkrise (in Tausend)

	Irak			Kuwait			Gesamtzahl		
	Bev.	E. B.	F. A.	Bev.	E. B.	F. A.	Bev.	E. B.	F. A.
Bangladesh	15	14	1	75	65	10	90	79	11
Ägypten	900	850	50	215	180	35	1115	1030	85
Indien	9	7	2	172	130	42	181	137	44
Jordanien/Palästina	27	5	22	510	110	400	537	115	422
Pakistan	5	5	0	90	77	13	95	82	13
Philippinen	10	10	0	45	38	7	55	48	7
Sri Lanka	1	1	0	100	79	21	101	80	21
Sudan	100	95	5	15	12	3	115	107	8
Thailand	5	5	0	8	7	1	13	12	1
Andere Arab. Staaten	28	18	10	160	88	72	188	106	82
Andere Asiat. Staaten	30	29	1	62	50	12	92	79	13
Sonstige Staaten	32	30	2	15	11	4	47	41	6
Gesamtzahl	1162	1069	93	1467	847	620	2629	1916	713

Bev. = Bevölkerung; E. B. = Erwerbstätige Bevölkerung; F. A. = Familienangehörige
Quelle: Schätzungen des Internationalen Arbeitsamtes in Genf, (ILO). (Tab. 1–3; eigene Übersetzung aus dem Englischen.)

Tabelle 2: Zahl der Arbeitsmigranten und Familienangehörigen im Irak und in Kuweit zwei Monate nach Beginn der Golfkrise (in Tausend)

	Irak			Kuwait			Gesamtzahl		
	Bev.	E. B.	F.A.	Bev.	E. B.	F.A.	Bev.	E. B.	F.A.
Bangladesh	5	5	0	25	23	2	30	28	2
Ägypten	740	700	40	55	50	5	795	750	45
Indien	6	6	0	50	27	23	56	33	23
Jordanien/Palästina	17	3	14	300	68	232	317	71	246
Pakistan	2	2	0	40	35	5	42	37	5
Philippinen	5	5	0	9	8	1	14	13	1
Sri Lanka	0	0	0	50	40	10	50	40	10
Sudan	80	77	3	10	9	1	90	86	4
Thailand	3	3	0	2	2	0	5	5	0
Andere Arab. Staaten	2	2	0	21	11	10	23	13	10
Andere Asiat. Staaten	20	20	0	4	4	0	24	24	0
Sonstige Staaten	7	7	0	1	1	0	8	8	0
Gesamtzahl	887	830	57	567	278	289	1454	1108	346

Bev. = Bevölkerung; E. B. = Erwerbstätige Bevölkerung; F.A. = Familienangehörige
Quelle: Schätzungen des Internationalen Arbeitsamtes in Genf, (ILO). (Tab.1–3; eigene Übersetzung aus dem Englischen.)

Tabelle 3: Basisdaten über die wichtigsten Länder, die von der Rückkehr von Arbeitskräften und ihrer Familienangehörigen aus der Golfregion betroffen sind

Land	Gesamtbevölkerung (in Mio.) 1990	Erwerbstätige Bevölkerung (in Mio.) 1990	Arbeitsmigranten im Irak und in Kuwait* als Prozentanteil an der erwerbstätigen Bevölkerung	Weltweite Importe (US$ Mio.) 1989	Überweisungen weltweit (US$ Mio.) 1989	Überweisungen als Prozentanteil an den Importen	Bruttosozialprodukt pro Einwohner (US$) 1987
Bangladesh	115 244	33 398	0,2%	3 290,8	806,8	24,5%	160
Ägypten	52 536	14 574	7,1%	9 370,0	3 770,0**	40,0%	670
Indien	827 152	322 944	0,1%	17 661,0	2 636,0**	15,0%	300
Jordanien	4 291	992	11,6%	2 400,1**	742,9**	31,0%	1 560
Pakistan	112 226	33 698	0,2%	7 012,0**	2 084,0**	29,7%	350
Philippinen	60 973	22 474	0,2%	10 419,0	473,0	4,5%	590
Sri Lanka	17 451	6 367	1,3%	2 017,5**	319,3	15,8%	400
Sudan	24 895	8 078	1,3%	948,5**	216,3**	22,8%	330
Thailand	55 712	29 534	0,1%	17 868,0**	47,0	0,2%	840
Jemen	9 870	2 363	(4,8%)***	1 640,5	1 010,3	63,3%	505

* Zahlen von Schaubild 1. ** 1988. *** Alle Jemeniten verließen die Golfregion über Jordanien bis zum 2. Okt. 1990; schätzungsweise 113 000, davon 13 000 aus dem Irak und aus Kuwait.
P. S. Die Zahlen zu den Überweisungen (der Arbeitsmigranten) beziehen sich auf die ganze Welt, nicht nur auf den Irak und auf Kuwait.
Quellen: UN: World Demographic Estimates and Projections 1950—2025 (1988). IMF: International Financial Statistics (1990). World Bank: World Tables (1988—1989 Edition).

Dollar zu liefern. Nach dem Überfall auf Kuwait versuchte die vietnamesische Regierung die Ausreise dieser – man kann fast schon sagen *„Kulis"* – durch Verhandlungen zu erreichen. Zunächst einmal durften aber nur rund 1000 vietnamesische Arbeiter ausreisen, deren Arbeitsverträge ohnehin ausliefen. Später gelang es den internationalen Hilfsorganisationen, weitere 7000 Vietnamesen aus dem Krisengebiet herauszufliegen.
Wer wußte schon etwas davon, daß allein in Kuwait 40 000 weibliche Hausbedienstete aus *Sri Lanka* beschäftigt waren? Diese *„housemaids"* – am Golf wird besonders zwischen *„Gastarbeitern"* und arabischen Dienstherren Englisch gesprochen – saßen nach der Invasion fest, denn sie hatten einige Monate lang kein Geld mehr bekommen. Die Frauen im Alter zwischen 20 und 45 Jahren besaßen auch so gut wie keine Ersparnisse. Von den 50 bis 100 US Dollar, die sie neben Unterkunft und Verpflegung erhielten, hatten sie das meiste Geld nach Hause geschickt. So fehlten einfach die Mittel, um das Ticket für den Rückflug in die Heimat zu bezahlen. Für Sri Lanka sind fast 100 000 Arbeitsplätze im Ausland verlorengegangen. Überweisungen der „Gastarbeiter" im Wert von 120 Millionen Dollar bleiben jetzt aus. Drei Viertel der Rückkehrer sind die jungen Dienstmädchen, die, nachdem sie von den Helfern der Vereinten Nationen herausgeholt werden konnten, von einem Tag auf den anderen in ein Entwicklungsland wieder eingegliedert werden sollen. Der *Golfkrieg* ist für die *Entwicklungsländer,* die Arbeitskräfte in die Region geschickt haben, schlichtweg eine *Katastrophe.* So hat Sri Lanka nicht nur lebenswichtige Devisenquellen und Arbeitsplätze, sondern auch die Hälfte seiner Tee-Märkte verloren.
Bangladesh schätzt den Schaden, der seinen *„Gastarbeitern"* bereits vor Ausbruch der Kriegshandlungen entstanden ist, auf über eine Milliarde US Dollar. Aus diesem Land kamen rund 85 000 meist hochqualifizierte Arbeitskräfte an den Golf. Jeder dieser *„Gastarbeiter"* aus Bangladesh hat durchschnittlich durch die Invasion Kuwaits persönliches Hab und Gut im Wert von 12 000 Dollar verloren. Auch der gerade wiedervereinigte *Jemen* leidet seit Ausbruch der Golfkrise. Das Land, das ähnlich wie Deutschland aus zwei lange Zeit verfeindeten Teilen zusammenwachsen soll, muß mit rund einer Million Rückkehrern fertig werden. Allein 850 000 jemenitische *„Gastarbeiter"* sind aus Saudi Arabien geflohen. Das Arbeitsministerium des neuen Jemen spricht von „schrecklichen wirtschaftlichen und sozialen Folgen" der Golfkrise.
Schon seit vielen Jahren leben und arbeiten rund 6 Millionen *„Gastarbeiter"* am Golf. Im Irak und in Kuwait verdienten vor der Invasion insgesamt fast zwei Millionen ausländische Arbeitskräfte ihren Lebensunterhalt. Hinzu kamen 700 000 Familienangehörige, Väter in *Indien* verließen ihre Dörfer, um die *Mitgift* für ihre Töchter in den reichen Golfstaaten zu verdienen. *Indische Eltern* bezahlten die *Aussteuer* für die Töchter nicht mehr in Gold oder Vieh, sondern mit einem *Arbeitsvertrag* für den künftigen Ehegatten in einem der *Öl-*

länder. 20 Mal so viel wie zuhause konnte der Bräutigam am Golf verdienen.

Viel Arbeit – keine Rechte: Sozialer Sprengstoff in den Ölstaaten

Die *„Gastarbeiter"* in den Erdölstaaten sind ein Teil der internationalen *Arbeitskräftewanderung,* die weltweit mit Familienangehörigen auf 100 Millionen Menschen geschätzt wird. In den Golfstaaten – beispielsweise in den *Arabischen Emiraten* – macht der Ausländeranteil an der Erwerbsbevölkerung fast *90 Prozent* aus. Ein beachtlicher Teil der wirtschaftlichen Entwicklung und des Wohlstandes nicht nur in den Emiraten geht auf die Leistung der ausländischen Arbeitskräfte zurück, denen aber jegliche *Teilhabe* am politischen Geschehen oder ein Streikrecht *verweigert* wird. Durch die Zuwanderer ist am Golf eine *künstliche Gesellschaftsordnung* entstanden. So ist die Altersstruktur in den Emiraten absolut atypisch: männliche Personen der Altersgruppe von 20 bis 35 Jahren überwiegen. Wie brüchig die Wohlstandskulisse am Golf ist, wird durch die Krise deutlich: massive Fluchtbewegungen haben das Fundament dieser Staaten mit ihren „Migrationsökonomien" über Nacht erschüttert.

Ägypten

Aber auch die Herkunftsländer der ausländischen Arbeitskräfte stehen bei massiven Rückkehrwellen von einem Tag auf den anderen vor fast unlösbaren Problemen.
Das bekam gerade jetzt *Ägypten* zu spüren. Das Land zählte in den letzten Jahren zu den Hauptlieferanten für Arbeitskräfte am Golf. 1988 erreichte die Zahl der ägyptischen *„Gastarbeiter"* eine Rekordmarke von 2 Millionen. Davon arbeiteten die meisten – 1,8 Millionen – im Irak. Vor der Invasion in Kuwait lebten noch schätzungsweise 900 000 Ägypter im Irak und 215 000 in Kuwait. Schon seit August 1989 blockierte der Irak nach Angaben der ägyptischen Regierung aufgrund politischer Differenzen Überweisungen und Rentenbeiträge der *„Gastarbeiter".* Viele Arbeitskräfte mußten deshalb ohne finanzielle Mittel in das Land der Pyramiden heimkehren. Außerdem haben tausende von Familien ihren Ernährer verloren, selbst wenn er noch im Irak oder in Kuwait ist, aber kein Geld mehr nach Hause schicken kann.
Hinzu kommt, daß Ägypten wie andere Länder massive Einbrüche im Tourismus erleidet und durch die Golfkrise schwerwiegende Verluste aus dem Geschäft mit dem Suezkanal einstecken muß. Schätzungs-

weise eine halbe Million ägyptische Arbeitskräfte sind seit Beginn der Golfkrise zurückgekehrt. Über 500 Millionen US Dollar liegen auf irakischen Banken fest, was zahlreiche ägyptische Familien in große Not gebracht hat.

Indien

Indische *„Gastarbeiter"* gehören seit Jahrzehnten zum Erscheinungsbild der Golfstaaten. Vor Ausbruch der Krise arbeiteten etwa 9000 im Irak und 172 000 in Kuwait. Fast 60 Prozent der Inder in Kuwait stammten aus dem Bundesstaat *Kerala,* der ein hervorragendes Schul- und Ausbildungssystem hat, aber trotzdem mehr als drei Millionen Arbeitslose registrieren muß. Wie jedes Entwicklungsland, das nicht selbst Öl produziert, leidet Indien unter den gestiegenen Ölpreisen.
Durch die Überweisungen der *„Gastarbeiter"* konnte Indien bisher einen beachtlichen Teil seiner Importrechnungen ausgleichen. Die Inder, die im Irak und in Kuwait arbeiteten, ernährten etwa *1 Million Menschen,* die meisten davon in Kerala. Dieser Bundesstaat hat deshalb die Regierung in Neu Dehli um einen Fond von 430 Millionen Dollar gebeten, um Arbeit und Ausbildungsprogramme für Rückkehrer zu beschaffen.
Am schlimmsten betroffen sind viele *unqualifizierte* Arbeiter, die einige Monate vor der Invasion nach Kuwait ausgewandert sind. Sie müssen jetzt das Geld zurückbezahlen – ungefähr 1700 US Dollar pro Person – mit dem sie ihre Ausreise an den Golf finanziert hatten. Durch die Blockade des Irak ist Indien darüber hinaus betroffen, wie kaum ein anderer Staat. Indien bezog 40 Prozent seines Öls aus dem Irak. Schon jetzt hat das Land den höchsten staatlich vorgeschriebenen Benzinpreis der Welt. Die Regierung in Dehli machte sich bereits vor Kriegsausbruch große Sorgen, daß die gesamte wirtschaftliche Entwicklung des Landes in Frage gestellt werden könnte. Alles in allem rechnet das indische Arbeitsministerium allein für 1990 mit Verlusten in Höhe von vier Milliarden Dollar, die durch die gestiegenen Ölpreise, die ausbleibenden *„Gastarbeiter-Überweisungen"* und durch die Wiedereingliederungsprogramme für die Rückkehrer entstehen. Insgesamt hat das Arbeitsministerium über eine Million indische Arbeitsmigranten in den Erdölstaaten registriert. Bis zum November 1990 wurden etwa 150 000 von ihnen auf Kosten der Regierung evakuiert.

Jordanien

Jordanien war schon vor dem Krieg am meisten betroffen – wirtschaftlich, politisch und was die Arbeitskräftewanderung angeht. Eine

Million Menschen, das sind vier Fünftel aller Arbeitsmigranten und ihrer Familienangehörigen, die aus dem Irak und aus Kuwait geflohen sind, kamen über Jordaniens offene Grenzen. Die Behörden in Jordanien befürchten, daß Flüchtlinge auf dem Arbeitsmarkt in Jordanien untertauchen werden, vor allem Ägypter und Jemeniten, die weder eine Arbeitserlaubnis noch eine Einreisegenehmigung für Jordanien benötigen.
Jordanien mußte vor allem auch mit der massiven Rückkehr der eigenen Landsleute und der *Palästinenser* fertigwerden. Die *„Auslandskolonie"* Jordaniens in den verschiedenen Golfstaaten war die größte aller *„Gastarbeiternationen"* und belief sich schätzungsweise auf anderthalb Millionen. Die jordanischen Arbeitskräfte waren gut ausgebildet, am längsten in den Golfstaaten ansässig und gut in die Wirtschaft integriert. Eine halbe Million Jordanier und Palästinenser lebten in Kuwait. Lehrer, Ladenbesitzer, Geschäftsleute und Händler gehörten dazu.
Die jordanischen und palästinensischen Arbeitsmigranten wurden gerade, was ihren höheren ökonomischen und sozialen Status angeht, am schlimmsten von der Golfkrise heimgesucht. Sie mußten größtenteils ihr Hab und Gut zurücklassen. Nach ersten Schätzungen des jordanischen Arbeitsministeriums beträgt dieser Schaden einige Milliarden von US Dollar. Hinzu kommen ernsthafte Schäden der jordanischen Wirtschaft. Der Handel mit dem Irak, der mit der Golfkrise praktisch zum Stillstand gekommen war, machte ungefähr die *Hälfte* des gesamten *Außenhandels* aus. Das Ausbleiben der Überweisungen der *„Gastarbeiter"* und die massive Rückkehr von Jordaniern und Palästinensern haben das Land, in dem die offizielle Arbeitslosigkeit vor der Krise 15 Prozent ausmachte, fast ruiniert.

Allein bis zum Oktober 1990 sind 40 000 *„Gastarbeiter-Kinder"* zurückgekehrt, die das Schulsystem in Jordanien vor eine Belastungsprobe stellen. Trotz all dieser Schwierigkeiten hat Jordanien umfangreiche humanitäre und finanzielle Hilfe für die Flüchtlinge geleistet, Nahrung und die ohnehin knappen Wasservorräte zur Verfügung gestellt – für den Strom von *Arbeitsmigranten* aus dem Irak und aus Kuwait, der bis zu einem *Viertel* der Bevölkerung Jordaniens ausmachte. Fast die gesamten 60 Millionen Dollar, die für die Evakuierung gebraucht wurden, kamen nach Angaben des *Internationalen Arbeitsamtes* von Jordanien selbst. Auch andere Länder der Dritten Welt standen schon vor einem Scherbenhaufen, noch bevor der erste Schuß abgefeuert wurde.

Pakistan

Fast 100 000 *Pakistani* wurden von der Golfkrise im Irak und in Kuwait überrascht. Das pakistanische Arbeitsministerium hat 100

Millionen US Dollar ausgegeben, um die Landsleute aus den Golfstaaten heimzuholen. Die Verluste, die jährlich durch die fehlenden Überweisungen der pakistanischen Arbeitskräfte entstehen, schätzt das Land auf 173 Millionen Dollar. Hinzu kommen massive Kosten für die Wiedereingliederung der zurückkehrenden Arbeitsmigranten.

Philippinen und Jugoslawien

Ähnliche Probleme haben die *Philippinen,* die rund 55 000 Arbeitskräfte im Irak und in Kuwait beschäftigt hatten. Eine weitere Zahl macht den Schaden deutlich, der entstanden ist: nur aus Kuwait überwiesen diese *„Gastarbeiter"* in einem halben Jahr sage und schreibe 14,3 Millionen Dollar. Aber auch Staaten, die man nicht unbedingt mit der Arbeitskräftewanderung am Golf in Zusammenhang bringt, leiden unter der Invasion Kuwaits. Das selbst von Krisen erschütterte *Jugoslawien* hatte 15 000 Facharbeiter im Irak beschäftigt, die jetzt zurückkehren mußten. Belgrad rechnet damit, daß Verluste in Höhe von 1,5 Milliarden Dollar entstanden sind. Der Aggressor *Saddam Hussein* muß für fast unermeßlichen Schaden vor allem in den Ländern der Dritten Welt Rechenschaft ablegen. Die Türkei muß z. B. mit rund 3 Millionen Menschen fertig werden, die aus dem Grenzgebiet zum Irak in den Norden des Landes geflohen sind. Der Generaldirektor des Internationalen Arbeitsamtes in Genf, Michel Hansenne, hat deshalb an *Hussein* geschrieben und ihn auf die schwierige Lage der *„Gastarbeiter"* am Golf hingewiesen, die nicht nur vor der Kriegsgefahr geflohen waren, sondern weil ihre Versorgung nicht mehr gewährleistet war. Die Antwort fiel wie gewohnt nichtssagend bis zynisch aus:[2)]

„Ich habe Ihre Nachricht, in der Sie Ihre Sorge über die Lage der ausländischen Arbeitskräfte in Kuwait und im Irak äußern, erhalten. Ich möchte Ihnen erklären, daß kein Arbeiter gewaltsam zurückgehalten und zu strategischen Positionen geschickt wurde, vor allem keiner der Arbeitskräfte aus asiatischen Ländern.
Die irakische Bevölkerung hat allerdings einigen ausländischen Bürgern, deren Länder militärische Streitkräfte zur Besetzung des Heiligen Arabischen Landes entsandt haben, um Aggressionen gegen den Irak auszuüben, Gastfreundschaft gewährt. Die Ausländer sind sicher und haben alles, was sie benötigen. Ihr Gastaufenthalt soll die Aggression beseitigen helfen und dazu beitragen, daß der Frieden wieder hergestellt wird.

Mit vorzüglicher Hochachtung

Saddam Hussein

Präsident der Republik von Irak"

Welche Hilfe bieten die Internationalen Organisationen?

Die *Resolution Nr. 674* vom 29. Oktober 1990 des *Sicherheitsrates* der *Vereinten Nationen* macht den Irak unter Hinweis auf internationales Recht für alle Verluste verantwortlich, die Kuwait und anderen Staaten durch die Invasion entstanden sind. Dazu gehören auch die unbezahlten Löhne oder das Eigentum der *„Gastarbeiter"*. Das Internationale Arbeitsamt in Genf hat bereits in der Vergangenheit Erfahrungen auf diesem Gebiet gesammelt. Als *Libyen* Tausende von *„Gastarbeitern"* aus Tunesien und Ägypten auswies, gelang es den Genfern, die verfeindeten Parteien an einen Tisch zu bringen. Libyen hat inzwischen Tunesien eine beträchtliche Geldsumme überwiesen, die von der tunesischen Regierung an die ausgewiesenen Arbeitskräfte ausbezahlt wurde. Vielleicht kommt durch internationale Verhandlungen eine ähnliche Wiedergutmachung für die Golfflüchtlinge zustande.

Die *Vereinten Nationen* und andere Hilfsorganisationen haben unmittelbar nach der Invasion Kuwaits über 700 000 Flüchtlingen bei der Rückkehr in ihre Heimat geholfen. Das *Katastrophenhilfswerk* der *Vereinten Nationen (UNDRO)* und die *Internationale Organisation für Migration (IOM)* konnten bei der größten Luftbrücke dieser Art, die die Menschheit je gesehen hat, rund 160 000 *„Gastarbeiter"* aus dem Irak und Kuwait ausfliegen. Um rund 74 Millionen US Dollar hatte *UNDRO* die internationale Staatengemeinschaft und private Spender gebeten. Aber nur etwa 8 Millionen Dollar weniger hat das *Katastrophenhilfswerk* bis Mitte Januar 1991 für sein Notstandsprogramm am Golf erhalten. Nach Angaben des UN-Koordinators für den Katastrophenfall schuldete die internationale Gemeinschaft Jordanien noch immer 40 Millionen Dollar für die Versorgung der Flüchtlinge aus Kuwait.[3])

Wiederaufbau nicht ohne ausländische Arbeitskräfte möglich

Kaum ein Gebiet der Welt ist mehr auf Arbeitsmigranten angewiesen als die arabische Halbinsel. Rund 82 Prozent aller Erwerbstätigen in Kuwait waren vor dem Krieg Ausländer. Ihr Anteil im Baugewerbe lag bei 98 Prozent, in Industrie und Handel bei 92, im Transportwesen bei 74, im Dienstleistungsbereich bei 66 und in der Ölindustrie bei 64 Prozent.[4]) Nur in „Führungspositionen" waren Einheimische anzutreffen.

Ohne ausländische Arbeitskräfte werden sich das zerstörte Kuwait und der bombardierte Irak nicht wieder aufbauen lassen. Nach dem Krieg wird die Golfregion deshalb mit ziemlicher Sicherheit wieder verstärkt ein Anziehungsmagnet für Arbeitsmigranten sein. Mit einem

Neubeginn am Golf sollte auch die Chance genutzt werden, die soziale Absicherung für Millionen von Arbeitsmigranten auf eine bessere Basis zu stellen. Es kann nicht angehen, daß – wie vor dem Krieg – teiweise asiatische Arbeiter ohne Krankenversicherung, Arbeitslosengeld oder Rentenansprüche, oft ghettoartig untergebracht, fast als „moderne Arbeitssklaven", ihr Dasein fristen.

Konsequenzen aus dem Golfkrieg

Aus dem Golfkrieg sollte die Völkergemeinschaft grundsätzliche Konsequenzen ziehen und daraus lernen, daß Krisen oder gar Kriegshandlungen in solchen Regionen zu einem Massenexodus von ausländischen Arbeitskräften und anderen Flüchtlingen führen. Schon aus wohlverstandenem Eigeninteresse muß die Staatengemeinschaft deshalb die Ursachen für solche Konflikte beseitigen und dauerhafte Friedenslösungen schaffen. Ansonsten könnte das Schreckgespenst vom „Flüchtlingsheer", das sich auf Europa zubewegt, eines Tages vielleicht doch Wirklichkeit werden. Festzuhalten bleibt auch: egal wie der Krieg ausgeht, zu den Verlierern gehören auf jeden Fall schon jetzt etwa zwei Millionen Arbeitskräfte, ihre Familien und ihre Heimatländer in der „Dritten Welt". Insgesamt hat sich die Kluft zwischen armen und reichen Staaten auf der Welt durch die Golfkrise weiter vergrößert.
Zur Beseitigung von Konflikten und Spannungsherden müssen die demokratischen Ländern nach dem Golfkrieg nicht nur ihre diplomatischen Anstrengungen, sondern auch ihre finanziellen Hilfsmaßnahmen gerade in der Entwicklungshilfe verstärken. So ist es zum Beispiel nicht mehr länger tragbar, daß das Jahresbudget der Flüchtlingsorganisation der Vereinten Nationen (UNHCR) gerade so hoch ist wie die Summe, die der Golfkrieg bereits vor der Bodenoffensive an einem Tag gekostet hat.[5])

Dringend Hilfe erforderlich

Die Länder, die von Rückkehrern betroffen sind, brauchen dringend weitere finanzielle Unterstützung. Das *Internationale Arbeitsamt* hat bereits kurz vor der Feuerpause im Golfkrieg darauf hingewiesen, daß die bisher bereitgestellten Mittel nicht ausreichen und internationale Hilfsmaßnahmen gefordert. 2 Millionen Arbeitsmigranten sind — so die letzte Bilanz der Genfer Behörden — bis Ende Februar 1991 aus dem Irak und aus Kuwait geflohen. Über 450 000 Ägypter und 250 000 Jordanier sind zurückgekehrt.[6])
Falls die reichen Industrienationen nicht den Schaden in den Ent-

wicklungsländern wiedergutmachen helfen, werden sie sich von der „Dritten Welt" vorhalten lassen müssen, daß sie innerhalb kürzester Zeit immense Summen für den Golfkrieg bereitgestellt haben, für die ärmsten der armen Länder jedoch kein Geld da sei. Das katholische Entwicklungshilfswerk *Misereor* hat bereits vorgerechnet, daß der Golfkrieg in nur fünf Tagen fast 6 Mrd. Dollar verschlungen habe — genau so viel, wie Misereor in den 32 Jahren seiner Existenz der „Dritten Welt" insgesamt zur Verfügung stellen konnte.[7])

Anmerkungen

---

[1]) International Labour Office: Informal Report on Migrant Workers affected by the Gulf Crisis. (O. O./O. J.)
Ders.: Ministerial Meeting on Migrant Workers affected by the Gulf Crisis. Geneva, 19. November 1990. Informal Summary Record. Genf 1990.
International Organisation for Migration (IOM): IOM's Gulf Emergency Programme: Updated Plan of Action. Geneva, 20. December 1990.
Ders.: Plan of Action — Up date of Operations 20. December 1990 — 15. January 1991. Geneva, 17. January 1991. Karl-Heinz Meier-Braun: Verlierer des Golfkrieges. „S2 aktuell", SDR 2, 1. 2. 1991. Manuskript.
Ders.: Die Verlierer des Golfkrieges. In: Stuttgarter Zeitung vom 9. 2. 1991. Grundsätzliche Ausführungen zur „Gastarbeiterbeschäftigung" am Golf bei: A. Ponysapich: The Case of Asian Migrants to the Gulf Region. In: International Migration VOL. XXVII — N° 2 — June 1989, S. 171 ff.
Office of the United Nations Disaster Relief Co-Ordinator (UNDRO): UNDRO News Special Supplement. Iraq-Kuwait Crisis. The Plight of Returnees. (O. O./O. J.)
[2]) International Labour Office: Ministerial Meeting on Migrant Workers affected by the Gulf Crisis. Geneva, 19. November 1990. Informal Summary Record, S. 18.
[3]) epd vom 11. 1. 1991.
[4]) Gildas Simon: Am Golde hängt, zum Golde drängt alles. In: die taz vom 24. 12. 1990.
[5]) dpa vom 29. 1. 1991.
[6]) International Labour Office: Pressemitteilung vom 12. 2. 1991.
[7]) Stuttgarter Zeitung vom 28. 2. 1991.

Die Autoren

Prof. Dr. Hans-Georg Wehling lehrt Politikwissenschaft an der Universität Tübingen und ist Leiter des Referats Publikation der Landeszentrale für politische Bildung Baden-Württemberg.

Dr. Gudrun Krämer ist Referentin der Stiftung Wissenschaft und Politik in Ebenhausen bei München in der Fachgruppe Nahost. Von 1987 bis 1989 hatte sie die Vertretung der Professur für Gegenwartsbezogene Orientforschung an der Universität Hamburg inne. Von 1989 bis 1990 war Dr. Krämer zu einem Forschungsaufenthalt in Kairo (chercheur associé des frz. Forschungsinstitutes CEDEJ). Seit 1990 ist sie Gastdozentin am Bologna Center der Johns Hopkins Universität.

Prof. Dr. Eugen Wirth ist Vorstand des Institutes für Geographie der Universität Erlangen-Nürnberg.

Prof. Dr. Pawelka ist Direktor des Institutes für Politikwissenschaft an der Universität Tübingen. Sein Arbeitsbereich ist die Dritte Welt, insbesondere der Vordere Orient. Seine wichtigste Arbeit über den Vorderen Orient ist: „Herrschaft und Entwicklung im Nahen Osten: Ägypten". (Heidelberg 1985)

Isabella Pfaff studiert Politikwissenschaft bei Prof. Peter Pawelka.

Prof. Werner Ende ist seit 1977 Professor für Islamwissenschaft und seit 1983 Inhaber des Lehrstuhls Geschichte und Kultur der islamischen Länder an der Albert-Ludwigs-Universität Freiburg. Zuvor war er Wissenschaftlicher Referent am Orient-Institut in Hamburg und am Orient-Institut der Deutschen Morgenländischen Gesellschaft in Beirut. Er ist u. a. Autor von: „Arabische Nation und islamische Geschichte"(1977) und Herausgeber von „Der Islam in der Gegenwart" (gemeinsam mit Udo Steinbach, 1984, 2. Aufl. 1989).

Prof. Dr. rer. pol. Jörg Beutel lehrt Volkswirtschaftslehre und Umweltwissenschaften an der Fachhochschule Konstanz. In den Jahren 1983 bis 1989 war er als Berater im Planungsministerium von Saudi Arabien tätig. Dort war er maßgeblich an der Erstellung der Entwicklungspläne für die Perioden 1985 bis 1990 und 1990 bis1995 sowie an der Bearbeitung von Energieprognosen beteiligt.

Dr. Thomas Bierschenk ist Hochschulassistent am Institut für Ethnologie der Freien Universität Berlin. Er promovierte 1983 mit einer Arbeit über „Weltmarkt, Stammesgesellschaften und Staatsformation in Südostarabien" (erschienen in Saarbrücken 1984).

Dr. Helmut Hubel ist Wissenschaftlicher Mitarbeiter am Forschungsinstitut der Deutschen Gesellschaft für Auswärtige Politik in Bonn und Lehrbeauftragter für Politikwissenschaft an der Universität Bonn.

Claudia Schmid ist Wissenschaftliche Referentin am Institut für Friedensforschung und Sicherheitspolitik an der Universität Hamburg. Sie verbrachte mehrere Lehr- und Forschungsaufenthalte in den USA und in den Ländern des Nahen Ostens.

Prof. Dr. Abraham Ashkenasi ist Professor für Internationale Politik und Regionalstudien am Fachbereich Politische Wissenschaft der Freuen Universität Berlin. Er ist ständiger Research Fellow des Leonard-Davis-Institutes an der Hebrew University in Jerusalem. Sein neuestes Buch trägt den Titel: „Palestinian Identity among Israeli and Jerusalem Arabs before and since the Intifada." (Praeger, New York 1991)

Dr. Karl-Heinz Meier-Braun ist Leiter der Ausländerredaktion des Süddeutischen Rundfunks (SDR) Stuttgart und Lehrbeauftragter für Politikwissenschaft an den Universitäten Tübingen und Stuttgart.